Japanese Pragmatics Forum

日本語語用論
フォーラム

1

加藤重広 編

ひつじ書房

『日本語語用論フォーラム』刊行にあたって

　人間誰しも時代の子であることを免れることはできない。しかし、優れた作品や研究、また、思想とは、どこかで普遍的なるものとふれあっているものである。

　語用論（pragmatics）は、言語研究の中では新しい領域であり、そもそもpragmatics ということばが創出されてから 80 年足らずしかたっておらず、日本で（言語）運用論や実用論などの訳語が混在するなかから「語用論」にほぼ収斂したのもたかだか 20 年ほど前のことに過ぎない。新たな領域とは、さまざまな可能性を秘めており、大きな発展の期待される領域でもあるが、見方を変えれば「後発の領域」であって既存の確立した領域と肩を並べられる程度に認められるまでにはそれなりの時日を要するということでもある。どのように pragmatics が捉えられ、どの程度の地位を得ているかは、国ごと・地域ごとの差異が大きいが、日本語の研究における「語用論」はまだ十分に確立した領域と見なされるには至っていないように感じられる。

　事実、上には語用論を「1 つの領域」と記したけれども、そう見る傾向が優勢なのは、英米や日本などで、大陸ヨーロッパでは、語用論を言語研究の 1 つの手法や枠組みと見ることが多く、世界的に見てもそもそも語用論がいかなる研究なのかについて見解が一致しているわけではない。そのような状況の中で、日本において、また、日本語の語用論研究についての理解が十分でないのは、むしろ当然だと言えるだろう。

　編者自身は、音韻論・形態論・統語論・意味論・語用論という順に学んだ言語学の基礎が刷り込みになっていて、「領域としての語用論」に軸足をおきつつも、「研究手法としての語用論」も興味を持って見てきた。そして、後者に自分が関わることは少ないにしても、考え方としてはあっていいと長

く思ってきた。しかし、さまざまなことに思いを巡らしてみると、後者では、やはり流行したり廃れたりと、不安定な波と見られることが多くなり、安定して手堅く積み上げる研究にならないのではないか、と危惧するようになった。大流行して猫も杓子も語用論という状況はいかにも軽薄であるし、波が去ったことによって重要な研究が見向きもされなくなるのも好ましくない。もちろん、注目を集めてもてはやされる研究が研究費の配分などで厚く遇されることがないではない世の中だが、言語学の一領域としての基盤を確立し、地味であっても確かな成果を少しずつもたらして言語研究全体に貢献していれば、それはそれで生きる道なのではなかろうか。正しい道を進んでいればお天道様は見ていてくれるから地道にがんばろう、という気分と言ってもいい。しかし、一領域として認められた重要な研究だからと、闇雲に地道であり続けるだけでは十分でない。見通しをもって存在意義を語ることのない学問は、その存在が保証されない世知辛さを誰もが知っている、そんな時代である。

　日本語研究における語用論には、それが新しいことも手伝って、横のものを縦にするように舶来の学問を適用することの安易さに対する批判と、語用論の哲学的な出自に関わる取っつきにくさがあることは事実である。語用論の中では、関連性理論 (Relevance Theory) が積極的に紹介されている (翻訳書も研究書も多い) ため、専門外の人では関連性理論以外に語用論は存在しないと考えている人も多い。また、オースティンとサールの発話行為理論 (Speech Act Theory) やグライスの会話の協調原理、あるいは、前提 (presupposition) の研究などは、哲学や論理学の知見が色濃く、文法論とは関わりが少ないと見なされ、その後の新たな欧米での研究が十分に紹介されていないこともあり、注目する必要がないと思い捨てられたりしている。会話分析や社会語用論の研究は、実際に、文法研究との接点は少ないかもしれない。指示詞の研究は、日本語でも盛んだが、対照語用論や通言語学の視点をとらない限り、語用論の枠組みや知見をとりたてて利用しなくても済む面がある。唯一、敬語研究とポライトネスの関係については、近年、語用論と文法論の

知見を融合させることで、新しい展開が見られるようになっているが、これはむしろ稀なケースと言うべきだろう。語用論の研究者も文法の研究者も、相互の個別の成果については、重要なものがあることを認めるにやぶさかでないものの、枠組みや基盤を共有化する必要性を感じることが少ないのもまた厳然たる現実だ。

　では、日本語の研究の中に語用論的な見方や考え方がないのかと言えば、単に「語用論」と認識されていないだけで、逆にいろいろな成果が既にあると編者は考えている。ちょうどそれは、社会言語学が確立して注目される以前から、日本では言語生活や生活言語としての方言使用の研究があり、社会言語学が拡大していくなかで（必ずしもスムースな融合とは言えないかもしれないが）両者が基盤を共有していることが強く認識されるようになった状況に似ている。ただ、日本語の文法論と語用論のあいだには、いまだ深い溝があり、融合や統合や共有を意識する状況が十分に形成されていないだけである。

　日本語の研究もかつては文献資料を用いた研究が中心であり、話しことばの研究は余技のようなものだった。松下大三郎は、『日本俗語文典』（1901）、『遠江文典』（1897）、『標準日本口語法』（1930）など、先駆的な話しことば研究で特筆すべき存在であるが、国語学的な文法研究も独自の体系で完成させており、話しことばだけを対象としたわけではなかった。佐久間鼎や三尾砂についても同じようなことが言えるだろう。もっとも、日本における文法研究が歌学書を起源とし、国学の揺籃の中で育まれたのであれば、書きことばが優先され、話しことばが付随的なものとされたことは驚くにあたらない。国語教育における文法の位置づけもこの優先順位が現在に至るまで継承されているくらいなのである。

　一方で、19世紀末に博言学として輸入された言語学も、当初は大きく事情が異ならなかった。言語学が西欧における18世紀末の比較言語学の誕生を契機に近代科学として整備されていった以上、古い時代の言語を知るためのデータとして文書に記された書きことばが重視されたのは当然のことであ

ろう。言語学では、音声言語が本来の研究対象だとされるけれども、復元すべきものを音声言語としただけでその解明の手段としては文字言語が主に利用された。先に述べたように、初期の語用論はほとんど哲学者や論理学者がその基礎をつくったが、発話が言語学のなかで研究対象として強く意識されるようになったのは 1970 年代と言っていいだろう。日本語研究の中で、現在の日本語の話しことばのみを研究対象として論じることが許される雰囲気が醸成されたのはそれより少し遅れてのことである。もちろん、その基盤をつくったのは三上章であり、研究対象として成立することを明確に示したのは寺村秀夫であった。それは、国語学が日本語学へ移行（拡張とも分岐とも考えられる）した時期とおおむね重なる。現在では記述文法と呼ばれる日本語の文法研究では、使用者の意識・認識や発話の状況といった、語用論で文脈と呼ぶものに含まれる要素が重視されている。記述言語学が現地調査で記録したデータから音韻体系や文法体系を帰納的に描き出す際にとる、言語産出と運用のしくみを推定しようとする態度と、記述文法の考え方は近いが、研究者が疑似的に話し手を追体験するように使用感覚の説明にまで迫る日本語記述文法とでは、もちろん、同じ「記述」を冠していても、質的な違いがある。

　話しことばの実態を、主に母語話者が、あるいは非母語話者が母語話者の使用感覚を念頭に置いて、解明しようとする場合、文脈的要素が強く意識されるのは当然のことである。むしろ、記述文法は、使用者の感覚を重視することで、それまでの文法が気づかなかった点をいくつも解明し、従来の文法が問題としなかった新たな課題を見いだして文法研究の地平を広げたと見ることができる。また、形式と構造に重点を置いた理論言語学的な研究が近年、談話や主題などに関心を寄せていることは重要な変化である。認知言語学では、特に語用論と断らなくても広義の文脈を考察の対象に含めており、日本語教育においても、語用論的観点は長らく重視されてきた。

　二十世紀までの言語学は、ソシュールの言うラングを研究の対象としてきた。その研究の表舞台には、話し手や聞き手としての人間はあまり登場せ

ず、言語体系の形式性が重視されてきた。たとえ人間の認知能力を形成するものとしての言語能力を明らかにするという目標を掲げても、完璧な言語使用者を想定するのであれば、同じことであろう。もちろん、話し手の個別の解釈や使用感覚を重視しすぎると、科学的な一般化が難しくなり、単なる思いつきや個人的見解の域を出ないものになりかねない。しかし、ことばを用いる人を切り離してモノとしての言語だけを論じれば科学的だという考え方は支持できない。科学的方法論でありつつ、言語使用者の判断や感覚に合致し、できればより踏み込んだ説明ができる均衡点を目指す研究としてなら、語用論の存在意義もあろうというものである。

　日本語の話しことばの研究は過去 30 年以上にわたって一定の蓄積がある。そのなかには、場面や談話など文脈的要素を踏まえたものも多く、ちょうど文法論と語用論の両方の知見や視点を含むものが少なくない。もちろん、中には用語や枠組みをよく理解しないままに転用・援用しているものもあり、問題なしとはしないが、重要なのは、語用論にしても、談話文法にしても、記述文法にしても、社会言語学にしても、相互に風通しをよくすれば、その成果を融通し合えるのに、それぞれの狭い範囲でしか成果が流通していないことである。ここで、「壁を取り払い、団結しよう」と空疎な檄を飛ばしたところで事態が大きく変わるとは思えない。それぞれが必要と関心に応じて発展し、展開した結果がリゾーム的状況を作り出しているのであれば、その状況は個々の研究の自然な進捗の結果であって、これを浅知恵で統合しようとするのは愚かしく無駄なことに思える。ただ、だからといって放置しておいてよいわけではなく、相互に連絡を持つことで、情報と成果を提供しあい、分担可能なことは分担しながら、無駄なく有効な成果を生み出す体制を整備することは必要だと考える。我が身を振り返ってみれば実感を持って言えるのだが、研究者は意外と自分の周囲の狭い範囲しか見ていないことが多く、実際には強い関連があっても、見ず知らずの領域まで出かけていく能動性を持っていないものである。道があれば多少離れていても出向いていけるが、ごく近い距離であっても草むらが隔てているだけで向こうに何

があるかわからないと人は踏み出しては行かない。それぞれの研究をつなぐために第一歩として、日本語の文法的研究と語用論的研究の連絡を、せめて最初は細い道でもいいから、行き来しやすいようにしたい。多くの人が行き来するようになれば通りやすい道になり、やがて地図に載るような道になるのではないかと思うのである。

　本書は、広い意味での文脈的要素を考慮して日本語の話しことばの研究を行っている論を紹介し、相互の交流を活発にして行くことを念頭に刊行するものである。いろいろ考えてみたが、「語用論」を象徴的にかつ開放的に用いることで、簡潔に示すのがよいと判断して「日本語語用論」とし、その種の研究活動が集う広場（forum）たることを願って、「日本語語用論フォーラム」と称することにした。もちろん、この「語用論」は狭い意味の語用論ではなく、「日本語ということばを使うこと」を軸に、さまざまなアイディアが飛び交う開かれた空間であることを意図している。上に述べたように、文法と語用論のインターフェイスを出発点に、日本語の運用や実際に運用された日本語に関わる研究を広く発信していきたいと考えている。

　　　　　　　　　　　　　　　　　2015 年　秋暮るる札幌にて
　　　　　　　　　　　　　　　　　　　編者　加藤重広

目次

『日本語語用論フォーラム』刊行にあたって ………………………………… iii

語用論がかかわる次元と日本語 ──────────── 1
初めに間主観性があった、と言ってはならないか？
滝浦真人

発話的な効力と発話内的な効力 ──────────── 27
日本語の疑問形式を出発点に
加藤重広

ダイクシスからみた日本語の歴史 ─────────── 57
直示述語、敬語、指示詞を中心に
澤田淳

逸脱文の意味と推論 ─────────────────── 101
逸脱的な「のが」文の実例考察
天野みどり

条件節で疑問文を引用する構文 ──────────── 123
認知語用論的考察
山泉実

ネオ敬語「(ッ)ス」の語用論的機能 ———————————— 151
呉泰均

接続詞「なので」の成立について ————————————— 183
尾谷昌則

「残念な」の客観化にみる語用論的制約操作と
ポライトネスの希薄化現象 ———————————————— 209
首藤佐智子

特定秘密保護法に関する記者会見記事の批判的談話分析 — 249
　トピック・連鎖・構造を中心に
名嶋義直

執筆者紹介　　　　　　　　　　　　　　　　　　　　287

語用論がかかわる次元と日本語

初めに間主観性があった、と言ってはならないか？

滝浦真人

1. 「語用論的」という次元

1.1 本稿で考えたいこと

　語用論が意味論から分離独立して固有の領域と方法論を獲得していった経緯を反映するかのように、言語現象の考察に必要となる概念と方法論においても、意味論との差異や境界を意識した語用論固有の尺度や次元が提案されてきたのは、必然の展開と言っていいだろう。本稿では、そうしたもののなかで、個々の語の用法や意味変化のような現象を説明するために提案されてきた、「意味論的」対「語用論的」、あるいは「内容的」対「認識的」対「発話行為的」といった概念ないし次元について考えてみたい。こうした道具立てが語用論、とりわけ日本語の語用論を考察してゆく際に、それがなかったときには見えなかったどのような像を描くのかをあらためて確認したい。その上で、そうした概念対の含意ともいえる言語変化の方向性に関する仮説について、ささやかな検討をしてみたい。それはまた、日本語の"語用論性"を浮かび上がらせる議論にもなるはずである。

1.2　van Dijk と Sweetser の先行提案

　van Dijk は、接続語（connectives）の用法を考察するなかで、水準を異にする 2 つの使用法、すなわち「意味論的使用（semantic use）／語用論的使用（pragmatic use）」を認める必要性を主張した（van Dijk 1979, 1981）。それぞ

れ次のように定義される (van Dijk 1981: 165, 166)。

> 〔意味論的接続語は〕命題 (propositions) 間の関係を表現し、それら命題の外延的指示対象たる事実 (facts) 間の関係を表示する。
> 語用論的接続語は発話行為 (speech acts) 間の関係を表現する。

van Dijk の説明を引けば、たとえば、(1) の文における 'but' は、"前件 p が通常は含意しない後件 q を含意している" という論理構造の中で用いられている点で、「意味論的接続語」である。

（1） Harry was ill, but he came to the meeting anyway.
（ハリーは具合が悪かったが、会議にはなんとか出席した。）

それに対し、(2) の会話中の 'but' は、時間を尋ねてきた相手に対して、なぜ自分で時計を持っているのに他人に時間を聞くのか？と返す形で、質問という相手の発話行為に対する違和感が表明される。

（2） A: Can you tell me the time?
（いま何時か教えて？）
B: But, you have a watch yourself.
（でも自分で時計持ってるじゃない。）

"先行する発話行為を受容しないことを示す発話行為" として機能している点で、この but は「語用論的接続語」である。

このように次元を分けるという形で設定される概念区分は、個別の言語現象を説明するのに資すると同時に、方法論としての「語用論」が扱う現象の性質を明確にすることができる。命題または外延的事実間の関係と発話行為間の関係という区分は明瞭である。

類似の提案は、同じころに認知意味論においてもなされていた。Sweetser (1990) の 3 区分がそれで、こちらは語の使用が認知的な観点からどの領域で行われるかに着目して、「内容領域 (content domain)／認識領域 (epistemic domain)／発話行為領域 (speech act domain)」の水準を分ける。接続語 because の例で示す。

（3）　a.　John came back because he loved her.
　　　　　（ジョンは、彼女を愛していたので帰ってきた。）
　　　b.　John loved her, because he came back.（ジョンは彼女を愛していたのだ。というのは、彼は帰ってきたからだ。）
　　　c.　What are you doing tonight, because there's a good movie on.（今夜何か予定ある？　というのは、いい映画をやっているから。）
　　　　　　　　　　　　　　　　　　　　　　　　　（Sweetser 1990 [2000: 108]）

(3a) は事実的因果性を述べている点で「内容的」だが、(3b) は話者の認識についての判断理由を述べている点で「認識的」であるといえる。そして (3c) は、前件における間接的な勧誘という発話行為について、それを行なった理由の説明という発話行為を導いている点で「発話行為」的である。
　Sweetser の提案は van Dijk よりも積極的である。単に次元が 3 つ分かれるというのではなく、意味変化や多義や曖昧性に筋の通った説明が与えられるという主張がなされる。

　　認知的アプローチによるならば、(i) 語の意味変化 (semantic change)、(ii) 多義性 (polysemy)、(iii) 語用論的曖昧性 (pragmatic ambiguity)、という 3 つの個々別々の領域が統一的に説明され得るということを明らかにしてみたい。　　　　　　　　　　（Sweetser 1990 [2000: 1]）

変化や展開を説明するとなればそれは「方向性」とも関係してくることにな

るが、それについては後でまた検討することにする。とりあえずここでは、Sweetser の3つの次元を援用して、それらを、

意味論的　[1]（semantic）
認知的　　[2]（cognitive）
語用論的　[3]（pragmatic）

と便宜的に番号も付して呼ぶことにしたい[1]。［1］を純粋な（命題的な）「意味論」の次元だとすると、一般に「語用論」が受け持つと考えられる範囲が［3］と［2］であることになろう。このうち［2］の「認知的」の次元が van Dijk の区分にはないことになる。

　このような区分によって、命題ないし事実の次元、認識・判断の次元、発話行為の次元を分けながら、以下の考察を進めていきたい。

2. 機能次元に見る日本語接続語の性質

2.1 「しかし」がつなぐもの
2.1.1 「しかし」の3次元

　van Dijk も Sweetser も接続語を取り上げているが、接続語はやはり"つなぐ"語であるため、何をつないでいるかを見ることで次元の相違も見やすい利点がある。以下では日本語の「しかし」と「だって（対 なぜなら他）」の用法を確認し、上の3次元との関係がどのように捉えられるかを見たうえで、そこから読み取れることについて考察したい。

　「「しかし」の論理」と題されたエッセイで、哲学者の野矢茂樹は「しかし」を例に論理学と日常言語の相違を巧みに描き出し、日常言語においては前提的な様々な想定が解釈の鍵となることを述べた（野矢 2005）。まず、（4）の例が示すように、「そして」において前件と後件の関係が整合的であるのに対し、「しかし」は前件と後件の間に不整合があることを示す。

（４）　a.　あの店はうまい。そして、高い。
　　　　b.　あの店はうまい。しかし、安い。

(4a) を支えているのは、食材や料理人の腕（と給料）などから想定される、"ある店の料理がうまいならばその料金は高いだろう"という前提的信念である。(4b) ではその前提に反して前件と後件が共存しているため、その不整合が「しかし」によって表される。これらは事実間の命題的関係における整合／不整合の問題であり、それゆえ「意味論的 [1]」の次元に定位できる。
　ところが、この説明は次の (4c) には通用できない。

（４）　c.　あの店はうまい。しかし、高い。

野矢は、不整合とはじつは前提次第だと述べる。この文でつながれているのは、事実間の関係ではなく、"うまいなら行きたくなる"と"高いなら行きたくなくなる"という行為欲求間の関係である——論理学が「そして」と「しかし」を区別しないのは、こうした前提的信念の次元の相違が論理学の問題にならないからである。このような、平面的に捉えると用法間の矛盾とも見えかねない現象が、じつは接続語の機能している次元の相違にあると見ることで合理的な説明を与えることができる。具体的な次元の話に戻れば、(4c) は van Dijk の区分では「語用論的」であり、3次元に位置づけるなら認識判断に関わる「認知的 [2]」となろう。もしこれが2人の会話で、「あの店はうまい。」「しかし、高い。」というやりとりなら「語用論的 [3]」となる。
　「しかし [2]」の典型は、話し手が自分の認識や判断に不整合があることを表明する場合で、次のような用例だろう。

（５）　少年たちは、門の前まで来ると、真空管の中へ吸いこまれるように、

塔の中へつかつかとはいっていった。
「あ、あそこに谷博士がいるよ」
「どこに。ああ、あれか。なるほど、谷博士さんそっくりだ。<u>しかし</u>おかしいぞ。博士は重病なんだから、こんなところにいるわけはない。だれかにたずねてみよう」

(海野十三「超人間Ｘ号」1948–49 年、青空文庫より)

少し変わったところでは、たとえばとても暑い日に外に出た人がふと（特に言語的文脈なしに）口にする、

（６）　しっかし暑いな。

も、"様々に可能ないかなる想定とも整合的でない"ような暑さであることの言明として「認識的［２］」の次元に収めることができよう。

　「しかし［３］」の例は、典型的には自分と相手との間で相手の発言の意図や発話行為を打ち消すように使われる場合である。次の例における「しかし、君」はいわば架空の問答だが、相手の理解に先回りして打ち消すような用法として、同類と見てよいだろう。

（７）　この航路は、世界の誰も経験した事のない全く新しい処女航路らしい、という事だけは、おぼろげながら予感できるが、しかし、いまのところ、ただ新しい大きな船の出迎えを受けて、天の潮路のまにまに素直に進んでいるという具合いなのだ。
　　　<u>しかし</u>、君、誤解してはいけない。僕は決して、絶望の末の虚無みたいなものになっているわけではない。船の出帆は、それはどんな性質な出帆であっても、必ず何かしらの幽かな期待を感じさせるものだ。

(太宰治「パンドラの匣」1945–1946 年、青空文庫より)

用例を細かく見ていくと［2］と［3］は連続的と見えることもあるが——たとえば「しかし待てよ」という独話を考えれば、「認識的［2］」か「発話行為的［3］」かで迷いそうなケースも多そうに思われる——、話し手自身の認知的な不整合の表明と、対話者間での発話行為や発話意図の不整合についての言明という明瞭な二極を立てることができることに鑑み、区別は維持することにする。

2.1.2　比喩的拡張？

　このように、次元の3区分は、用法をよく捉えるのみならず、そのいわば質的な差異に対しても説明力を発揮する点で優れている。だが、初めにも触れたように、Sweetser はもっと積極的である。3つの区分は、意味変化や語用論的曖昧性に対する自然な説明の道具立てとして提案されたが、この区分には、より原初的な次元から比喩的な拡張によって他の次元が派生してくるような"方向性"があらかじめ想定されている。少し引用する。モダリティを扱った章の一節だが、基本的なスタンスは他の章でも同様である。

> 本章では、モダリティが、現実世界領域から推論領域や言語行為領域へと一般化可能である、もしくは拡張可能である、という分析を提出した。こうした法助動詞や動詞は、(i) 根源的、(ii) 認識的、そして（もし当てはまるならば）(iii) 言語行為的と、体系的・規則的な形で多義的であるが、認識的意味と言語行為的意味は根源的意味から拡張されたものにほかならない。本分析は言語史的な証拠や言語発達的な証拠と矛盾することもない。こうした証拠が示していることは、意味が社会物理的な領域から認識的な領域へと拡張されることは自然であるが、その逆の方向、すなわち認識的な領域から社会物理的な領域へと拡張されることは不自然であるということである。　　　（Sweetser 1990［2000: 103–104］）

　つまり、ここで述べられているのは、「意味論的［1］」「認知的［2］」「語

用論的［3］」という３つの次元が、単に分かれているだけでなく、［1］→［2］→［3］の順で変化したり派生したりするという仮説的主張である。ではたとえば、日本語の「しかし」は［1］→［2］→［3］の順で用法を拡大してきただろうか？　通時的に振り返ってみよう。

　『日本国語大辞典』（以下『日国』と略）[2]の「しかし」の項には、「文頭に置かれる場合」として次のような用例が挙げられている。

(8)　浮世草子・好色一代女〔1686〕二・一「是よりうつくしきは此里に又なきといふ大夫を、見る迄もなし取寄よといふ。しかしお慰みにもと此夕ざれの出掛姿はしゐして見せまいらすに」

(9)　歌舞伎・傾城仏の原〔1699〕一「えいえい腹を切りませぬ。しかし腹を切るからは大殿刑部様へ申し上げて、御意を受けて腹を切る」

(8)はいわば「まあそう言わずに」ということだから［3］の例、(9)は応諾の後で条件を付ける形で自分の発話行為に対する修正の発話行為ととれるのでやはり［3］の例ということになろう。いずれも［1］ではない。

　では、「しかし［1］」はどのような用例になるだろうか。「文中に置かれる場合」として、次のような例が載っている。

(10)　黄表紙・江戸生艶気樺焼〔1785〕下「もとより身代に不足もなく、末繁昌にさかへ、しかし一生のうきなのたちおさめに、今までの事を草双紙にして世間へひろめたく」

これは"不要／不必要"ということに関する事実的関係［1］を述べている文である。しかし年代は少し遅く、先の(8)(9)が17世紀末だから、18世紀終盤の(10)はほぼ１世紀遅いことになる。初出がこのとおりだとするならば、日本語「しかし」の通時的展開は、［1］→［2］→［3］ではなく、［2］や［3］の意味で用いられるようになった後に［1］の用法が生じた可

能性があることになる。この点についてはまた後で触れる。

2.2 「だって」と「なぜって」
2.2.1 「だって」とは何か？

次には「だって」を見ておきたい。英語で 'because' は代表的な接続語の1つだが、それに相当する日本語を考えたとき、「なぜなら」とその口語形「なぜって」「なぜかというと」など（以下「なぜなら系」と略）が思い当たると同時に、もう1つの接続語「だって」がもう半分を占めていることに気づく。母語話者の直観として、「なぜなら」系と「だって」は、同じく"理由"を表す接続語でありながら、使用におけるニュアンスにはかなりの開きが感じられる。筆者自身の内観でいえば、「なぜなら」系の話し言葉における使用は、ともすると"訳知り顔"の解説風になり、一方「だって」は"言い訳がましい"響きを帯びやすい。

滝浦（2003）は、「だって」の意味機能を、「なぜなら」系（「なぜって」で代表させた）と比較しながら捉えることを試みたが、いまの議論と関係が深いので振り返っておきたい。まず、どちらも"理由"の接続語であるという点について、「なんで？」の問いに対する応答として考えてみると、結束性の質の違いが見えてくる。たとえば、何か叱責に値するような行為をした人が「なんで、おまえ、あんなことしたんだ」と問われたとして、(11)の2通りの応答は微妙に異なった反応を引き起こしそうに思われる。

(11) a. <u>なぜって</u>、その方がいいと思ったから。
　　 b. <u>だって</u>、その方がいいと思ったから。

「なんで」と問うた側に叱責の意図がある場合、上の応答はどちらも不満足な応答になるはずだが――満足な応答はただ1つ「すみませんでした」である――、その際に返す言い方が a と b では異なるだろう。(11a)の話者は"理由"を答えている。しかし最初の話者は"叱責"を意図した。その人

物からすれば、自分の"叱責"に対して相手が"理由"を答えてきたこと自体が不満だろう。その表明は次のようになされる。

(12) (11a →) 理由なんか聞いてるんじゃない！

一方、(11b) の応答が"言い訳"に聞こえたとする。それに対する最初の話者は問い返して、

(13) a.（11b →）「だって」とはなんだ！

のように言うことができる。上の (12) の代わりに、

(13) b.??「なぜって」とはなんだ！

という発話がなされることはありそうにない。(11a) にかぶせる叱責としては (12) のように、最初の発話が"理由"の問いではなかったと言うしかないのである。

　この簡単な考察からも、「なぜなら」系が"理由"の接続語であるのに対して、「だって」は"言い訳"、少し術語風に直せば"(自己)正当化"の接続語であるとの見解を導くことができる。

2.2.2　「だって」と「なぜって」の機能次元

　「なぜって」と「だって」のこのずれは、両者の機能次元の相違に起因していると考えることで説明できる。『日国』から用例を拾おう。まず、「相手のいう事柄などについて、不承知で反論する場合」として次のようなものが挙げられる。

(14)　当世書生気質〔1885〜86〕〈坪内逍遙〉一〇「『なんぜ、トライせん

か』『<u>だって</u>君、今日は忙しいと僕がいっても、君が聴ないで』」

これは、叱責のトーンを帯びた相手の勧めに対して、それを受容しない意思表明と解釈でき、したがって「だって［3］」の例となろう。また、「先行する事柄について、その理由や言いわけを補足する場合」として次のような用例が見られる。

(15) 浮雲〔1887〜89〕〈二葉亭四迷〉二・九「だから僕ア議論して遣った<ruby>ぽか<rt></rt></ruby>んだ。<u>だって</u>君、失敬ぢゃないか」

こちらは、自分の判断が正しかったことの根拠を示そうとする用法であり、「だって［2］」の例と見ることができる。「だって」の意味機能が"（自己）正当化"にあることは上で見たが、正当化の対象が何であるかによって「だって」の用法は明瞭に区別できる。すなわち、対象が自己の認識であれば［2］であり、他者（相手）の発話行為（を通じて把握された他者の認識）であれば［3］である。次の例は、［3］に見えるが、実際は自分の"驚き（＝違和感の表明）"が当然であるという自己認識の正当化であり、［2］の例である。

(16) 「じゃ、お返しするわ」
　　　「ありがとう」
　　　「あらッ？」
　　　「……？　……」
　　　「<u>だって</u>、おかしいわ、もともとあなたのものじゃないの、礼を言うのはおかしいわね」
　　　「じゃ、礼を言うのは止そう」
　　　「その代り、この百円もいっしょに持って行って頂戴！」
　　　　　　　　　　　（織田作之助「それでも私は行く」1946 年、青空文庫より）

「だって」の例は、[2]や[3]の次元が単なる説明的構築物ではなく、その"実在性"を示しているように思われる。「だって」は[2]および[3]の次元で機能し、「だって[1]」はあまりありそうにない(次節でまた触れる)。滝浦(2003)は、「だって」の意味機能を平面的に了解しようとする立場を批判し、

O(＝相手の立場)けれども P(＝話し手の立場)
(なぜなら)Q(＝話し手の立場の根拠)だから

と捉える説が実際の用例を説明できないことを確認した上で(本稿では割愛)、「だって」を「なぜなら」に還元する形で、つまり「だって」を「だって[1]」として説明しようとすること自体が「だって」の機能を捉え損ねることを述べた。(O、P、Qという)3項間の関係として見た時点で、もはや2項的な事実間の関係ではないことを認めなければならない。

「なぜなら」系の用法も確認しておこう。現在の日本語における口語的な場面で最も使われる機会が多いのは「なぜかというと」だろう。表現形自体どこか説明的な印象だが、『日国』の初出は『小公子』の若松賤子訳だった。

(17) 小公子〔1890～92〕〈若松賤子訳〉前編・一「なぜかといふと〈略〉馬と荷車が置いて在ったからです」

「なぜかというと」の元になったであろう表現形「なぜというに」は百数十年遡る。「なぜかというと」と時期的に並行する「なぜなら」と「なぜって」の例と合わせて挙げておく。

(18) 随筆・独寝〔1724頃〕上・三一「かみ方にても此大夫は嵯峨の釈迦と同作のよし。なぜといふに、三国無双の名城といふよし」
(19) 滑稽本・七偏人〔1857～63〕三・中「其勘平さんといふまぶのじゃ

まにはならねへのだ。なぜならば今すぐぢゃアねへ。此次の世にいろに成て呉といふのだ」
(20)　卍〔1928〜30〕〈谷崎潤一郎〉七「光はきっと日曜になると機嫌が悪いの。なぜって一日姉ちゃんと会へないのだもの」

　最も古い「なぜというに」からしてそうだが、一応、原因と結果をつないでいるとはいえ、因果をわざと逆に提示して後から"謎解き"をするような用例が目につく。日本語で最も純粋に［1］の次元を担っているのは（現代語でいえば）おそらく接続助詞の「ので」や「から」であって、そうした接続と比べれば、「なぜなら」系といえども話し手の認識判断の説明に近づいていくことはたしかであり、［2］と認定したくなる例が出てくるのも道理だろう。

　本節の考察を要約するなら、「だって」ははじめから［2］および［3］の次元で機能し、「だって［1］」は少なくとも不活性である[3]。一方、「なぜなら」系の機能次元は［1］からあるが、使い方としては［2］ないしそれに近いものも少なくない、ということになる。

3. 一方向性仮説に関する仮説的考察

3.1　文法化と主観化について

　Sweetserの3次元は2.1.2に引いたように、変化ないし拡張の"一方向性"を含意するものだった。その後の展開において、それはTraugottらの提唱する文法化における主観化の「一方向性仮説」とも通じることになる。意味論的［1］→認知的［2］→語用論的［3］という方向性をもった変化が、そのまま、

　　　非主観的→主観的→間主観的

という文法化過程で生じる変化に対応するかに見える。

　実際、上で見た「だって」も、それ自体「だとて（＝だ＋とて）」に由来しており、談話標識的でない（意味的にも相違の大きい）「AだってB」の形は基本的にAとBの事実的命題的関係を述べる「意味論的［1］」の用法である。とすれば、「だとて」→「だって」の歴史語用論的プロセスのなかで、「意味論的［1］」→「認知的［2］」および「語用論的［3］」という流れで変化が生じたと見ることは、非主観的→（間）主観的という方向性に合致していることになる。だがここで、文法化と主観化をめぐる論点を少し確認しておきたい。

　文法化とは基本的に、また定義上、機能語の創出にかかわる問題のはずである。もし認知的アプローチとは無関係に、言語体系とその利用者である人間との関わりの"経済性"だけから考えるとすれば、新たな機能語の言語形式をゼロからを創るよりも、既存の語から用法を変化させてゆくのが、生産においても理解においても最も効率的であることは明らかであり、さらに、機能語は一般に"閉じた"体系であるから、"開かれた"体系である内容語からの転用が最も容易な主たる方法となると考えることは理にかなっている。そしてそのような事情によって生じた変化を観察すれば、内容語の本来の意味は"漂白"されており、元々名詞や動詞として具体的だった語の語義は具体性を削ぎ落とされ抽象化することにおいて、文法関係や論理関係を担える機能語となったことが見て取れることだろう。

　この過程で生じる意味変化を「主観化」という言葉で表現すると、たとえば次のようになる。

　　〔"文法化における主観化"とは…〕当初は主に具体的で語彙的で客観的な意味を表していた形式や構文が、局所的な統語的文脈で繰り返し使用されるうちに、しだいに抽象的で語用論的で対人関係的な話し手ベースの機能を果たすようになる傾きをもった（gradient）現象である。

　　　　　　　　　　　　　　　　　　　　　　　　（Traugott 1995: 32）

よく引かれる Traugott の説明である。内容語と機能語の差異を、使用者と語や構文などの要素との関わりにおいて捉えるならこう見えるという意味では、上の"システム"側から見たものと同じことを表していると言ってよい。しかし、内容語と機能語の差異を意味の具体性／抽象性の観点から言えば——つまり現実世界に具体的な対応物をもつか否かという観点からすれば——、必ず内容語は「具体的」で機能語は「抽象的」であり、機能語のなかでも、拘束形式として文中の特定の位置にしか現れない語と談話標識のような独立性の高い形式では、後者の語用論的度合いが高くなるのは当然である[4]。

　ここで言いたいことは、文法化を機能語創出の問題と捉え（てよいとし）、かつ文法化を「より広い」考え方で了解するならば、文法化の過程が引用のような意味での主観化や間主観化を伴うことになるのは、いわば同語反復的な意味においてある程度必然的だということである。Traugott は一方向性仮説を「論争中」の問題として、「文法化と（間）主観性における一方向性は、検証可能な強い仮説であるので、それらを引き起こす相互作用の要因と同様に、理論的にきわめて重要である」と言っているが（Traugott 2011: 70）、上のような理解が勘違いでないならば、「一方向性仮説」というのは支持されることが初めからある程度決まっている仮説だとは言えないだろうか？　もしそうなのだとすると問題は、その一方向性が全体的に支持されるか否かということよりも、それを一般的な「認知‒コミュニケーション的動機付け（a cognitive-communicative motivation）」からの帰結（Traugott 1995: 49）というふうに見ることの妥当性なのではないだろうか。一方向性に当てはまる例の多さが動機付けの証明になるわけではない。

　一方、ここであらためて振り返りたいのだが、1.2 節に引いた Sweetser の見通しは、文法化に関するものではなく、もっと一般的な現象に対する説明原理としてだった。個々の語の沿革に関して Sweetser の言うような一方向性を仮定することは文法化における主観化とは意味が違う。では Sweetser 的な意味での一方向性は支持されるだろうか？　Sweetser は、認知的領域や

発話行為的領域における用法は内容領域からの比喩的拡張によるしかないと言うが、機能語創出の問題と言語全般の進展や個々の語誌の問題は別である。2.1.2 節で「しかし」は［2］［3］が［1］より早く用いられていた可能性について述べた。(4b) の野矢の例をもう一度思い出してほしい。「あの店はうまい。しかし、安い」のような「しかし」を話し言葉でどの程度言うかと考えると、あってもかなり理屈っぽい人という印象になる。その意味では、論理的な「しかし［1］」こそ新しい使い方だと言うべきではないだろうか。用法としては「しっかし暑いな」タイプの方が古いことになる。

「なぜなら」系でもそうで、下の(21)のような［1］が基本であってもよさそうなのに——「なぜかというと」に変えれば話し言葉風になる——、前節に見たように［2］に近いものが目についた。

(21) しかも、やり方が簡単だから、関西人でこの茶漬けを試みない者はなかろう。しかし、東京で試みようとすると、ちょっと容易ではない。<u>なぜなら</u>、今、東京にあるはもは、多く関西から運ばれるので、そうたくさんはない。

（北大路魯山人「鱧・穴子・鰻の茶漬け」1932 年、青空文庫より）

逆に、「だって［1］」の例はなかなか探せないが、たとえば、当然の帰結と思えるようなある事実について、本当は話者の判断の根拠であるものを、まるで事実的な連関であるかのように表すとしたらその例となるだろう。(22) は筆者の作例である。

(22) この店はいつ来てもガラガラだ。<u>だって</u>不味いんだもん。

これらの現象を見ていると、意味変化や語用論的多義の説明としての一方向性仮説は、少なくとも日本語を見ているかぎり、あまり有効性を発揮しないように思われる。むしろ反対に、「意味論的［1］」次元の用法が後から定着

することはないか？ということを考えたくなる。

3.2　格助詞「つ」「が」「の」の消長

　いまの議論に対して、談話標識は元から語用論的なのだから初めは"空白"だった意味論的用法が後から生じやすいだけのことではないか？との異論があるかもしれない。だが、機能語の中でもそれらよりはるかに"語用論性"が低そうなたとえば格助詞においても、かつてあった間主観的含みが弱化し客観化して現在では純粋な論理関係・文法関係を表示しているケースがあるように思われる。ここで見ておきたいのは、古代日本語に、現代日本語の「の」に当たる助詞が３つもあったという事象である。現代では１つで足りている機能語が３つもあった事情は、なかなか想像しにくいところがある。

　問題となる助詞は「つ／が／の」である。この中で、最も"客観的"な意味をもっていたのは「つ」である。用例は古い。ほとんど遡れる最古の時代から存在している。『日国』の例を挙げる。

(23)　古事記〔712〕中・歌謡「浜<u>都</u>千鳥浜よは行かず」
(24)　更級日記〔1059頃〕「春ごろ、のどやかなる夕<u>つ</u>かた」

「つ」は連体関係を表す格助詞として奈良時代までは盛んに用いられたが、平安以降は複合語の構成要素として認められるにすぎず、現代まで残る"化石"は「睫毛（＜目つ毛）」や「自ずから（＜己づから）」などごく少数であるとの語誌も付されている。

　「が」と「の」が「つ」と最も違う点は、表示する論理関係などよりも、それらが元から対人的な距離感のニュアンスを帯びていたことである。「が」は"近"で、「の」は"遠"である。現代でも「が」の距離感は限定的に半ばクリシェ化しながら残存していて、「我が友／我が母校／我が国」といった決まり文句や、開発された宅地の地名「緑が丘／ユーカリが丘／ etc.」な

どにおける"共感的"な近接化による情感がそれである。古い例を挙げておく。

(25)　万葉集〔8C後〕五・八四四「妹我家(ガ)に雪かも降ると見るまでにここだも乱(まが)ふ梅の花かも〈小野国堅〉」

一方、「の」の距離感は「が」ほど顕著ではないが、たとえば「天の」が連語化して「神聖な、尊い、おそれ多い」といった意味を表す場合——「天の益人(ますひと)」「天の御門(みかど)」など——のような、"敬避的"な遠隔化の例が多い（共感的近接化と敬避的遠隔化のメカニズムについては滝浦（2005: II–1）を参照されたい）。古い例を挙げる。

(26)　続日本紀 – 天平勝宝元年〔749〕四月一日・宣命「新に造れる寺乃(ノ)官寺(おほやけでら)と成すべきは」
(27)　万葉集〔8C後〕三・四四三「天地(あめつち)乃(ノ)神祇を乞ひ祷(の)み〈大伴三中〉」

　この (26) にも見えるように、「が」と「の」が純粋な連体関係よりも広い適用範囲をもっていたことがその後の進展にも影響したように思われるが、これら3語の中で「が」と「の」が主格表示の機能を得て、「が」はそれに特化し、「の」は属格的機能に傾くという形で現代に至っている。これに対し、「つ」は完全に生産性を失って、早い時期に廃れてしまった。これらの過程において興味深いのは、「の」や「が」の変遷は、それらが元々もっていた"間主観的認識"にかかわる [2] 次元的な意味機能を削ぎ落とす形で、旧来の [1] 次元的な語に代わって、純粋な論理関係、文法関係のみを担う [1] 次元の語になっていったという事実である。これは、日本語の機能語において生じた"脱・間主観化"ないしは端的に"客観化"と呼び得る変遷過程ではないだろうか？

　以上、本節では、文法化が機能語の創出にかかわる過程であるかぎり、主

観化や間主観化と見なせる変化が生じることは同語反復的にある程度当然と考えられることを確認した上で、一般的な意味拡張や語用論的多義化に意味論的［1］→認知的［2］→語用論的［3］の一方向性が認められるとする見方については否定的な見解を述べ、その根拠の1つとして、日本語格助詞の史的展開における逆方向に見える変遷過程を考察した。

　文法化が語用論にとって大きなトピックであることは疑いないが、日本語史研究の角度から青木（2011: 124–125）が批判的に述べていることには耳を傾けるべきだろう。すなわち、日本語の歴史的変化には一方向性に反する例が少なからずあり、また、尺度に事象を当てはめるようになると事象のありようを見誤る危険がある。日本語に限らず、また機能語の創出という問題からは逸れるが、たとえば、どうして言語には「呼格」などというものがあり、かつそれが「主格」に吸収されるといった変遷をたどったのか——これも"脱・間主観化"と言ってはいけないか？——、あるいは、なぜ人称代名詞の二人称単数のところだけしばしば体系が不均衡なのか——T/V代名詞とは機能語における［2］ないし［3］次元の現象であり、Vに一本化した英語の二人称単数代名詞は［2］または［3］→［1］という変化をしたことにならないか？——、など、考察を誘うような現象はたくさんあるように思われる。

4.　言語の"語用論性"と日本語

4.1　否定に対する応答

　意味論的［1］、認知的［2］、語用論的［3］という3つの次元を措定することは、様々な言語現象がどの次元で生じているかを明確にすることができるため、言語類型論にも資するところが大きい。他の言語を思い描きながら日本語の言語現象を眺めると、日本語における［3］次元の優勢すなわち間主観性の優勢がよく目につくように思われる。紙数に限りがあるため、そうした例を2つ選んで挙げることにしたい。

まず、否定に対する応答を取り上げる。日本語と英語の応答に相違があることは周知だが、あまりに周知だからか、言語学的説明をあまり見ない。比較のために英語の例を初めに見ておく。英語の応答詞 yes/no は各々肯定文／否定文の代用であるので、問われ方の肯定／否定が変わっても答え方は影響されない。

(28)　"Do you have money with you?"（お金持ってるの？）
　　　"Don't you have money with you?"（お金持ってないの？）
　　　——"<u>Yes</u>, I do. / <u>Yes</u>!"（持ってるよ。）
　　　——"<u>No</u>, I don't. / <u>No</u>!"（持ってないよ。）

いずれの場合でも、Yes［1］が肯定文 I have money... を代理し、No［1］が否定文 I don't have money... を代理しており、英語の応答詞は基本的に［1］次元で機能していると言うことができる。

次に日本語の応答例である。日本語の応答は、肯定疑問と否定疑問に分けないと書き表せない。

(29)　a.「お金持ってるの？」　——　「<u>うん</u>、持ってるよ。」
　　　　　　　　　　　　　　　　　「<u>いや</u>、持ってないよ。」
　　　b.「お金持ってないの？」——　「<u>いや</u>［3］、持ってるよ。」
　　　　　　　　　　　　　　　　　「<u>うん</u>［3］、持ってないよ。」
　　　c.「お金持ってないの？」——　「?? <u>うん</u>［1］、持ってるよ。」
　　　　　　　　　　　　　　　　　「? <u>いや</u>［1］、持ってないよ。」

肯定疑問に対する (29a) の応答では「うん／いや」の次元は判断できないのだが、否定疑問に対する応答になるとそれが明瞭になる。(29b) は自然な応答だが、否定疑問「持ってないの？」に対して「持ってる」と肯定的内容を答える場合には否定応答の「いや」が用いられ、「持ってない」と否定的内

容を答える場合には肯定応答の「うん」が用いられる。これは、日本語の応答詞「うん／いや」が命題の代用ではなく、相手の質問意図の受容／非受容を表しているからと考えれば解決する。すなわち、「うん／いや」はどちらも［3］次元で機能する応答詞である。(29c) は不自然な応答で、「持ってる」に「うん」、「持ってない」に「いや」を用いると、筆者の語感では、前者はほぼ不可で後者は（「だからないって言ってるでしょ！」のように）否定命題が焦点化されてくれば許容度が上がるが、一般的には不自然である——このような用法があるとすれば「うん／いや」は英語と同じ［1］次元の語となる。なお、フランス語の Si やドイツ語の Doch のように、否定疑問に対する肯定的内容の応答のときだけ用いられる語もあり、それらは yes/no 相当の応答詞とは異なる［3］次元で機能すると見ることができる。

このように、応答の機能次元に着目することで、意味論的［1］／語用論的［3］応答を分けることができる。日本語の応答詞は、文頭にあって、相手の質問意図を受容する／しないという発話行為をしていると言えるだろう。

4.2 「と思う」のポライトネス

上の現象は文頭の位置での語用論的な働きだった。文末に近い位置での現象も1つ見ておきたい。それは、動詞「思う」のポライトネス的機能である。日本語では、公的な場面でのアナウンスなどで次のような言い方をよくする。

(30) それでは報告会を始めたいと思います。

この文は古典的な意味での遂行文であり、話し手はこの文を発話することで報告会の開催を宣言しているのだから、「思う」は事実的に余剰である。さらにいえば、「始めたい」の「たい」も余剰で、それらを"英訳"してみれば余剰さは明らかだろう。

(31)　a. #So, I think I want to start our briefing session.
　　　b. It's time to start our briefing session.

そのまま直訳した (31a) はまるで他人事のような言い方となり意味をなさない。適切な"訳"としては (31b) の「そろそろ時間です」のようになるだろう。

　つまり (30) は、「それでは報告会を始めます」に「たい」を付加した上で、さらに引用形「と思う」を付加して後方に拡張している。これは、"開始"を宣言する発話行為でいいところを、"欲求"や"思考"の表現を重ねることで"非行為化"ないし"認識化"することと言っていいだろう。その根底にある動機づけは、行為の遂行者たる自分の存在を小さくすることで、聴衆に対する敬避的なポライトネスを表すことにあると考えられる。ポライトネスが間主観的な問題であることは論を俟たない。竹村・丁 (2014) は、日本語と文法体系がきわめてよく似ている韓国語で「思う」に相当する「センガクハダ」と日本語の「思う」を対照し、「センガクハダ」にはこうした対人的用法はなく、日本語に特徴的な語用論的現象であることを報告している。こうした「と思う」は言うまでもなく［3］次元の機能である。

4.3　言語類型論への貢献

　小野寺 (2014) は、近年「周辺部」という考え方が注目されつつあると述べている。文の左方・右方の周辺部において、コミュニケーションにおける語用論的な要素が表現されやすいとの観察の上に、様々な言語で周辺部に現れる要素の異同を探ることは類型論的にも興味深い。この点で日本語は、もともと 3 つの次元を文構成の基本構造として順に配置したような特徴をもっている。すなわち、命題構成部の後ろに認知的などのモダリティ要素が来て、さらに文末にかけて対者敬語や終助詞など間主観的な要素が来るという構造である。図式的に書けば、

命題［1］＋モダリティ［2］＋ポライトネスなど［3］[5]

となるが、これに加えて、文頭つまり文の左側にも、

談話標識的要素［3］＋認識判断等の副詞的要素［2］

が典型的に来る。これを考えたとき（小野寺 2014: 20–21）、左右合わせて、

［3］＋［2］＋［1］＋［2］＋［3］

のように 3 次元が配置される基本構造をもつことになる日本語は、周辺部現象が非常に興味を引く言語だと言うことができる。4.1、4.2 節で見た現象など、そうした現象の好例であるように思われる。

　堀江（2009: ch. 2–3）には、いくつかの基準を設定し各点でのいわば"語用論度"を異言語間で比較対照した成果がまとめられており、日本語と韓国語を比べると、文法構造でも談話構造でも日本語がより語用論的であるとの見解が述べられている。これらの類型論的な研究は語用論のさらなる展開をもたらしてくれるだろう。言語形式が機能する水準を 3 つの次元という形で可視化することで、そうした展開に資するところがあればと考える。

注
1　次元を示す番号を、以下では、「意味論的［1］」のように用いるほか、語の用法の分類として「しかし［1］」や文中で単に［1］のようにも用いる。
2　『日本国語大辞典　第二版』は語義ごとの初出の用例を掲げる編集方針がある。もちろん誤差は想定しなければならないとしても、専門家が多数参加しての改訂も行われており一定の信頼性は認めてよいものと考える。
3　「なぜなら」に対する「だって」と同じような位置関係で、「しかし」に相対して

いる語が「でも」である。紙数の関係で考察は省くが、「でも」においても［1］より［2］［3］次元への傾きが強い。『日国』の初出例だけ掲げておく。

　　洒落本・遊子方言〔1770〕更の体「『帰る』〈略〉『気を短くせずと、もちゐと、ゐなんし』『<u>でも</u>あまり、おもしろないぞ』」

これは「でも［3］」の例である。また、先に英語の文例（2）を掲げたが、その but［3］の訳語としては「しかし」より「でも」の方が収まりがよい。

4 「文法化」の概念をどう理解するかについては異なる見解があって議論が続いているが、ここでは、談話標識の発達なども文法化に含める「より広い」考え方に立つ。文法化が機能語の創出にかかわるという本質が変わらないなら、談話標識の発達だけそこから外すことの合理性はないと考える。この問題については小野寺（2014）に見通しのよい解説がある。

5 これは堀江（2009: 170）の［命題］［モダリティ］［談話モダリティ］という3区分に相当する。

参考文献

青木博史（2011）「日本語における文法化と主観化」澤田治美編『ひつじ意味論講座5 主観性と主体性』ひつじ書房

堀江薫・プラシャント　パルデシ（2009）『言語のタイポロジー―認知類型論のアプローチ』研究社

野矢茂樹（2005［2003］）「「しかし」の論理」『他者の声　実在の声』産業図書（初出：『月刊言語』32 (3)、大修館書店）

小野寺典子（2014）「談話標識の文法化をめぐる議論と「周辺部」という考え方」金水敏・高田博行・椎名美智編『歴史語用論の世界―文法化・待遇表現・発話行為』ひつじ書房

Sweetser, Eve E.　澤田治美訳（2000）『認知意味論の展開―語源学から語用論まで』研究社出版（Sweetser, Eve E. (1990) *From Etymology to Pragmatics: Metaphorical and Cultural Aspects of Semantic Structure*. Cambridge: Cambridge University Press.）

竹村和子・丁仁京（2014）「日韓両言語の文末思考動詞に関する研究―「と思う」と「고 생각하다」を中心に」『日語日文學研究』第91輯, pp. 1-26. 韓国日語日文学会

滝浦真人（2003）「「だって」の語用論―演算子(オペレーター)が演算するもの」『月刊言語』32 (3): pp. 33–39. 大修館書店

滝浦真人（2005）『日本の敬語論―ポライトネス理論からの再検討』大修館書店

滝浦真人（2008）『ポライトネス入門』研究社

Traugott Elizabeth C. 福元広二訳（2011）「文法化と（間）主観化」高田博行・椎名美智・

小野寺典子編『歴史語用論入門―過去のコミュニケーションを復元する』大修館書店
Traugott, Elizabeth C (1995) Subjectification in grammaticalisation. In D. Stein and S. Wright (eds.) *Subjectivity and Subjectivisation: Linguistic Perspectives*. Cambridge: Cambridge University Press.
van Dijk, Teun (1979) Pragmatic connectives. *Journal of Pragmatics* 3: pp. 447–456.
van Dijk, Teun (1981) *Studies in the Pragmatics of Discourse*. The Hague: Mouton.

付記　本稿の着想を日本言語学会夏期講座 2014 の「語用論」の講義で話したが、寄せられた質問やコメントから、多くのことに気づかされ、また教えていただいた。本稿はそれらへの「お礼」のつもりでもある。

発話的な効力と発話内的な効力

日本語の疑問形式を出発点に

加藤重広

1. はじめに

　かつて「僕ってコーヒーが大好きじゃないですか」のような言い方をする初対面の人に対して、馴れ馴れしすぎて失礼だと思う、あるいは、相手のことを知らないから同意も否定もしようがないと感じるということが聞かれた（文化庁 1998, 2001）。この「〜じゃないですか」は、かつてであれば、「〜なんですよ」「〜でしてね」などを用いるのが一般的だったと思われる。

　加藤（2009）では、この種の言い方が形式上疑問文であることがうっとうしさを感じさせるとしているが、これは感覚的な判断に表面的な説明を与えているだけで、語用論的にも文法論的にも十分に説明を尽くしたものとは言えない。本稿は、疑問形式をめぐる語用論と文法論の議論から、働きかける力がどのように規定できるのか考察し、整理するための論考である。

2. 問題のありかと本稿の構成

　疑問文という名称は、疑問を表すという機能面からの文規定であるが、疑問文は多くの場合、一般に想定されている典型を念頭に、その形式や統語機能、語用論的効果などが考察されている。それはそれで有意義な議論であるとしても、そもそも疑問文とは何か、その範囲をどこまで認定するのか、「疑問」文という定義から逸脱する形式が対照されつつ論じられているのは

なぜか、など関連する事象を含めて広く議論する必要があると思うのである。

例えば、一般に「か」という終助詞を文末に付加することで平叙文は疑問文になるとされるが、標準日本語では「これ、食べるか？」よりも「これ、食べる？」と上昇調のイントネーションを用いるのが一般的で、「食べるか」は発話者の社会的属性（年配の男性が典型）に偏りがある。「食べますか」は「食べます？」より一般的だがいずれもよく用いられ、「これです？」はおうむ返しの問いかけを除けば一般的でなく、「これですか」が一般的である。しかも、地域差が大きい（木部 2010）。

形式が単純な原則で指定されているわけではなく、社会言語学的な位相差やレジスターの変異も関与していることは他の文類型でも見られることであるが、疑問文の形式を用いながら意味機能上は「疑問」ではない用法が見られることが、問題をより複雑にしている。例えば、下降調のイントネーションを伴う「駄目なのか」は、その真理値を問うことはなく、「駄目だ」という命題の成立を知った場合にしか使わない。しかも、「か」で終わる疑問形式の文で、この種の下降調イントネーションを伴う用法は、真理値を問う一般疑問文でのみ用い、「どこなのか」などの疑問詞疑問文では用いられない。

また、否定疑問文の形式を用いて「今回のレポート、よくできているじゃないですか」と言う場合は、日本語記述文法では確認要求という用法に分類され、話者は命題の真たるを想定しており、聴者も同様に当該命題の真たるを想定していることを確認していると説明される。また、「窓を開けてくれないか」という発話は、形式上は上昇調の疑問文であるが、窓を開ける行為を要求していると解され、通常は「依頼」と見なされる。Searle (1979: 31) では、「ある発話内行為が他の発話内行為を行うことによって間接的になされる」ことを「間接発話行為」としているが、これらは「質問」という発話内行為によって「確認要求」や「依頼」を間接的に行っているのだろうか。

3. 2つの「力」

　間接発話行為では、Aという本来の発話内行為がBという発話内行為の実現に解釈されるという場合、AがBに移し込まれてAの機能は失われ、Bの機能のみが残存するのだろうか。それともAに加えてBの機能も有することになり、両方が有効なのだろうか。両方の発話内行為が有効になされる場合、発話内力 (illocutionary force) は間接発話行為では倍になるということだろうか、あるいは、発話内力の全体量は変わることなく、おおむね発話内力を折半するように2つの発話内行為が共存するのだろうか。

　Searle and Vanderveken (1985)（以下、S & V (1985)）では、発話内力を構成する7つの要素として、[1] illocutionary point, [2] degree of strength of illocutionary point, [3] mode of achievement, [4] propositional content conditions, [5] preparatory conditions, [6] sincerity condition, [7] degree of strength of the sincerity conditions を挙げている。このうち、量的あるいは尺度的な概念と考えられるのは、[2] の発話内目的の強さと [7] 誠実性条件の強さであるが、S & V (1985: 45–46) では、発話内目的の強さは、誠実性条件の強さと [3] 達成方法によってもたらされる強さの2つに由来するとしているので、これらは独立的なものではなく、相互に連関性を持っていることがわかる。しかし、力Fはいずれも発話内的に生じるものであって、その内実が複雑だとしても、他のレベルのFを想定しているわけではない。

　S & V (1985) では、発話内行為は発話内力Fと命題内容Pからなるとする。例えば、「君はこの部屋から出ろ」と「君はこの部屋から出るだろう」は、Pは同一であるが、Fが異なるとされている。このとき、発話内行為はF(P) と表され、そのときの文形式は $f(p)$ と表される。S & V (1985) では、f は、発話内力標識で統語特徴 (syntactical feature) の一種とされ、もう1つの統語特徴たる p は、文の残りの要素と発話の文脈が確定すれば、命題内容Pを表すと定義され、F(P) が基本発話行為 (elementary illocutionay acts) で、$f(p)$ は基本文 (elementary sentences) だと述べられている。この記述はやや

わかりにくいが、言語形式として実体的な存在が $f(p)$ であり、機能的な面を表したのが $F(P)$ と言うことができる。概念的にはもちろん理解可能で整理された記法であるが、統語語用論的に広く捉えようとする場合には違う形の枠組みを用意した方がよいとも思える。加えて、サールの枠組みには言語学的な考え方を無視しているところも多く、そのまま言語学的な語用論に移植してしまうことには問題も多い[1]。

言語学的な枠組みが言語を考察する唯一の方法や手法ではないが、本稿では、言語学的な枠組みで統語論と語用論にまたがる現象を分析しているので、言語学の知見から発話内力という考え方に再検討を加え、これまでと異なる枠組みを提案したいと考える。

最初に発話内力の概念を提唱したオースティンの発話行為論では、speech act は3つの面から捉えられるとし、それぞれを［1］発話行為（locutionary act）、［2］発話内行為（illocutionary act）、［3］発話媒介行為（perlocutionary act）とした。［1］発話行為を、Austin (1962: 92–93) では、phonetic act/phatic act/rhetic act に分けている[2]。オースティンのこの下位区分は、管見の限り、サールを含めてその後継承されているわけではなく、言語学の枠組みにおいては継承はもちろん議論すらほとんど行われていないようだ。半世紀以上前の継承されていない考えなので、あえて問題点を指摘する必要はないのだが、新しい枠組みの構築のため整理しておきたい。

phatic は、マリノフスキーが創案し、J. R. ファースが言語学に導入したことで知られる phatic communion（交感機能）に用いられている用語だが、オースティンの3下位区分はそれぞれ音声・語形・意味に対応しており、語が文のなかで用いられ、それを音声的に発する行為が phatic act である。これは、ファースらによる phatic の意味とずれているだけでなく、これだけで「語の使用」を意味する理由が不明である。しかも、伝統的な言語学の枠組みでは、音声を使用することは問題ないが、それを音素と形態素のレベルで二重分節として考えるので、これにも対応しない。phatic act で発されたことばを pheme（翻訳では「用語素」としている）と呼ぶとしているが、言語

学用語の「素」(-eme)は、抽象的な単位のことであり、オースティンは、一定のイントネーションを伴って発話をなす語 pheme と呼んでおり、ずれている。言語学では、形態素などはソシュールの言うラングの中にあるものであるが、オースティンはパロールの中にあるものを指している。

　オースティンは、rhetic act を意味的な行為としており、それによって発したことばを rheme と呼ぶ（rheme には翻訳では「意味素」という訳語が与えられている）のであるが、rheme は、プラーグ学派などの構造言語学で theme と対をなす用語（日本では、ドイツ語の Thema（テーマ）と Rhema（レーマ）が通常用いられている）であり、異なる意味で用いると紛らわしい。英語では、theme/rheme よりも、topic/comment のほうが一般的には理解されやすく好まれるが、それでも混乱は避けた方がよい。

　オースティンは、個々の現実の発話を想定して locutionary act を規定しようとしているために、その発話のなかにある音声・形態・意味について区分をすることで、おおまかに言語学的な扱いに近づけようとしたのかもしれないが、少なくとも、オースティンのこの枠組みでは、これまでの、また、現在の言語学の方法論とはうまく整合しない。

　Searle (1969) では、発話行為 (locutionary act) という区分は設けられていない。オースティンの発話行為と発話内行為 (illocutionary act) は、utterance act[3] と propositional act と illocutionary act に3区分され、オースティンの3区分にあった発話媒介行為は新たな3区分に付加されるような位置づけになっている。propositional act「命題行為」は、act of referring と act of predication に分けられているが、前者が名詞類による指示を後者が動詞類による叙述を指すのであれば、構文の意味論的解釈のおおまかな記述に過ぎない。これに対して、utterance act は、語・形態素・文を発することとされているので、言語形式の産出であり、命題行為はその意味の産出にあたる、と見ることができる。発話内力については、「陳述・質疑・命令・約束」に用いると例示がなされているが、位置づけはオースティンの枠組みと根本的には変わっていない。

この枠組みでは、「窓を開けろ」という発話では、locution における言語形式に命令形が用いられており、命題行為において「命令」が示され、発話内力としても「命令」が発動すると考えればよいのであまり問題にならない。これは、命令形が命令法であっても、locution の意味解釈と illocution の機能解釈が合致していれば、同じように処理できる。しかし、Searle (1979: 30) では、"Can you pass me the salt?" という発話を例に、質問のほかに依頼という2つの発話内力があることをもって間接発話行為であることを説明している。本節冒頭の問に対するサールの答えは、「いずれも発話内力である」ということになる（が、量的なことについては特に触れられていない）。この考え方には相応の合理性があるとは思うが、言語学的に見ると問題があると感じられる。

　以上、述べてきたことは、発話行為論の研究史でも言語学的見解との相違でもなく、言語学的な研究の枠組みに発話行為論の考え方を取り込む場合に、不整合がなくなるように調整する必要があるということである。

4. 言語形式による力とそれ以外の力

　言語学的には、言語形式から特定される機能とそれ以外の機能を可能な限り明晰に区分したいと考える。例えば、日本語では文末に助詞「か」を付すことで疑問文ができるとすればそれは言語形式から特定される機能であるが、疑問文が疑問文の本来の機能を持たないことがあり、疑問文以外の機能を持つこともある。前者が本来の機能 X、後者が付加された機能 Y だとすれば、X のみ、X+Y、Y のみ、X が変成した Z のみ、とおおまかに4つに分けることができる。

　発話行為論では、作用する力、あるいは、機能と扱えるものは、発話内力に含めているが、言語学的な枠組みとしては、言語形式に由来する作用や機能と言語形式から派生した作用や機能を区別するほうが、これまでの枠組みを大きく変えずに整合性を保持することができる。後者は illocutionary force

「発話内力」に相当するものであり、前者は、その対立関係からすれば locutionary force とするのが妥当だと思われるが、もともとは、構文形式に固有の機能と考えるべきである。

本稿では、発話の中で聞き手に作用する力 (force) を以下の2つに分けて記述する枠組みを提案し、実際にその枠組みを用いて疑問文を分析したい。

①言語形式に由来する作用……発話的な力（α）
②発話の命題内容に由来する作用……発話内的な力（β）

この2つの力は、従来の発話行為論では、おおむね発話内力として区分されずに扱われることが多かった。例えば、「窓を開けろ」のような命令文が命令を表す場合には、むしろ、区分しないほうが単純な記述にはなるが、「窓を開けてくれないか」と言う場合に「依頼」という行為をしているとするときには、発話内力として「依頼」を認めるにしても、この発話自体が疑問文でなくなるわけではない。「窓を開けてくれないか」は、発話的には疑問形式に基づく力を有しており、それは相手に回答を要求する力として現れる。さらに、発話内力としての依頼は、窓を開けるという、非言語的な行為を求める力として現れる。一般的に、2つの力が混在する場合には、より高次の力、すなわち、発話内的な力が優先して解釈される。「窓を開けろ」のような命令文は、言語的には指示・命令を伝達する力が α で、窓を開ける行為を求めることが β になる。

4.1 疑問形式の機能

さきに述べたように、日本語の疑問文の形式には地域差があることが知られているが、以下では特に断らない限り東京方言を念頭に標準日本語について述べる。日本における疑問の標識は主節末の「か」である。しかし、文体差があり、相手の意向を尋ねる際の「行きますか↗」[4]は「行きます↗」より一般的であるが、「行くか↗」は「行く↗」よりも使用者の社会的属性（女性よ

り男性、若年より年輩）に偏りが感じられ、一般性は低い。「か」は、主節末で疑問文を標示するときはそれ自体が上昇イントネーション（⤴）を伴い、「か」があっても上昇調でなければ疑問とは解されない。

（１）　「そうか⤵。わかった」

　例えば、下降調の「そうか」は、相手の発話内容を理解して一旦受け止めてはいるが、相手に問いかけているわけではない。疑問形式が、相手に回答を要求するのが無標であるとすれば、「か」を用いていても（１）に回答を要求する機能はなく、その点では有標である[5]。「そうか⤵」は、相手の発話を聞いた後で相手に向けて発してもよいが、相手のいない状況で独話・ひとりごととして発してもよい。いずれも回答要求の機能はないが、後者はその前提となる相手に向けた発話でもない。

　Searle（1969: 130ff）では、質問（question）について、その事前規則として、「1. 話し手は答えを知らない。すなわち、その命題が真であるか否か、あるいは、命題関数の場合には、補充してその命題を真にするために必要な情報を知らない」と「2. その時点で尋ねられなくとも聞き手がその情報を与えるということは、話し手と聞き手にとって自明ではない。」の２点を挙げており、前者については、「あくまで質問をするという意味においてであり、疑いを差し挟むという意味においてではない。」という注釈がついている。事前規則２は、授業の中で教師が問題の解答を提示することが自明であれば、生徒が答えを求める質問をすることは会話の構成のなかで望ましくないことであり、規定の使用によっては一種の違反になるとも言える。生徒は待っていれば解答が与えられるので、要求する必要はないからであるが、「自明」と判断できるかという問題はありうる。授業の中で教師が提示した問題の解答を提示するのは一般的でよくあることだが、何らかの理由があって解答を提示しないことも考え得る。

　事前規則１については、「質問には２種類ある。（a）本来の質問と、（b）試

験における質問である。本来の質問において、話し手はその解答を知る（発見する）ことを望んでいる。試験における質問においては、話し手は聞き手がその解答を知っているか否かを知りたいのである」という注釈がついているが、(b)試験としての質問は、答えそのものを求めているのではなく、答えを相手が知っているかどうかを求めているので、メタレベルでの質問である。本来の質問は、「①質問の発し手はその解答を構成する知識を持たない」から「②その知識を必要としている」のであり、「③その知識の提供を相手に要求する」という工程を経て産出されると考えることができる。なお、②をサールは、誠実性規則に含めており、③は本質規則の「聞き手からこの情報を誘発する試みと見なされる」に相当すると言ってもよい。

　さきの(1)は、この3つの特性をいずれも満たしていない。同じように、これらの特性をいずれも満たさない疑問形式は他にもある。例えば、修辞疑問のうち、反語といわれるものである[6]。

(2)　誰が手伝うもんか。
(3)　どこをほっつき歩いてんだ？

　(2)は「誰が手伝うか」でも反語の解釈は可能だが、これは通常の疑問にも解釈できる。(2)は「ものか・もんか」の文末形式の文法化が進んでおり、反語解釈に確定する[7]。これが否定文に相当する意味になるのは、「誰が手伝うのか」という問いかけに対する「誰も手伝わない」という応答を解釈者が自分で引き出す処理を行うためである。そして、(2)が「誰も手伝わない」という否定文よりも強く否定を印象づけるとされるのは、「誰も手伝わない」という言語形式のみで解釈が完結し、聞き手がさらなる解釈を行う必要がない（が、その分、解釈は明晰で、一義的である）のに対して、反語の場合、提示されているのは「誰が手伝うのか」という疑問形式のみであり、それに対する解答にあたる「誰も手伝わない」という解釈を聞き手が引き出す処理をみずから行うからである。外から与えられるよりも、自分で解

釈を生成するほうが確実であり、より鮮明になる。最終的に得られる「誰も手伝わない」という解釈は同じでも、否定文が提示されてそのままの解釈が最終形になる単純なものより、提示された疑問形式から否定文を解釈として聞き手自身が生成する手間をみずから負担するほうが、効果的だということは私たちが経験的に知るところでもある。

　この反語は、さきの3つの特性をそのまま有してはいないが、答えになる命題を引き出す必要があるという特性はあり、これをここでは【解釈処理要求】と呼んでおく。この特性は③にかかわるが、③は、①「知らない」から②「答えが欲しい」という前段を踏まえて、回答要求をすることであって、解釈処理要求は答えに当たることを聞き手自身の中で処理すればよく、その内容を話し手は知っているので①②とも満たしていないことになる。しかし、疑問形式である以上、それは解答の存在が想定され、解答を与える処理がなされるので、解釈処理要求性が生じるわけである。

　一方、(3)は、主に相手が「ほっつき歩いている」ことを非難しており、その場所がどこであるかを回答するよう求めているわけではない。これは、「なんで遅刻するのよ」「こんな夜中に何食べてるんだ？」などでも同様で、話し手は疑問形式の解答にあたる情報を持っている場合もあるが、持っていなくてもその情報を重要で必要な情報と見なしてはおらず、回答を要求してはいない。例えば、(3)に対して、ほっつき歩いていた場所を答えるのは適切な応答にならない。また、何か食べている人をみつけて「こんな夜中に何食べてるんだ？」という場合は、食べているものが何かがわかっている可能性もある。これらでは、②と③は充足しておらず、①はいずれの場合もありうることになる。

　①は端的に言えば「求める情報を持っていない＝知らない」ということだが、「知らない」ということは話し手の世界知識のなかに当該の情報が存在しないか、必要なかたちで収蔵されていないということである。これは、当該の知識が【未受容】という段階にあることを示している。世界知識はいわゆる長期記憶（LTM）として個々人のなかに収蔵されており、加藤（2009,

2011, 2012）などではこれを知識記憶（knowledge memory）として、談話の進行中に動的に変化する、作動記憶としての談話記憶（discourse memory）と区別している。会話の場で新たに獲得した情報は、解釈処理を経て談話記憶に入り、そのなかで必要なものは世界知識をなす知識記憶に送られるが、知識記憶内部では整合性が必要なため、矛盾や不整合の大きい情報はメタ的にエピソード記憶として取り込まれることもある。

（４）【太郎が試験に不合格だったと聞いて】「そうか↘。太郎は不合格だったか↘。」

　例えば、話し手が当該の情報を受け取ったばかりの（4）では、談話記憶内に取り込まれてはいるが、心理的には完全に受容できていない。まだ、知識記憶に送り込んだ段階ではない。このようにまだ受容したばかりの段階である場合には、下降調で「か」が用いられることがある。このときは、①については情報を受け取ったばかりではあるが、「知っている」ことになる。しかし、受容したてでまだ世界知識への受容は済んでいない段階である。また、（4）の疑問形式は、聞き手への情報要求をしていないばかりか、聞き手が存在しない場面でも独白として使うことができる。つまり、聞き手に回答するように要求する機能はなく、談話記憶に受容しただけで世界知識に組み込んでいない段階であることを示している。独り言であれば、話し手自身が談話記憶のみの受容で完全な受容でないこと（発話意味は理解しているが、心理的には受け入れていない状態であることが多い）をみずから確認している段階であり、聞き手の存在を認識しているときは、みずからの知的状態を伝えていると見ることができる。これを【不完全受容】とここでは呼ぶことにする。

　非難の解釈になる（3）のような例は、知識の有無にかかわらず、当該の事態が望ましくない、許容しがたいものであって、情緒的に受容しがたいと考えることができる。これは、【受容拒絶】というべきものであり、受容拒絶

によって非難することを疑問形式を用いて表しているので、回答を要求することはないわけである。

4.2　疑いと感嘆文

　仁田(1991)は、疑問と疑いを分けている。疑いは、「明日は晴れるかなあ」のように命題の真偽が不明な場合に話し手個人の疑念として発話されるものである。これは、おおむね独話で発するので、その場合には発話を聞いてもらう聞き手は想定されず、話者が知らない(①)という点は合致するが、答えが欲しい(②)というわけではなく、当然、回答要求性(③)は伴わない。しかし、疑いの発話は、聞き手がいて明らかに聞き手に向けた発話として用いることもある。

(5)　「ねえ、明日晴れるかなあ」「うーん、晴れるかなあ。どうだろうね」
(6)　「来週までに会議の資料、つくっておいてくれるかな？」

　例えば、(5)では話し手が聞き手に向かって「疑い」の発話をしており、その疑いの発話に対して聞き手が疑いの発話で応答していることである。これは、自然な発話として許容されない言語もあるというが、日本語では許容される場合があるということである。(5)は、友人など心やすい者のあいだでの会話で、晴れるかどうか「わからない」という認識を共有していることを表明して、共感形成をしていると見ることができる。これは、明確に回答を要求する力(③)を持つわけではないが、聞き手に向けており、伝達意図明示的な発話であるので、聞き手に応答や反応を求めていると考えられる。これを【応答要求性】として、③の【回答要求性】の亜種と扱う。応答を求める場合は、一般に情報的価値を伴う回答(表意に復元すれば命題化が可能なもの)でなくてもよく、要求の力は弱いと考えられる。

　形式上は「疑い」に分類されるが、(6)は、命題内容が仕事の依頼であり、職場で資料作成依頼の権限をもつ上司などに言われれば、諾否を答える

必要がある点で、回答要求性を認めるべきである。この疑いの形式では、「くれるかなあ」とすれば「くれるかな」よりも疑念を個人的感慨として表明する度合いが強まり、その分、要求力も弱まる。その結果、より独り言らしく感じられる。しかし、(6)は独話的な形式を利用して聞き手への要求力を弱め、より柔らかい言い方にするもので、独話ではないものの独話的である点で「疑似独話」というべきものにあたる。一方、「くれるかな」ではなく「くれる？」「くれるか？」とすると明確な回答要求性を帯び、通常の質問文になる。しかし、いずれの形式でも(6)では、強弱の差こそあれ、回答要求性を持っている。

これとは対照的に、一見すると(5)は独白に対して独白で応じているようにも見え、相手の発話に対してなんらかの反応を示す必要はあるものの、無視するような結果にならなければ、情報伝達上は無内容な発話(例えば、「うーん」だけ、「どうかな」だけ)でも許容される。これは、なかば独話の性質を残したやりとりと言うこともできるので、「半独話」としておく。

もう1つ、感嘆文(exclamatives)にも触れておきたい。感嘆したときの発話や簡単を含む発話で用いられている文が感嘆文だとは限らない。本当に感嘆したときはことばを失うか、「すごいな」「大変美しい作品だ」といった形式でしか表さないこともある。一般に感嘆文と言われるのは、疑問詞のたぐいを使っている構文のパターンである。英語であれば、What a beautiful flower it is! あるいは、How beautiful it is! などで疑問詞を使っていながら疑問文の語順ではなく疑問文とは区別されること、原則として単文であること、また、句読法上感嘆符(!)を付すことなど、疑問文と同断に扱わないほうがよいと考えることができる。これは、おおむね他の西欧語の多くにもあてはまることではなかろうか。

しかし、日本語の場合、感嘆文と言われるものは、意味的には区分可能であっても、形式上は、疑問文と同じ性質を持っている。

(7)　なんと美しい花だ！

（8）　どれだけ食べるんだろう。

　疑問詞を用いる点は英語などと同じであるが、日本語の場合は西欧語とちがって語順などで疑問文と区別することはできない。疑問文はこれまで見てきたように、疑問の標識としての「か」を文末に付すか、上昇調イントネーションを用いることで産出できるが、標準語形では「だ」に「か」を付すことができないので、(7)は「なんと美しい花か」「なんと美しい花なのか」「なんと美しい花だろう↗」「なんと美しい花だろうか」といった形式でも、同様の感嘆文となりうる。管見では、感嘆文を独立した文のタイプとして立てている文法書もあるが、日本語の場合は、疑問文と明確に区分しにくいところもあり、本論では疑問文が感嘆文に転用されていると考える。つまり、感嘆文という文カテゴリーを独立的に日本語では立てないのである。問題は、なぜ感嘆文が疑問形式を借りて、あるいは、なぜ転用しているのかということであるが、他言語でも疑問詞を感嘆文には用いていることから、疑問と感嘆に一定の関係性を認めることは言語普遍性の観点からも十分に合理性があると考えられる。

　感嘆文とも疑問文とも読める(8)では、「食べる」量を「どれだけ」という疑問詞で答えて欲しいということであれば、通常の疑問文であるが、たくさん「食べる」ことにに驚いて「なんとたくさん食べることか」と解釈されれば、感嘆文になる。後者では、「どれだけ食べる」のか「わからない」ほどだということが、それだけ多く食べるという解釈になり、それが感嘆につながる。(7)も「どれだけ美しい花であるか」がわからないほどで、理知的に理解できない（＝わからない）ということからその度合いの甚だしさを表すと考えることができる。つまり、「理解できない」ことは「解答を構成する知識を持たない＝知らない」ことと同一ではないが、解釈に欠落している部分があることは共通しており、①【未入手知識状態】の亜種【未成立理解状態】として扱う。

　一般に、「わからない」ということが程度の解釈に適用され、「わからない

ほどの程度だ」ということが「程度が極大だ」の意に解釈されることで、感嘆文が成立したと考えればよい。「どれだけ美しいかわからない」が「程度がわからないほど美しい」から「きわめて美しい」と解されるわけである。もちろん、「程度がわからない」ということは度合いが極小である可能性もありうるが、まず「美しい」という命題の成立が前提的に認められ、さらに「わからないほどの程度だ」ということであれば、そこから「極大の美しさだ」とすることには決まった構文化の経路が考えられる。

4.3　疑問形式と要求性

　「だろう」は「か」を伴わずに、(9)のようにすれば、いわゆる確認要求とされる用法に使うことができるが、(10)のように「か」を伴うと、確認要求とは解釈されなくなる。

(9)　彼はもう学位を取っただろう↗。[8]
(10)　彼はもう学位を取ったんだろうか。

　前者は、上昇調で確認要求となり、下降調ならただの推量となる。(9)は、命題内容の成立を話し手は見込んでいるが、聞き手に対して断言できる段階ではなく、命題内容の成立を聞き手が確定させることを求めていると説明できる。この場合、普通は話し手よりも当該の命題内容の成立については聞き手のほうがより確実な知識を有するか、より適切な判断力を有するかのいずれかであるのが普通であるが、(9)に対して(11)のように返答することも可能である。

(11)　さあどうだろう（か）↘。

　三宅(2011)は、確認要求を「命題確認の要求」と「知識確認の要求」に分けている。「君は同級だから知っていると思うけど、彼はもう学位を取っ

ただろう？」のように命題の成立を聞き手に確認する場合には前者に、「去年の年賀状に書いてあったけど、ほら、彼はもう学位を取っただろう？」のように既に聞き手が当該の知識を有していることを確認するよう求める場合は後者になる。さらに、後者には潜在的共有知識の活性化と認識の同一化要求があるとされている。相手が既に知っているはずだがその時点で活性化されていない情報を活性化する（それによってその話題を導入・展開しやすくする）のが潜在的共有知識の活性化であり、相手があまり意識していない真の命題がある場合にその成立を認識するように要求する（それによって判断に必要な前段的知識を確認させ、共通認識を確保する）のが認識の同一化要求である。

　ここで「要求」について、整理しておきたい。例えばファストフード店で「ポテトもいかがですか」と言われれば、通常は肯定か否定の回答を行うことになるが、これは疑問文が伝達上回答を行うよう求めているからである。これは疑問文が疑問文である以上、聞き手に課される要求であり、理由なく回答しないわけにはいかない。相手の質問に対して回答しないことは要求に応えないだけでなく、無視することになり、会話の共同形成の義務[9]に違反することになる。この回答要求は発話的な力（locutionary force）として作用する。

　一般疑問文に対してはその命題内容に対する肯否を表明するのが無標で最も単純な要求の充足方法であるが、実際には肯否ではなく、「その質問には答えられない」「その質問は不適切な質問である」といった回答を行うこともある。これは、疑問文に直接答えたことにはならないが、相手の質問に対して、それに関わるメタ的な情報を提示して回答しているので、回答要求という発話的な力（α）には応じていることになる。しかし、命題成立に関して肯否の情報を提供することを、発話内的な要求（β）と見れば、「ポテトもいかがですか」に対する「そんなこと聞かれても困るな」は、発話内的な要求は満たしていないと考えることができる。

　本稿では、疑問形式に直接由来する回答要求（応答することを求める力）

のみを発話的なもの（α言語的な要求）とし、それ以外は、発話内的な要求（β非言語的な要求）として扱う。発話内的な要求は、依頼や命令であれば、その具体的な動作・行為を行うことを想定している。命題確認や知識確認はいずれも具体的な動作を行うわけではなく、認知上の処理を行うという内的行為であるが、言語行動そのものではないことで、発話内的なものに分類する。

5. 要求の種別とその強さ

　ここまでで述べて来たように、発話に関して生じる力を言語形式に由来する発話的なもの（α）と、発話の機能を文脈からの推論によって計算することで作用する発話内的なもの（β）とに分けて考えることができる。この「力」とは、話し手から聞き手に対するある種の「要求」と見ることができ、そのなかにはかなり強い要求もあればそれほど強くない要求もあることから、連続性を認めるのが妥当であろう。要求度は概念上尺度的に捉えられるが、その度合いを計量する科学的な方法があるわけではなく、概念上「強い要求」と「弱い要求」に分けるなどして理解するにとどまる。

　もちろん、ここまで取り上げた中には要求性が無化される感嘆文などの例も含まれている。感嘆文は、形式上疑問形式を転用しているが、回答を要求する（①）という言語的要求（α）は全くなく、本来疑問形式である以上持っていたはずの機能を無化していると考えられる。感嘆文は、さらに、ある事象や状態における程度の甚だしさを強く感じている話者の心的状況を表明しているが、それによって何か別の要求をしているとは考えにくい。陳述は、一義的には情報の提示であり、要求性があるとすれば、情報の理解要求があるとは言えるだろう。しかし、言語的になんらかの表現を行い、それを聞き手に意図明示的に伝達する以上、情報の理解要求は常に伴うもので、改めて発話内力（β）として想定する必要はないと考える。

　一方、通常の疑問文は、「いつ山田先生は到着しますか」のような特殊疑

問文 (wh-questions) にしても、「山田先生はもう到着しましたか」のような一般疑問文 (Yes-No questions) にしても、回答要求 (α) は強い要求としてなされている。強い回答要求が言語的要求として提示される場合は、話し手の発話の後に強制的に話者交替点 (TRP: Transition Relevant Point) が挿入される。強い回答要求とは、聞き手だった相手が話者になって回答ないし応答を行うことが明示的な義務として課される状況と言ってもよい。一般の疑問文を用いた質問の場合、無言で応答しなければ、TRP を無視し、要求を無視したと見なされるので、会話の協調原理についての重大な違反 (violation) ということになる。

通常の疑問文では、求めている情報の提供が発話内的に要求される (β) が、これは一定の合理性があれば、求められている情報そのものでなくとも、メタ的な情報 (例えば、「私はそのことを知りません」など) でもそれなりに要求を充足したと見なされるだろう。本稿では、合理性 (rationality) について議論する余裕はないが、合理性の認識によって、要求の充足度の評価は変わりうる[10]。

また、いわゆる確認要求で、命題確認あるいは知識確認という認知上の対処を要求する場合、これは非言語的な要求、すなわち、発話内的な要求 (β) に相当する。しかし、「山田君が田中君に切れたことがあったじゃないですか」のような知識確認でも、聞き手が当該命題を自分の中で認知上必要な処理 (この場合は潜在知識の活性化) を行っただけで、何も応答しなければ、やはり無視していると見なされ、不適切な言語行動とされるだろう。せめて、「ああ、そうですね」でも、「ああ、はい」程度でも、なんらかの言語的な応答をすることが必要であり、これは話し手の要求を承認したことを言語的に明示することにあたる。とすれば、確認要求にも強い応答要求が言語的要求 (α) として課されていると考えるのが妥当であろう。

もちろん、要求を行うということは多くの場合、相手に対してそのネガティブ・フェイスを侵害することになりうる。言語的な応答を求めるという程度の要求であれば、会話の中ではあまり過大な要求にはならないが、質問

の内容によっては秘密の保持などの理由で回答できない、あるいは、回答すべきでない場合もありうる。例えば、「あなたは入学試験のどの問題を作成しましたか」と聞かれても、公表できない情報であれば、答えることは適切でない。このため、情報提供を要求するタイプの疑問文は、情報を提供することが前提として成立している場合でないと、過大なフェイス侵害になる可能性がある。「山田先生はいつ到着しますか」という質問は、相手にその情報を提示するべきでない場合には、メタ的に「答えられません」「あなたに教えるわけにはいきません」のような回答をもって対処する場合もあるのは、こういう事情である。

このことは逆に言えば、「山田先生がいつ到着するか教えてもらえますか」のように、最初からメタレベルで許可を求める質問文であれば、あまりポライトネス上の違反にはならないということである。このような質問は、実質的に許可を求める非言語的要求（β）ともなりうるが、もともとメタレベルの質問なので、回答できないと答えれば、その回答が不適切なものとみなされることはないだろう。

以下では、本稿で扱った疑問形式の種別ごとに、整理しておく。

5.1 通常の疑問文

通常の疑問文は、平叙形式に上昇調の文音調を付すことで実現され、主文末に「か」を伴うのが無標だが、冒頭に述べた通り、「か」を伴う形式が社会言語学的なレジスターの点からは「か」を伴う方が特定の社会的属性を想起させる場合があり、単純に上昇調と「か」を標識と記述するのは精密さを欠くことになる。

通常の疑問文は、α 言語的要求（発話的な力）として回答要求があり、β 非言語的要求（発話内的な力）として情報の提供がある。いわゆる特殊疑問文は、疑問詞が文法上も意味上も焦点になるので、疑問詞と範列関係性（paradigmaticity）を有する要素が回答における焦点でもあり、提供されるべき情報の中核となる。一方、一般疑問文は肯否で回答する形式なので、形式

上は肯定か否定で答えればよいと思われがちだが、前提があるかどうかによって異なる。前提が全くない状態で、「山田先生は今日の会議に出席しますか」という疑問文があれば、当該命題の成立について肯否のみで答えることは可能だが、否定の場合は、肯定に比べて現実に関わる情報は少なくなる。このため、否定の回答をした後に、「代わりに佐藤先生が出席します」「今日は無理ですが、明日の会議には出席するそうです」のような関連のある情報を追加することで、量の原則あるいはQ原理を保持するのが妥当であろう (Grice 1989, Levinson 2000)。

　これに対して、前提が存在する疑問文は、前提部分は真と見なされるから残りが焦点となる。例えば「山田先生は午後4時に成田に到着になりますか」は「山田先生が成田に到着する」ということは真なる前提と見なされ、それは「午後4時」かと尋ねているのに等しい。これに肯定で答えれば、前提命題が午後4時に成立することを認めたことになるが、否定で答えると「午後4時」の成立は否定されるものの、前提命題までは取り消されない。この場合も、量の原則あるいはQ原理の観点から、否定では、「午後6時ごろに到着されるそうですよ」のように、関連する情報を追加することで欠落を埋めるのが妥当と言える。少なくとも、「山田先生は午後4時に成田に到着になりますか」に対して「いいえ」と答えるだけでは語用論的に不十分であり、「山田先生は午後4時に成田に到着になりません」と言ったところで、その情報量は「いいえ」と変わらない。よく一般疑問文は肯否の回答を要求しているとしか記述されていないことがあるが、それは論理的に最小限の情報提示をするということであって、日本語の自然なやりとりとしては肯否だけを表明するのは適切とは言えないことを考慮する必要がある。

5.2　上昇抑制の疑問形式

　上昇抑制の疑問形式とここで呼ぶものは、(1)の「そうか」のように文音調として文末で下降が生じるものである。これは、無標の疑問形式としては「か」が上昇調のイントネーションを伴うことを前提に、本来伴うべき上昇

調の文音調が抑制されたものと見なす。結果的に、主文末の「か」が下降調で実現することになる。上昇調という無標の疑問形式の特性を抑制されたことで、この種の形式は、α言語的要求としての回答要求も抑制される。

(12)　太郎は合格したのか。

　例えば、(12)は無標の疑問形式として上昇調を伴えば、知識を持っていると思われる相手に真偽を尋ねる質問になる。しかし、上昇を抑制されて下降の文末音調を伴えば、「太郎は合格した」という情報を真として受け取ったものの、まだ知識記憶に組み込んでおらず、その情報が談話記憶にあることを示す。真であることを相手は知っており、その情報提供を受けたばかりの話者は、その情報を真として理解して受容しているものの、世界知識に送っていない【不完全受容】の段階にある。

　不完全受容の段階で命題内容を発話にしても、情報を提供してくれた相手は話し手よりもよく知っているはずだから、情報提供として叙述する必要はなく、既に真として受容してあるので命題の成立の有無を尋ねることも矛盾する。これは、みずからが理知的には受容しても、心理的に受容し切れていない状況を表明しているもので、しかも、α発話的な力も抑制されているため、コミュニケーション上の機能も現れず、半ば独り言のようにつぶやくのが普通である。もちろん、独話的に、自分の心理状態を誰かに伝えることは可能だが、独話であることの方が多いだろう。本稿では【半独話】とする。

5.3　反語もしくは修辞疑問

　形式上は疑問でありながら、意味上は疑問にならないという点で修辞疑問（rhetorical question）を定義し、否定文でないのに命題内容の否定を伝えるという意味的な面から反語を規定するのが一般的だと思われるが、解釈上、否定に傾いていることは事実であるにしても、疑問の機能を完全に喪失してい

るかどうかは容易に評価できないことがある。

(13) 誰が賛成してくれるのか？

　例えば、(13)は賛成してくれる人は少ないと思っていて、否定への傾きが強いことは事実だが、これだけでは「誰も賛成してくれない」という否定文の解釈に一義的に確定するわけではなく、疑問文として用いることも可能である。(13)は反語の解釈をするにしても、【上昇抑制】はしないという点で、疑問文の形式的特徴を保持しており、解釈上、命題内容の否定が明確になれば反語になるのであって、否定解釈の強さは連続的に捉えるべきだろう。

　もしも(13)を「誰も賛成してくれない」「賛成する人はいない」という否定文に解釈するのであれば、話し手は相手に回答を要求することはないはずである。しかし、「してくれるのか？　いや、してくれない」という解釈を相手にみずから処理させることによって、否定の解釈をより鮮やかに強く印象づけている。「誰も賛成してくれない」という否定叙述を示すだけならその意味を理解する以上に聞き手にすることはない。与えられた命題の解釈がコストを要さないものであれば印象や記憶には残りにくいが、コストを要するものであれば、その分印象には残りやすい。これは、α 言語的要求において、回答要求を(聞き手自身の)内的な解釈処理の要求に転換することで、より効果的に表現し、より強く印象づける表現戦略と見ることができる。回答要求を内的解釈要求に転じるという点では、回答要求は形を変えて発話的な力を保持していると考えられる。なお、この種の発話は、解釈上命題内容の否定文が引き出されるので、多くの場合、β 発話内的な力は帯びないが、発話内容の否定文から推意が引き出される場合は発話内的な力を持つことはありうる。

(14) 勉強をしなくてよいなんてことがあるか。

もしも、(14) が反語の解釈になれば、「勉強をしなくてよいなんてことはない」ので「勉強をしなければならない」ということになり、それは義務か命令などの行為要求（非言語的要求）と解しうる。

5.4　不適切性の疑問形式

疑問文の事前条件に当該命題の成立に知識を持たず、「知らない」「わからない」という状況があるとすれば、コミュニケーション上は、理解可能であることが求められるので、「わからない」こと事態が問題と見なされる可能性がある。わかっているから受け入れるのが自然であれば、理解不可能であるがゆえに受容不可能と見なされるのも自然なことである。

例文 (3) のほか、「何、寝てるんだよ？」など、この種の疑問形式は、疑問詞を伴う特殊疑問文でかつノダ形式の変種を文末に伴うことが多い。これも前節同様に、文末は上昇調になり、文末上昇が抑制されることはない。「どこほっつき歩いてるんだ？」も場所を問うわけではなく、回答要求は放棄されている。回答を要求することなく、そもそも理解できず、受容できないことを示す【受容拒絶】であるところから、非難や批判の意味が得られる。「何、寝てるんだよ？」は形式的にさらに受容拒絶の意味に強く傾くため、理由を回答するように求めているとは解釈されにくい。一方、「なんで寝てるんだよ」はまだ疑問の機能を残しており、詰問と見れば非難の意味も読み取れるものの、相対的に批判・非難の機能は弱まる。

総じて、「〜することは不適切だ」という解釈を、疑問詞を伴う特殊疑問文の形式で「なんで〜しているのか」のように表示し、かつ、聞き手に回答を求めないことで、不適切性を非難する形式として固着しつつあると言えるだろう。ただし、回答要求は放棄されていると見ることもできるが、残存していて、相手は「受容可能な回答などできないだろうが、できるものなら適切な解答を提示してみろ」とややけんか腰に要求していると考えてもいい。それが強い非難と解される。

5.5 疑いの疑問形式

　疑いと解釈できるのは、疑問形式の後に「な」「なあ」を付しているもので、「山田先生はくるかな」という一般疑問形式でも、「山田先生はどこにいるかなあ」のような特殊疑問形式でも、ありうる。疑い形式の最大の特徴はα言語的要求が希薄化し、相手に対する回答要求が抑制されることである。回答要求が抑制される点では、上昇抑制の疑問形式と同じであるが、後者が実質的には獲得したばかりの命題内容が既にあって、知識が欠落しているという疑問の事前条件を満たしていないのに対して、疑いの場合、疑問を発するのと同じような状況（わからないこと・知らないことがある）は存在しているという点である。わからないことがあるのに情報提供を要求しないということは、疑問形式が本来持っている機能を抑制することで得られる効果を重視していることでもある。

(15)　雨、降るかな。

　空を見上げながら(15)を言う場合では、聞き手が存在しない状況（他者が近隣に存在しても聞き手にあたらない場合も同様である）なら、独白になる。このケースでは、回答要求を抑制することで対話性を抑制しており、単なる独り言で自らの疑念を表明していることになる。これは、単純な【独白】に分類される。上昇抑制は成立している命題であっても受け入れたばかりで心理的には完全に受容できていない心持ちの表明になるが、疑いでは、わからないことがあってそれを疑念として他者に伝えることなく表明した、と言えるだろう。
　一方で、聞き手と認識されている人が存在しているときに(15)を言う場合は、回答要求は抑制され、答えを述べなくてもよいが発話そのものには注意を払って聞いていて欲しいということになる。この場合は、独白のかたちをとってはいるが、独白ふうに言うことで、相手に答えなくてもよいというように、回答要求を抑制する機能を持つ。しかし、聞き手にあたる人はまっ

たく無視してもよいわけではなく、なにか反応はしなければならない。内容ある情報の提示を求める回答要求は抑制されているが、とりあえず反応すればよいというだけの応答要求が残っているのは、独白の形式を利用しているものの、実質的には相手に伝えようとしている【疑似独白】だからである。しかし、(15)に対しては情報量としての価値のない「どうだろうねえ」「ほんと、雨降るかな」のように述べても許されるのは、あくまで応答要求で回答要求ではないからである。このため、「わからない」ということを伝えたり、同じ疑問をおうむ返し的に反復しても許されるのである。応答をすることで、双方ともにわからないという状況を共感しあう【共感形成】となりうる。

5.6 確認要求

確認要求は、話し手に知識の欠落そのものはなく、命題内容は一応成立しており、話し手においてはその確定性に不足があるか、聞き手側における準備状況に不足があるかのいずれかである。前者が命題確認の要求に、後者が知識確認の要求に相当する。確認要求には、知識が欠落するという事前状況を踏まえて情報提供を要求するという疑問形式の基本的性質はなく、基本的に【応答要求】に重心が置かれていると言うことができる。

ただし、命題確認要求については、相対的に話者の知識に不足が想定されるので、疑問文の本来の機能に近いものが命題内容成立の確定の際に見られると言える。一方、知識確認については、疑問文本来の機能は既になく、聞き手の心的処理(知識状態における当該命題の活性化あるいは認識状態の同一化)を要求していると言えるので、これは β 非言語的要求あるいは発話内的な要求にあたる。後者は、内的処理という点では、反語に似ているが、反語は命題否定が明確であればあるほど聞き手に応答を要求しない(逆に言えば、否定が明確でなければ本来の疑問文に近づき、応答要求が鮮明になる)のに対して、確認要求では、いずれの場合でも最低限相づち程度の応答をしなければ、相手の要求を無視したことになり、会話の協調原理の違反と

なる。

5.7 感嘆文

感嘆文は、構文化が明確に進んでいるので、その点をもって、疑問文と区分することも考えられ、平叙とも疑問とも語順が異なる英語等では異なる構文範疇を立てることが今でも一般的である。しかし、日本語では、こと形式に関する限り、特に感嘆文を疑問文と区別に特別扱いする理由はなく、意味機能的な観点と言語普遍性への配慮から設けているに過ぎないと考えるべきだろう。端的に言って、疑問文の転用である以上、疑問文という観点から考察することには合理性がある。

感嘆文 (7) (8) では、事前の知識欠落状態が、理解不能状態と見なされており、それによって、当該の疑問形式について理解不能の焦点がその程度性あるいは度合いに移行している。そして、程度性の理解不能が程度性の極大への解釈の固着を生じたのが感嘆文である。大まかに言えば、知識欠落状態も理解不能状態も「わからない」状態という点で共通するが、命題の真偽あるいは命題の一部情報がわからないのではなく、「どの程度なのかがわからない」から「わからないくらい程度が甚だしい」と転用されたものである。

「わからないほどだ」と表明することで、知的な叙述から情緒的な認識表明になるので、その点で「感嘆」と認められるが、疑問文が持っていた要求性はいずれのレベルでも完全に無化されている。

6. まとめ

前節までに見たことを簡潔に表にまとめると以下のようになる。

表1　疑問文の種別と2つの力のまとめ

種別	α 発話的な力	β 発話内的な力	特徴
通常の疑問文	聞き手に対する回答要求を課す	当該命題の真理値か欠落に関する情報提供	
上昇抑制疑問形式	回答要求を抑制	不完全受容の表明あるいは自己確認	対話性も抑制され、独話か半独話になる
修辞疑問	聞き手に対する回答要求を解釈処理要求に転換		命題内容の否定の効果的表出
非難疑問文	回答要求は後退し、受容拒絶が前景化	相手の行動や態度に対する非難	不適切性を非難する構文として固着化
疑い文①（独話における）	回答要求を抑制し、対話性を喪失	話者の推論に対する強化要求	独語として疑念の自己確認
疑い文②（会話における）	回答要求を抑制し、応答要求に転換　対話性を保持	配慮や共感形成の基盤を提供	会話における疑似独話
確認要求①（命題確認）	回答要求を残しつつ、応答要求に重点		
確認要求②（知識確認）	回答要求を抑制し、応答要求に転換	相手が当該命題を活性化	
感嘆文	要求性はない	知的叙述から情緒的叙述に転換	程度の不明が程度の極大への解釈転換

　ここには、学校で教師が生徒に質問したり、クイズの出題として質問したりする、解答を話し手が既に知っていて、聞き手において、その知識や情報の有無を確認するタイプの疑問文は含めていない。含めようと思えば、通常の疑問文の亜種として含めることはできるが、それには及ばないと考えたからである。

　冒頭に挙げた「～じゃないですか」は、今回独立して取り上げていないが、否定疑問を用いた確認要求②にあたる。これは、聞き手が当該命題を持っていればそれを活性化するだけなので、あまり過大な負担にはならないが、疑問形式に由来する応答要求がα言語的要求として残っている。あいづちは、自発的に返す分には当人の判断なので不満につながるとは考えにく

いが、「〜じゃないですか」による応答要求は聞き手にあいづちを返すことを強制的に要求しており、これが過大な負担や強迫性と感じられれば、聞き手は不満や不愉快さを感じると考えられる。

注

1 S & V (1985) で言う P が命題内容 (propositional content) で、p が命題内容を表す統語特徴 (syntactical feature) だとするときの用語法は、言語学的な用語法とは異なることを別にしても、いくつか疑問が生じる。f で表す発話内力標識（発話内力表示装置とも）と p が合わさって、単文形式をなすのだとすれば、このときの p と f は、命題とモダリティの関係に近い。ただ、自然言語における発話内力は、ムード (mood)・句読法 (punctuation)・語順・イントネーション・強勢 (stress) などを使ってさまざまに実現できるとしているので、言語学的にいうモダリティよりもかなり広い概念のようである。しかし、言語学的には、S & V (1985) には問題が多い。というのも、音声言語を本来の対象と考える言語学の考え方では、句読法が発話内力を形成するというのは不合理だからであり、強勢のように形態素や句のレベルで指定されるものが発話内力に関わるというのも合理的でないからである。言語学における句読法とは、音声言語における休止 (pause) など、音声言語を文字言語に置き換えただけでは、抜け落ちてしまう情報を別の方法で反映させたものであり、論理関係を踏まえて決められるパラ的な要素を含んでいる。また、語順が情報構造を支配する 1 つの方法であることを考慮すれば、特定の語句を強く発音して焦点表示を行う卓立 (prominence) を指しているとも考えられる。このほかにも、S & V (1985) では、言語学的には区別されるべき複文 (complex sentence) と重文 (compound sentence) を混同している点も見られ、そのまま言語学的な統語語用論の研究に用いることはためらわれる。
2 Huang (2012) では、locutionary act は 3 つの sub-acts に分けられ、その 1 つが phonic act だとしているが、Austin (1962: 92–97) では、何度も phonetic act と記しているので、Huang (2012) の誤記であろう。
3 訳語として区別するために、「発語行為」とあてることもあるが、locutionary act/speech act/utterance act などを訳し分けるような訳語が確立しているわけではない。
4 文末上昇を伴う上昇イントネーションを ⁄ で表す。特に標示がない場合は、平叙

叙述など自然下降のイントネーションを示すが、特に下降を示す必要があるときは\を用いる。
5 「か」を伴わない場合は、「明日の研究会は中止なのか？」に対する肯定の応答としての「そう」(＝そうだ) は急激な下降を伴うダウンステップ (IPA では↓) であるが、「明日の研究会は中止だよ」と言われて「そう」(＝へえ、知らなかった) というときは、一旦上昇ないしは高の持続のあとで降下するもので「上昇下降」(IPA では⤵) にあたる音調を伴う。前者は「か」を伴うことはできないが、後者は「か」を伴うことができる。「そうか」では、ダウンステップと上昇下降の対立がないため、広義の下降であればよい。
6 修辞疑問の下位分類に反語が含まれるわけではない。本来、修辞疑問は rhetorical question の翻訳概念で形式上の疑問文を利用した修辞表現の意で、反語はもともと否定を強めるために肯定文を用いた漢文語法のことで多く疑問形式をとる。前者は形式的分類を、後者は機能的分類を行っているものの、実態としての外延はほぼ一致する。ここでは、形式分類のなかに機能分類を置く手順をとった。
7 なお、(2) は上昇調にならないが、「誰が手伝うか」も上昇調にはならず、通常の疑問と反語の両方の解釈が可能で、「あいつが手伝うか」など一般疑問では上昇調で疑問と反語の解釈が可能になる。これらは音調だけで一義化することが難しい。
8 文法記述では「取ったんだろう？」のように、文末に疑問符を付加することで表すのが一般的だが、ここでは記述を一貫させる。
9 これは、Grice の会話の協調原理 (the cooperative principle of conversation) と同じである。
10 例えば、「山田先生はいつ到着しますか」に対して、「明日の午後は雨が降ると思います」と答えるのは、直接的にもメタ的にも関連性がないので不合理である。同じ質問に「なかなかいい質問をしますねえ」と答える場合は、メタ的な関連性が認められるので不合理ではないが、これ以外に回答がなければそれは合理性がないと評価されるだろう。

参考文献

加藤重広 (2009)「動的文脈論再考」『北海道大学大学院文学研究科紀要』128: pp. 195–223．北海道大学

加藤重広 (2011)「世界知識と解釈的文脈の理論」『北海道大学大学院文学研究科紀要』134: pp. 69–96．北海道大学

加藤重広 (2012)「コンテクストと前提」澤田治美編『ひつじ意味論講座 6　意味とコンテクスト』pp. 39–62．ひつじ書房

木部暢子 (2010)「イントネーションの地域差―質問文のイントネーション」小林隆・篠崎晃一編『方言の発見―知られざる地域差を知る』pp. 1–20. ひつじ書房

仁田義雄 (1991)『日本語のモダリティと人称』ひつじ書房

三宅知宏 (2011)『日本語研究のインターフェイス』くろしお出版

文化庁 (1998)『平成 9 年度 国語に関する世論調査』文化庁文化部国語課

文化庁 (2001)『平成 12 年度 国語に関する世論調査―家庭や職場での言葉遣い』文化庁文化部国語課

Austin, J. L. (1962, 1975^2) *How to do Things with Words*. Oxford: Oxford University Press. (J. L. オースティン 坂本百大訳 (1978)『言語と行為』大修館書店)

Huang, Yan. (2012) *The Oxford Dictionary of Pragmatics*. Oxford: Oxford University Press.

Grice, H. Paul. (1989) *Studies in the Way of Words*. Cambridge, Mass.: Harvard University Press.

Levinson, Stephen C. (2000) *Presumptive Meanings*. Cambridge: The MIT Press.

Searle, John R. (1969) *Speech Acts: An Essay in the Philosophy of Language*. Cambridge: Cambridge University Press.

Searle, John R. (1979) *Expression and Meaning: Studies in the Theory of Speech Acts*, Cambridge: Cambridge University Press.

Searle, John R. and Daniel Vanderveken. (1985) *Foundations of Illocutionary Logic*. Cambridge: Cambridge University Press.

ダイクシスからみた日本語の歴史

直示述語、敬語、指示詞を中心に

澤田淳

1. はじめに

　本稿では、現代語と中古語を中心とする古典語との史的対照の観点から、現代共通日本語のダイクシス表現（の運用）に見られる視点制約・人称的性質が、歴史的展開の中で変化・確立してきたことを、直示述語（deictic predicates）、敬語、指示詞を例に論じる。併せて、日本語ダイクシスの（歴史的）現象の一部を他言語（主に韓国語）や方言（島根県出雲方言）との比較対照から相対化する。

　ダイクシスは、「指し示す」を意味するギリシア語に由来し（Rommetveit 1968: 51）、術語としての使用は古代ギリシア文法にまで遡る（Householder (1981) 参照）。このような伝統的な捉え方のもとでは、ダイクシスは（照応との対比で）外界の事物を直接指し示す行為（直示）と規定される。ダイクシスが現代言語学の中で本格的に導入されるのは、Bühler (1934) 以降といえる。Bühler (1934) の理論では、ダイクシス表現は、「指示の場」（Zeigfeld）を基盤に、外界の事物を直接的に指示する語（人称代名詞、指示詞、時間的指示詞（「昨日」等））とみなされる。指示の場は、「主観的定位（subjektiven Orientierung）に基づく「ここ・今・私」の体系」であり、「送り手と受け手はつねにこの定位に注意を払い、それにもとづいて明視的な指示詞にともなうしぐさや方向指示の補助手段を理解する」（Bühler 1934: 149 ［ビューラー 1983: 176］）。

一方で、これらの「指示語」は、その意味解釈が話し手・聞き手・発話時・発話場所からなる発話場面に大きく依存するが、この性質をダイクシスの定義として使う研究もある。一般に、語用論の分野では、「発話場面に関係づけられて解釈される言語の諸相」(Fillmore 1966: 220) のことをダイクシスと呼ぶことが多い。このような「広義ダイクシス論」の立場のもとでは、直示動詞（「行く／来る」等）、テンス、空間表現の一部（「前／後ろ」等）、敬語などもダイクシス表現に含められる (Fillmore 1975, Levinson 1983)。これらの表現も、その基本的性質として「今・ここ・私」を基準点として含む発話場面依存的（発話場面基準的）な表現といえるからである。

　Bühler (1934) の理論と興味深い相似性を有するのが、佐久間 (1936/1951) のコソアド研究である[1]。佐久間 (1951: 6, 35) は、代名詞の本領を「指示（オリエンテイション）」に認め、「人代名詞」と「コソアド」が共に「指示の場」を基盤とする表現であるとした。一方で、佐久間 (1951: 228–230) は、「来る」や「くれる」を「ここ」への「求心的方向の運動」、「行く」や「やる」を「ここ」からの「遠心的方向の運動」と捉え、移動・受給表現とコソアドとの間に「内的交渉」が見られる点も指摘している。三上 (1953: 34) の「境遇性」の概念は、この観点をさらに高めたものと見ることができる。境遇性とは「場面に左右される性質」のことであり、三上 (1975: 23) は「境遇性を持つ記号」として、人称代名詞や指示詞のほかに、直示動詞（境遇性を持つ動詞）や敬語（境遇法）を挙げている。三上の境遇性とは広義ダイクシスそのものである[2]。

　本稿は、「指示」（狭い意味での「直示」）を超えて、ダイクシスを「発話場面依存性」（「発話場面基準性」）という言語の多様な語彙・文法に遍在する「意味カテゴリー」の 1 つとみなす広義ダイクシス論の立場に立つ。

2. 日本語文法史とダイクシス

　敬語、授受表現、指示詞などの研究は文法史においても厚みを有するが、

日本語文法史の中で、「ダイクシス（直示）」が研究分野の１つとして取り上げられるようになったのは、比較的最近のことである（たとえば、高山・青木（編）（2010）所収の西田（2010）、金水（2011a）を参照。金水（2011a: 1）は、文法史が扱う文法事項の１つとして、「代名詞の機能（直示・照応その他）、その他直示・人称に関わる現象（敬語を含む）、語用論的ルール」を挙げる）。そこでは、1970年代以降、現代語を中心になされてきた「視点」の文法研究や、近年発展を遂げている歴史語用論やポライトネス理論などの影響も窺えるが、日本語文法史研究にこのような新たな潮流を生み出す重要な契機となった研究の１つとして近藤（2000）を挙げることができる（さらに、近藤（1986, 1987）参照）。近藤（2000）は、指示詞、敬語、授受・移動表現を「自分とそれ以外とを主観的に区分する体系」の中に位置づけ、日本語の人称体系を取り出した。近藤（2000）のダイクシス研究は広義ダイクシス論に立脚している点に注目したい。近藤（2000: 7）は、「いわゆるモダリティの問題よりも、指示詞や敬語に見られる主観性、すなわち、話者が自分と聞き手との間に特殊な領域を設けて、それについて特別な言語形式を用いるようなダイクシスに関わる主観性（ウチとソト、あるいは、コとソの領域の問題）が日本語文法記述にとってより困難な課題」であり、「言語類型の問題も合わせて特に問題の根が深い」とする。

　ダイクシスの歴史研究では、個々のダイクシス現象の考察を深めるのと平行して、これらの個別現象を横断的に関連づけ一般化することも重要となる。近藤（1986）は、古代語では授受動詞の敬語形（「たまふ／たてまつる」等）が生産的である一方で、授受動詞の非敬語形は極めて不活発であったことなどから、古代語が「自己同一化の視点」（近藤（2000）では「方向性の視点」）よりも「敬意の視点」を優先した語彙体系を持っていたことを論じた。古代語授与動詞は、現代語の「やる／くれる」のような話し手を中心とする「自己同一化の視点」による区別を持たないが、それでも授与方向の伝達や理解に支障をきたさないのは、敬意の対象（尊者）を中心とする「敬意の視点」によって、誰から誰への授与方向かが理解可能なシステムとなっている

からであるとする。金水(1989)は、近藤(1986)の論を踏まえ、日本語が敬語優位の体系から人称性優位の体系へと推移してきたことを論じている。金水(2010)では、さらに、この体系の推移が融合的視点優位の体系から対立的視点優位の体系への推移として再解釈されている[3]。金水(2010)は、日本語の語用論的システムの歴史的変遷という観点で見た場合、古代語では明確に対立的視点を示す表現が乏しいのに対し、近代語(共通語)ではそれが豊富であり、対立的視点を前提とした語彙の発達も見られるという相違が認められるとし、この点を、絶対敬語から相対敬語への変遷、ソ系列の聞き手領域指示用法の発達、「行く／来る」、「やる／くれる」の変遷を例に論じている。近藤、金水両氏の研究に導かれながら、筆者も澤田(2009, 2011)において、直示述語、指示詞、敬語の変遷をもとに、日本語が自己(話し手)の領域内の事物・事象と他者(聞き手、または聞き手を含む話し手以外)の領域内の事物・事象とを言語的に区別する方向に変化してきたことを論じた。

　本稿では、これまでのダイクシスの歴史研究の成果を踏まえつつ、さらに、澤田(2009, 2011)の論を発展させる形で、日本語ダイクシスの歴史について考察をおこなう。扱う現象の多くは、近藤、金水、澤田の上記論文で取り上げられている現象とも重なるが、本稿では個々の現象に対して新たな知見を加えてみたい。また、取り上げる現象の中には、言語運用との関わりの深い部分(視点、人称)において方言的偏差も認められる。本稿では主に、筆者が調査を進めている島根県出雲方言を例に取り上げる[4]。

3. 直示述語

　日本語は豊かな直示動詞のレパートリーを持つ。三上(1970)は、「求心的／非求心的」(「求心的／遠心的」(佐久間1951)と比較のこと)の別によって、直示動詞(境遇性を持つ動詞)の体系を次のように整理した。

(1)　動詞の中に、代名詞的な方向性を持ったものが3対5語ある。

求心的	来ル	クレル	(y-) okosu
非求心的	行ク	ヤル	

　求心的というのは、話手の立っている地点（ココ）へ向かって、または話手の指定する地点（ココ）へ向かっての移動である。それ以外の方向が非求心的である。（遠心的というと、求心的の逆方向に限られ、意味が狭くなる。）
　　　　　　　　　　　　　　　　　　　　　　　（三上 1970: 149–150）

　「視点」の観点から見れば、話し手の視点は、求心動詞では到達点側に、非求心動詞では非到達点側に置かれる。以下、「方向性」ないしは「視点（制約）」に注目しつつ、上記の直示動詞を含む直示述語の歴史について考察する。

3.1　授与動詞

　日本語授与動詞は、求心的「くれる」と非求心的「やる」の対立をなすが、英語、韓国語、中国語などよく知られた言語の授与動詞はこのような直示による対立をなさない（韓国語のローマ字表記は Yale 式による）。

（2）　a. 僕が太郎にお金を ｛やった／*くれた｝。
　　　b. 太郎が僕にお金を ｛*やった／くれた｝。　　　（久野 1978: 145）
（3）　a. na-nun　kheyn-eykey　chayk-ul　cwuessta.
　　　　　私-は　　ケン-に　　　本-を　　　やった
　　　b. kheyn-i　na-eykey　chayk-ul　cwuessta.
　　　　　ケン-が　私-に　　　本-を　　　くれた　　　　　　　（韓国語）

　ただし、直示的授与動詞のペアを持つ言語は日本語以外にも存在する。Comrie (2003) は、授与動詞（授与述語）が、受領者が〈一・二人称〉か〈三人称〉かで語彙的・形態的対立をなす言語と、受領者が〈一人称〉か〈二・

三人称〉かで語彙的・形態的対立をなす言語の2つの直示的授与動詞（直示的授与述語）の言語類型の存在を指摘する[5]。この言語類型は、後で見る直示的移動動詞（直示的移動述語）の言語類型（COMEが〈一・二人称〉への移動を表す言語と〈一人称〉への移動を表す言語）と平行的である。

　日本語授与動詞には方言差があり、中部地方以東と九州南西部以南の方言地域では、非求心的授与にも「くれる」が使われる（日高 2007）。歴史的にも、中央において、「くれる」（古語は「くる」）が求心的授与にも非求心的授与にも使われていたことが知られている（荻野（2007）、森（2011）等）。

（4）　逢坂を　今朝越え来れば　山人の　我に<u>くれたる</u>（王礼仁久礼多留）
　　　　山杖ぞこれ　山杖ぞこれ　　　　　（神楽歌・杖・32頁）（求心的）
（5）　楫取、また鯛持て来たり。米、酒、しばしば<u>くる</u>。楫取、気色悪しからず。
　　　　　　　　　　　　　　　　　　　　（土左日記・30頁）（非求心的）

　一方、古代語「やる」は、「人を遣わす」や「手紙を送る」に意味が限定されていたとされるが（古川（1995: 197）等）、実際には、次のように、人や文以外の対象物も出現する。ただし、与え手と受け手は遠く離れており、ここでの「やる」も「与える」より「送る」の意に近い。古代語「やる」は、非求心的移送動詞として、求心的移送動詞「おこす」と直示対立をなす。

（6）　おなじ人に、監の命婦、<u>山もも</u>をやりたりければ、（略）。
　　　　　　　　　　　　　　　　　　　　　　（大和物語・300頁）

　森（2011）は、古代語「くれる」の与え手と受け手の身分関係に注目し、「たぶ」等の尊敬授与語彙と同様、「くれる」には"上位者から下位者への授与"の意味があったとする。そして、「くれる」の視点制約は、「本動詞・補助動詞ともに"話し手を高めてはいけない"という語用論的制約が適用され、補語視点用法に偏って用いられるようになった」ことで成立したとす

る。古代語「くれる」の待遇的意味に着目した興味深い説明である。ただ、「話し手を高めてはいけない」という語用論的制約からは、次のような話し手以外の第三者が主語に立った非求心的「くれる」（現代語の中立視点の「やる」に相当）が使われなくなった理由がやや説明しにくいように思われる[6]。

（7）〔絵指示〕ここは、童べ、博打、集まりをりてもの食らふ。一御蔵開けて、家司ども、あるかぎりのものどもを運び出だして、この人どもに<u>くれる</u>。　　　　　　（うつほ物語(1)・藤原の君・158–159 頁）
【ここは京童べや博打が集まって、ものを食べている。一つの蔵を開けて、家司たちがあるだけの品物を運び出して、この人たちに与えている。】

　（7）は、物語本文とは異質のいわゆる「絵解（文）」（または、「絵指示」、「絵詞」）であり、その成立事情や成立時期などについては定説を見るに至っていない点では問題を残すが（『うつほ物語大事典』（2013年、勉誠出版）等参照）、ここでは、非求心的「くれる」において、第三者を主語とする（現代語の中立視点の「やる」に相当する）使い方があり得たという文法的な面に注目したい。

　森（2011: 105）は、古代語「くれる」の待遇的意味において、（他の尊敬授与語彙と同様に）「与え手上位（与え手を高める）」の側面を重視しているが、本稿では、「受け手下位（受け手を低める）」の側面を重視し、古代語「くれる」の持つ下位待遇的意味が求心化（視点制約成立）の重要な契機となったと考えたい。元々、非求心的移送動詞であった「やる」が中世室町期頃から授与動詞として発達・確立し、非求心的授与動詞として「くれる」と「やる」が併存・競合することになる（古川 1995）[7]。その際、通常の非求心的な授与場面においては、下位待遇的意味を帯びる「くれる」よりも待遇的意味において中立的な「やる」の使用が好まれ、「くれる」は、次第に非求心的授与の意味領域から追い出されていったと考えられる。やはり下位待遇的意

味を帯びる (7) のような中立視点の「くれる」も、この流れの中で使われなくなっていったと考えられる (非求心的「くれる」は、現代でも「くれてやる」の形で生き残っているが、やはり下位待遇的意味を持つ)。

　興味深いのは、現代語において、今度は「やる」が受け手を低める下位待遇的な表現になりつつあり、非求心的「くれる」と同じ道を辿ろうとしている点である。菊地 (1997: 339) は、「「やる」は荒い言葉だと感じている人が増えてきている」ことから、将来的に「「あげる」が普通の表現で「やる」は粗雑あるいは《卑俗》な言葉」となる可能性を指摘している。自己側への求心的授与は、古代語から現代語まで一貫して「くれる」で固定しているが、他者側への通常の非求心的授与は、「くれる」→「やる」(→「あげる」) と語彙が入れ替わっている (入れ替わりつつある)。他者に対しては、待遇的な配慮が求められるため、受け手となる他者を低める (蔑む) 下位待遇的意味を帯びる授与動詞の使用は避けられるのであろう。

3.2　移動動詞、移送動詞

　おそらくどの言語の COME/GO も、直示性を有する限りは、(8) の視点制約を持つと考えられるが、視点を置ける到達点の範囲は言語ごとで微妙に異なっており (澤田 2013)、言語間の相違となって現れる。

(8)　COME：視点が到達点側に置かれる。
　　　GO：視点が到達点以外 (典型的には出発点側) に置かれる。

　たとえば、話し手が発話時に到着地にいる聞き手のもとへと移動する場合——典型的には、相手に呼ばれて「いま行くよ」と返事をするような場合——の COME/GO の選択は言語によって異なる。この場合、大まかには、(i) GO 選択型 (例：日本語、韓国語)、(ii) COME 選択型 (例：英語)、(iii) COME・GO 併用型 (例：中国語) の 3 つの言語類型が認められる。

(9)　A: いまからこっちに来てくれる？
　　　B: わかった。じゃ、すぐ {*来る／行く} よ。　　　　　　（日本語）
(10)　A: cikum　　yekilo　　wa　　　cwullay?
　　　　　今から　　こっちに　　来て　　くれるか
　　　B: alasse.　　kulem　palo　　{*olkey/kalkey}.
　　　　　わかった　　じゃ　　すぐ　　{ 来るよ／行くよ}　　（韓国語）
(11)　A: Maria, would you come here, please?
　　　B: I'm {coming/*going}.　　　（Swan 2005: 109–110)（英語）
(12)　A: 你　　　快点儿　　来！
　　　　　あなた　　早く　　　来て
　　　B: 好、　　　我　　马上就　　{来 / 去}。
　　　　　わかった　私　　すぐに　　{来る／行く}　（章舒桐 p.c.)（中国語）

　日本語では、話し手自身の移動を表す場合、基本的に、「来る」の使用は発話場所が到着地の場合に限られ（久野 1978: 253）、発話場所が出発地の場合には使えない。ところが、沖縄、九州（大分を除く）や山陰、北陸の一部の方言地域では、聞き手領域への話し手の移動を「来る」で表せる（『方言文法全国地図』第 6 集 308 図、310 図、陣内（1991）、澤田（2012）等）。

(13)　A: 今から、こっちに来んかね？
　　　B: そげなら、すぐ {行く／来ー} けん、待っちょってごしなはい。
　　　　　　　　　　　　　　　　　　　　　　　　　　　　（出雲方言）

　古代語でも、聞き手領域への話し手の移動を「来（く）」で表せたことが指摘されている（近藤 1986, 2000、金水 1989, 2011b、澤田 2012）。

(14)　夏の夜の、月いとおもしろきに、「来む」といへりければ、女いひやる。
　　　　　　　　　　　　　　　　　　　　　　　　（平中物語・476 頁）

古代語では、聞き手領域への話し手の移動を表す「行く」の例も見られる。すなわち、COME・GO 併用型の運用である（澤田 2012）。

(15)　また、この男、久しうものいひわたる人ありけり。「ほど経ぬるを、みづから<u>いかむ</u>」といへば、返りごとに、女、（略）。
(平中物語・479 頁)

　(14)の「来む」は、元話者（男）の発話では実際には「行かむ」であった（間接話法により、到着地側の女の立場から「来む」と書き換えられた）可能性もあるが（cf. 近藤 2000、古川 2000）、以下の「参り来」は、元話者視点を反映する指示詞（対称代名詞）との共起から、明らかに直接話法の中で使われており、「行く」の意の「(参り)来」といえる（澤田 2012）。

(16)　御息所「(略)<u>そなたへ参り来</u>べけれど、動きすべうもあらでなむ。（略）」と、涙を浮けてのたまふ。　(源氏物語(4)・夕霧・420 頁)
(17)　また二日ばかりありて、まだしきに、「とく聞こえむ。<u>そなたにやまゐり来べき</u>」などあれば、（略）。　(蜻蛉日記・下巻・345 頁)

　ここで、以下の例を見てみよう。

(18)　いとまなみ<u>君来まさず</u>は<u>われ行かむ</u>ふみつくるらむ道を知らばや
(和泉式部日記・76 頁)（古川 2000: 768)
(19)　<u>君や来しわれやゆきけむ</u>おもほえず夢かうつつか寝てかさめてか
(伊勢物語・69 段・173 頁)

　ここでは、聞き手から話し手への移動には「来」、話し手から聞き手への移動には「行く」が使われている。古川 (2000: 768) は、この事実をもとに、古代語では、「話し手が主体の場合で少なくとも話し手の意志を表す場合

は、「来む」ではなく、「行かむ」を用いたのではないかと考えられる」とする。

　興味深い指摘といえるが、ここで話し手から聞き手への移動に対して「来」が使われていない理由は別にあるといえる。対話者間での双方向的な移動が描写される状況下では、出雲方言や英語でも、話し手から聞き手への移動に対して「来る」、come よりむしろ、「行く」、go が選好されるのである。

(20) ［電話で］おまえがこっちによう来んなら、おらがそっちに {<u>行く</u>/(?) <u>来ー</u>} けん。　　　　　　　　　　　　　　　　　　　　（出雲方言）
(21) ［on the phone］If you can't come here, I'll {<u>go</u>/(?) <u>come</u>} there instead.

　対話者間での双方向的な移動描写では、話し手と聞き手の視点対立が鮮明となるため（すなわち、対立的視点が採られやすくなり）、話し手から聞き手への移動に「行く」、go が選好されるのだといえる。同様のことが古代語でも生じていたと考えるのは自然である。
　現代語の「よこす」は話し手領域への求心的移送を表し、非求心的移送を表す「やる」と直示対立をなす (cf. 久野 1978: 160–161)[8]。

(22) 　a. 太郎が僕に手紙を {よこした／*やった}。
　　　b. 僕は太郎に手紙を {*よこした／やった}。

　古代語「おこす」の多くは、(23) のように、話し手への移送を表すが、(24) は話し手から聞き手への移送を表すと見られる「おこす」である[9]。

(23) 「火鼠の皮といふなる物、買ひて<u>おこせ</u>よ」　　　　　（竹取物語・37頁）
(24) 何事にもあれ、いそぎて物へ行くべきをりに、まづ我さるべき所へ行くとて、「ただいま<u>おこせむ</u>」とて出でぬる車待つほどこそ、いと心

もとなけれ。　　　　　　　　　　（枕草子・154段・281頁）
【何の用事であっても、急いでどこかへ行かなくてはならない時に、だれかが先に自分が、しかるべき所へ行くからということで、「すぐにそちらに返そう」と言って出かけてしまった車を待つ間は実にじれったいものだ。】

3.3　敬語動詞

「いらっしゃる」は、「いる／行く／来る」の尊敬語であり、移動において「行く／来る」の区別が中和する（近藤2000)[10]。次は、「行く」の意味の例である。

(25)　「とにかく、現地へ行ってみます」
　　　禎子は返事した。
　　　「そうなさいますか、まあ、どちらとも分かりませんが、ご安心のためにいらしたほうがいいでしょう」
　　　警部補は半分は慰めるように言った。
　　　警察署を出ると、曇った空は、いまにも雨がふりだしそうだった。
　　　「そうですか、向こうにいらっしゃいますか」
　　　本多は禎子に言った。
　　　（略）二人は室田社長にもらった名刺の自宅地名を運転手に告げてタクシーを走らせた。　（松本清張「ゼロの焦点」『松本清張傑作総集Ⅱ』657頁）

一方で、「いらっしゃる」の移動が「来る」に縮小しつつあるという報告がある。以下は、水谷（2005）による質問項目とその結果である。

(26)　質問文についてどのように思うか、当てはまるものに一つ○をつけてください。
　　　「どこに行くのか」の敬語で「どこにいらっしゃるの（ん）ですか」

a. 使う　　　b. 自分は使わないが、おかしくない
c. 自分は使わないし、違和感がある　　　　　　　　　　（水谷 2005: 34）

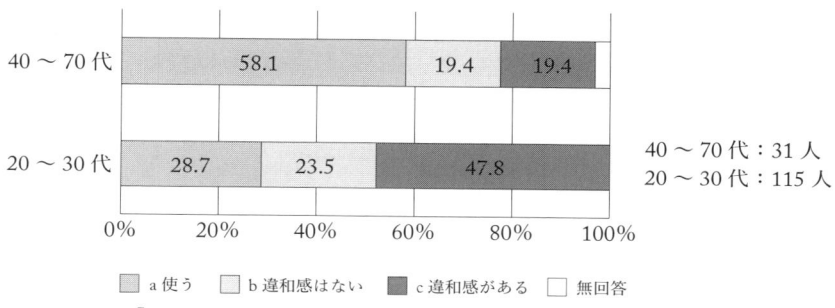

	a 使う	b 違和感はない	c 違和感がある
40〜70代	58.1	19.4	19.4
20〜30代	28.7	23.5	47.8

40〜70代：31人
20〜30代：115人

図1　「どこにいらっしゃるの（ん）ですか」の受容意識（水谷 2005: 36）

　20〜30代では、「行く」の意味での「いらっしゃる」の使用に対して、約半数が「違和感がある」と回答している。これらの話者は、「行く」の意の「いらっしゃる」を「行かれる」などの語形で代用しているという（水谷 2005）。近い将来、移動の「いらっしゃる」は、到達点側に視点を置く他者移動（話し手以外の人物による移動）の「来る」と同様の視点制約を獲得することが予測される。
　私見では、「いらっしゃる」の許容度は、人称場面にも左右され得る[11]。

(27)　「どこに行くのか」の敬語で：
　　　a.（聞き手＝山田先生の研究室に所属する院生：第三者場面）
　　　　 山田先生はこれからどちらにいらっしゃるんですか？
　　　b.（聞き手＝先生：対者場面）
　　　　 先生はこれからどちらにいらっしゃるんですか？

　筆者は、「行く」の意味での「いらっしゃる」を使う30代の話者であるが、対者場面での使用には違和感がないが、第三者場面での使用にはやや違

和感がある（筆者と同様の内省を持つ話者を複数確認している）[12]。この点は今後詳しい調査が必要であるが、「いらっしゃる」における「行く」「来る」の中和（「いらっしゃる」の「行く」の意味での使用）は、第三者場面よりも対者場面で維持されやすいと考えられる[13]。これは、日高 (2009) の方言授与動詞の議論と興味深い平行性を持つ。日高 (2009: 16–17) は、人称的方向性の区別なく「くれる」または「やる」を用いる方言において、授与動詞の視点制約が、発話現場依存的解釈が可能な対者場面では中和し、発話現場依存的な解釈ができない第三者場面では顕在化するという現象（「現場性制約」）を挙げている。日高の「現場性制約」は、「いらっしゃる」にも適用可能な一般性の高い原理であると考えられる。

3.4 「行為の方向づけ」の「V-てくる」

「来る」が文法化した補助動詞「てくる」は多様な用法を持つが、その１つに、主語の移動を表さず、他者から話し手への行為の仕向けや仕掛けといった抽象的／心理的な方向づけ機能を表す「行為の方向づけ」と称し得る用法がある。この用法は次の下位用法を持つ（澤田 2009、近刊）。

(28) a. ケンが私に本を送ってきた。　　　　　　　（A1型：物の移送）
　　 b. ケンが私に本を渡してきた。　　　　　　　（A2型：物の授与）
　　 c. ケンが私の足を踏んできた。　　　　（B型：行為の直接的受影）
　　 d. 会社が給料を減らしてきた。　　　　（C型：行為の間接的受影）

韓国語の連用形複合動詞「V-a/e ota」(V-くる) は、「行為の方向づけ」用法を持つが、使用範囲が A1 型（の一部）に限られ、その場合も ota（くる）の標示は随意的（オプショナル）である（澤田 (2009、近刊) 参照）。

(29) a. kheyn-i　na-eykey　chayk-ul　{ponaysstsa/ponaywassta}.　　（A1型）
　　　　 ケン-が　私-に　　本-を　　　送った　送ってきた

b. kheyn-i na-eykey chayk-ul {kenneyssta/*kenneywassta}. （A2 型）
   ケン-が 私-に 本-を 渡した 渡してきた
c. kheyn-i na-uy pal-ul {palpassta/*palpawassta}. （B 型）
   ケン-が 私-の 足-を 踏んだ 踏んできた
d. hoysa-ka kuplyo-lul {cwulyessta/*cwulyewassta}. （C 型）
   会社-が 給料-を 減らした 減らしてきた

　澤田（2009）では A 型、B 型、C 型を一連の拡張パターンと捉えたが、森（2010）によって、歴史的にも、「行為の方向づけ」用法が、近世前期以降、次のような A 型から次第に用法を拡げてきた点が明らかにされている。

(30) 高槻の伯父森右衛門様から．たつた今飛脚の状に．もつけな事が<u>言うて来ました</u>。見さつしやれ．【高槻の伯父森右衛門様から、たった今、飛脚に託した手紙に、思いも寄らないことを書いてきました。ご覧なさい。】　　（近松門左衛門集(1)・女油絵地獄・225 頁）（森 2010: 14）（A1 型）

　森（2010）によれば、明治期に入ると用例数、前項動詞の異なり語数共に増加し、A 型、B 型の用例がまとまって見られようになるが、C 型の用例はまだ見られないという。さらに、明治期では、「行為の方向づけ」の「てくる」の標示による話し手視点の明示化も多分に随意的であったと考えられる（cf. 韓国語の (29a) の例）（澤田 近刊）。次の例では、「てくる」によって話者視点が明示化された文とそうでない文の両方が現れている。

(31) 其うちで一番私を不愉快にしたのは播州の坂越にゐる岩崎といふ人であつた。此人は数年前よく端書で私に俳句を書いてくれと<u>頼んで来た</u>から、其都度向ふのいふ通り書いて送つた記憶のある男である。其後の事であるが、彼は又四角な薄い小包を<u>私に送つた</u>。　　（A1 型）
　　　　　　　　　　　（夏目漱石「硝子戸の中」『漱石全集第十二巻』544 頁）

現代語では、話し手領域への物の移送を表す場合（本稿でいう A1 型の行為）には目的語（受領者）寄りの視点を明示する求心的直示形式（「てくる／てよこす／てくれる」）の標示が義務的となるのと対照的である。

(32)　太郎は僕に小包を　{*送った／送って来た}。　　　（久野 1978: 208）
　　　(cf. 太郎が僕をぶった。　　　　　　　　　　　　（久野 1978: 176））

夏目漱石「坊っちゃん」(1906 年 (明治 39 年) 刊) の原文版 (『漱石全集第二巻』岩波書店) と、その現代語訳版 (『現代語で読む坊っちゃん』2012 年、理論社) とのテクスト比較をした澤田 (近刊) によれば、現代語訳版では、新たに「てくる」(「てくれる」) の補強や、一人称を主語とする受身文への態の転換がなされている例がまとまって見られる。

(33)　a. 念の入つたのは差し出した辞令を受け取つて一応拝見をして夫を恭しく返却した。　　　　　　　　　　　　　　　　（原文版・266 頁）
　　　b. 念入りな者はおれが差し出した辞令を受け取って一応目を通し、それを恭しく返してきた。　　　　　　　　　　　（現代語訳版・30 頁）
(34)　a. 又一所に露西亜文学を釣りに行かうぢやないかのと色々な事を話しかけた。　　　　　　　　　　　　　　　　　　（原文版・341 頁）
　　　b. 「またいっしょにロシア文学を釣りに行こうじゃないか」だのといろいろなことを話しかけてきた。　　　　　　　（現代語訳版・122 頁）
(35)　a. (略)送別会の時に撲った返報と心得たのか、いやに冷やかしたから、(略)。　　　　　　　　　　　　　　　　　　（原文版・383 頁）
　　　b. (略)送別会の時になぐったお返しということか、やけに冷やかしてきたから、(略)。　　　　　　　　　　　　　（現代語訳版・173 頁）

現代語訳版では、(35) のような物の移動を含まない B 型の動詞に対しても、「てくる」が補強された例が見られる。「てくる」標示による非主語寄り

の視点の明示化は、歴史的に強まってきている可能性が示唆される。

3.5 謙譲語 A

宮地 (1971: 264) は、現代語の謙譲語 (ここでの謙譲語は、菊地 (1997) のいう「謙譲語 A」を指す) を「話題の人物間の、上下関係の行為の授受の認定を通して、話し手が、その上位者のほうに敬意をしめす」ことを原則とする敬語と定義する。たとえば、「A (氏) が B 氏をお訪ねする」は、「「B 氏」は「A (氏)」より上位、かつ、「S」(話手) より上位」で「S は A を自分に近い位置に立つ者として、B 氏に敬意を向ける」と分析される (図 2)。

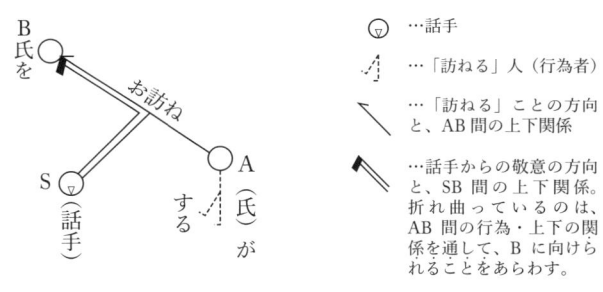

図 2 「A (氏) が B 氏をお訪ねする」(宮地 1965: 197–198)

宮地 (1971) の定義を踏まえ、澤田治美 (1975) は、視点制約の観点から謙譲語 A を次のように特徴づけている。

(36) 謙譲表現の本質には、「話題の下位者の上位者に対する行為の表現」が前提とされており、話者の視点も下位者の側になくてはならない。

(澤田治美 1975: 59)

澤田治美 (1975) は、謙譲語 A の視点制約を視点用法の「自分」との非共起性から裏づけている。視点用法の「自分」では、話し手の視点が指示対象 (「自分」の先行詞) 側に置かれる (澤田治美 1975、久野 1978)。次の例が不

適格となるのは、山田先生側に視点を置く「自分」の視点制約と次郎側に視点を置く謙譲語の視点制約とが矛盾するためとされる(ᵢは同一指標)。

(37) *<u>山田先生</u>ᵢは、次郎が<u>自分</u>ᵢを<u>お訪ねした</u>時、たいそうお喜びになりました。　　　　　　　　　　　　　　　　　　　　　（澤田治美 1975: 59）

これは次の「てやる」の不適格性と平行的である。謙譲語 A も主語寄りの視点を表す直示述語とみなせるのである。

(38) <u>僕の妹</u>ᵢはメアリーが昨日<u>自分</u>ᵢに教え {*<u>てやった</u>／<u>てくれた</u>} ソネットをいつも暗唱している。　　　　　　　　　　　　　（澤田治美 1975: 58）

現代語の謙譲語 A と異なり、古代語の謙譲語 A は、主語を非主語より低める機能はなく（非主語を高めるのみ）、主語が非主語より上位者の場合でも使われることが知られている（森野 (1978)、森山 (2003) 等）。

(39) ᵗ帝「今は、誰も誰もえ憎みたまはじ。母君なくてだにらうたうしたまへ」とて、弘徽殿などにも渡らせたまふ御供には、やがて御簾の内に入れたてまつりたまふ。　　　　（源氏物語 (1)・桐壺・38–39 頁）（森野 1978: 103）
【「今となっては、どなたも若君をお憎みにはなれまい。母君がいないということに免じてでも、かわいがっていただきたい」と仰せられて、（帝は幼い若宮を）弘徽殿などにお出ましになるお供にもお連れになっては、そのままお部屋の御簾の中に入れておあげになる】

このことは、古代語の謙譲語 A には、話し手の視点が主語である下位者の側に置かれるという視点制約 (= 36) も存在しないことを意味する。この点を明確に指摘したのが益岡 (2013) である。益岡 (2013: 230) は、森山

(2003) の議論を踏まえ、謙譲語 A（益岡では「スル型尊敬構文」）に「事象に対する内の視点」（事象の主体から相手を見る視線）が関与するというのは現代語に限られ、古代語には当てはまらないことから、謙譲語 A における視点制約は、授受構文・恩恵構文と同様、古代語から現代語への言語変化の過程で確立してきたとする重要な指摘をしている。

4. 敬語と指示詞の運用

4.1 敬語の運用

金田一 (1942) 以来、敬語運用のシステムは絶対敬語と相対敬語に区分されている。『日本語文法大辞典』（明治書院）では、絶対敬語は「同じ対象について、人称や場面に関係なく、常に一定の敬語表現が行われる敬語のあり方」、相対敬語は「同一の対象について、人称や場面によって用いる敬語表現を変える敬語のあり方」と定義されている (388–389 頁、西田直敏氏による)。人称や場面の代表は聞き手である[14]。

日本語敬語を「敬語法の A 線」という形でシステム化したのが三上 (1953) である。三上 (1953: 118) は、「A 線こそは、もっと正しく言うと、H に支えられた A の地位こそは敬語法の決定線である」(A＝相手、H＝話し手) とし、「敬語法における敬意はすべて相手に終始する敬意である」とした。

(40) （中尉 H が中将 A に。階級は下から中尉＜中佐＜中将の順）
　　　S 中佐ガコウ申シテオリマス。　　　　　　　　　（三上 1955: 200）
(41) （良家の両親が、或る年令以上の子女のことを召使に向かって）
　　　坊チャンハモウオ帰リニナッタカ？　　　　　　　（三上 1953: 119）
(42) （学校の受付が外来者に向かって）
　　　校長ハ出張シテオリマス。　　　　　　　　　　　（三上 1955: 199）

これらの事例は、聞き手を顧慮した敬語運用である点で、定義上、相対敬

語であり、「敬語法のA線」、または、「相手本位の原則」（三上 1955: 196）を裏づける事例であるが、個々の事例の内実は異なる。三上では明確に示されていないが、上記の例は、相手本位の敬語法（相対敬語）が、実際には、次のようなタイプに下位区分されることを示唆するものである。

(43) a. 相対敬語A：対象が聞き手より上位者か下位者かによって、尊敬待遇表現の使用／不使用が決定される相対敬語システム。
　　　(i)　A1型：対象が聞き手より下位者の場合、話し手は（たとえ対象が自分より上位者であっても）その対象を高めない。
　　　(ii)　A2型：対象が聞き手より上位者の場合、話し手は（たとえ対象が自分より下位者であっても）その対象を高める。
　　b. 相対敬語B：対象が話し手側に属する者か、聞き手側に属する者かによって、尊敬待遇表現の使用／不使用が決定される相対敬語システム。

　相対敬語に「上下」によるものと「内外（ウチソト）」によるものとがあることは、滝浦（2005: 252）によって明確に指摘されている。また、本稿では、金田一（1942）以来の相対敬語という用語を踏襲し、さらに、現象としての相対敬語性を重視したため、便宜的に「相対敬語A」、「相対敬語B」という名称を与えているが、本稿でいう相対敬語A、相対敬語Bは、それぞれ、永田（2001）のいう「身分敬語／序列敬語」、「内外敬語」とも対応をなすと考えられる。相対敬語Aは、地位や身分の序列に支えられた敬語法である点で、絶対敬語と共通する面もあるが、そこでの基準点は話し手ではなく聞き手である。A1型は、韓国語の「圧尊法」と同一の現象であり、(40)の例が該当する[15]。(41)はA2型の事例である。菊地（1997）が現代語の自敬表現として挙げる次のような例も、本稿の立場からは、A2型として解釈可能である。この場合、対象は話し手本人である。母親は、子どもの立場から自身を尊敬待遇したと解釈できる[16]。

(44)　かず子や、お母さまがいま何を<u>なさって</u>いるか、あててごらん。

(太宰治『斜陽』に出てくる没落華族の夫人の言葉)(菊地 1997: 137)

　相対敬語Bは、(42)のような「内外意識を反映する身内敬語の抑制」現象として現れる(一般に、相対敬語という場合、相対敬語Bのことを指している場合が多い)。また、現代語では、話し手より目上とは言い難い者でも、聞き手側に属する者(聞き手の身内)であれば、高めることができるが(例：<u>お宅の坊っちゃん</u>はもう中学に<u>お入り</u>に<u>なった</u>そうですね。(菊地 1997: 118))、これなども、相対敬語Bの特徴ある現象である。

　総体として、日本語は、相対敬語B(内外型)の運用を強めてきた反面、相対敬語A(上下型)の運用を弱めている。これは、「上下敬語の弱化」(菊地 2008)の現れの1つとみなせる。これら下位類を含めると3種の相対敬語は、従来あまり意識的に区別されてこなかったように思われるが、韓国語や古典語の敬語と対照する際のポイントともなる。

　韓国語では相対敬語Bの運用は見られない。「内外意識を反映する身内敬語の抑制」が見られず、また、聞き手の身内であっても話し手より目下の者は高めないからである(曺 2003)。韓国語でも相対敬語が見られるという報告があるが、そこで報告されているのは相対敬語Aの現象である[17]。

　日本語敬語の歴史について、永田(2001: 46)は、源氏物語では聞き手と第三者との序列的上下関係が待遇表現を決定する基準としてはまだ弱いのに対して、平家物語ではそれが待遇表現を決定する基準として強く働く(たとえば、聞き手が主人より序列が高い場合には主人を尊敬待遇することはない)という違いを指摘する。一方で、源氏物語と同時代の枕草子には、「相対敬語意識が自覚的に示されている」(西田 1987: 161)記述もある[18]。

(45)　わが使ふ者などの、「何とおはする」「のたまふ」など言ふ、いとにくし。ここもとに「侍り」などいふ文字をあらせばやと、聞くこそおほかれ。

(枕草子・文ことばなめき人こそ・376頁)

ここでは、誰に向かって誰の動作について尊敬語を用いた言い方をするのが悪いのかは書かれていない。『新編日本古典文学全集18（枕草子）』では、下仕えの女性が、自分の夫のことを身分の上の人に語るときとする説に仮に従うが、使用人が自分の主人のことを来客などに言うときとも解せる（376頁）とする。前者の説は相対敬語A（圧尊法による身内敬語の抑制）、後者の説は相対敬語B（内外区分による身内敬語の抑制）を示すといえるが、対象が話し手の夫や主人（雇い主）などで聞き手より下位者である場合、その対象に対する尊敬待遇の不使用が、圧尊法によるものなのか、内外意識によるものなのかの判別は難しくなる。ここでは、(45)は、圧尊法による身内敬語の抑制を映す記述と解釈しておきたい。また、永田（2001: 18）によれば、源氏物語では、聞き手が女房や乳母といった使用人である場合、話し手は自身の目下の親族（子供）を尊敬待遇するという。中古では、A1型に加え、A2型の相対敬語使用も行われていたことになる。

　日本語は、その後、相対敬語Bを確立させていく。ロドリゲス『日本大文典』(1604–1608年刊)において、「尊敬及び丁寧さに関して犯す誤謬」のケースの1つとして次の記述が見られる（菊地1997: 136）。中世末期頃には内外を意識した敬語運用が（規範として）なされていたことが窺える。

(46) 　〇先づ、或伴天連が他の伴天連のことを外部のものの面前で話すのに、Sama（様）、Vôxeraruru（仰せらるる）、Nasaruru（なさるる）などを使って尊敬し過ぎた言ひ方をするが、他の伴天連は同一家族に属するのであるから、同輩として話し、同程度の者に対する語を使ふのは止めねばならない。外部の者と話す場合には、たとひ目上の人の事であっても、Raruru（らるる）を用ゐる以上に尊敬した言ひ方をしてはならない。だから従者がその目上の人の事を、弟子がその師匠の事を、子が親の事を、更に又召使が主人の事を外部の者と話すのには、尊敬せられるべき人の事であっても、そのやうな言ひ方をするのである。
(J・ロドリゲス（著）・土井忠生（訳）1955: 618)

身内敬語を使う方言は近畿はじめ西日本一帯に広く分布する(「敬語方言区画図」(加藤 1977))。出雲方言には、「ナハル」、「(ラ)レル」、「チャル」などの尊敬語がある[19]。チャルは、ナハルや(ラ)レルに比べ、敬度が低く、他人の前で身内にも使われる。出雲方言は身内敬語を使う方言であるが、敬語使用において内外意識が見られる(聞き手側の人物の動作にはナハル／(ラ)レル、話し手側の人物の動作にはチャルが使われる)点で、相対敬語Bの特徴が認められる。

(47)　(近所の人との会話)
　　A: 今からどこへ行きな(は)あかね？
　　　(今からどちらへいらっしゃるんですか？)
　　B: おじじが入院 {*した／しちゃった／??しな(は)った／??された} もんで、これから病院に行くところですわ。
　　　(祖父が入院したので、これから病院に行くところです。)
　　A: あ、そげかね。入院 {*した／??しちゃった／しな(は)った／された} かね。そりゃ、いけんね。
　　　(そうですか。入院されたんですか。それはいけませんね。)
　　　　　　　　　　　　　　　　　　　　　　　　　　　(出雲方言)

4.2　指示詞の運用

4.2.1　現場指示用法

　日本語指示詞は対立型(人称区分)のシステムを持つが、近年の歴史研究では、ソ系列において、聞き手領域指示用法(直示用法)が後発的に生じた用法である可能性が指摘されている。金水・岡﨑・曺(2002: 231)、岡﨑(2010: 90)は、上代では、ソ系列には、直示用法の確例がなく、照応用法と観念用法に限られていたとする[20]。

　中古では、直示空間内の可視の聞き手(の領域)をソ系列で指す例が見られるようになる一方で、カ・ア系列による聞き手領域指示も見られる(金

水・岡﨑・曹 2002、李 2002、藤本 2008a、岡﨑 2010)。

(48) さし出でて、「<u>それ</u>は誰ぞ」と言へば、「弁候ふなり」とのたまふ。
(枕草子・47 段・104 頁)

(49) うちわたす遠方人にもの申すわれその<u>そこ</u>に白く咲けるは何の花ぞも
(古今和歌集・巻第十九・1007)

(50) 俊蔭、林のもとに立てり。三人の人、問ひていはく、「<u>かれ</u>は、何ぞの人ぞ」。俊蔭答ふ、「日本国の王の使、清原の俊蔭なり。(略)」
(うつほ物語(1)・俊蔭・22 頁)

(51) 「<u>あの</u>をのこ、こち寄れ」と召しければ、(略)。 (更級日記・284 頁)

　次は、光源氏と朧月夜の密会現場に朧月夜の父、右大臣が遭遇する場面である。右大臣は、娘の衣に薄二藍の男帯が絡まっているのを見ていぶかしんでいるところ、さらに娘の近傍の御几帳の下に懐紙が落ちているのに気づく。

(52) (略)薄二藍なる帯の御衣にまつはれて引き出でられたるを見つけたまひてあやしと思すに、また畳紙の手習などしたる、御几帳のもとに落ちたりけり。これはいかなる物どもぞと御心おどろかれて、^{右大臣}「<u>かれ</u>は誰がぞ。けしき異なる物のさまかな。たまへ。<u>それ</u>取りて誰かぞと見はべらむ」とのたまふにぞ、うち見返りて、我も見つけたまへる。
(源氏物語(2)・賢木・145 頁)
【「<u>それ</u>は誰のです。見なれぬ、変なものだが。こちらにお出しなさい」】

　ここでは、聞き手の近傍にある対象(「畳紙の手習などしたる」)が同一発話中にカ系とソ系の両方で指示されている。ただし、古代語では、「直示優先の原則」が弱い(目に見えている物でも、2 度目以降に言及される場合は

直示ではなく文脈照応の中称が用いられる場合がある）(金水 1999: 88)という指摘もあり、ここでの「それ」は文脈照応の可能性もある。

　(52)のカ系列（さらには、(50)、(51)のカ・ア系列）については、話し手から「遠い」という（聞き手の存在には影響を受けない）「距離区分」を反映した運用（それゆえ、中国語の（「你」の限定を受けない）遠称「那」に似た運用）であるのか、聞き手領域をマークする「人称区分」を反映した運用（それゆえ、英語の遠称 that に似た運用）であるのかが問題となる。ここで、(52)において、「かれ／それ」の指示対象が直前の右大臣の心内発話では「これはいかなる物どもぞ」とコ系列で指示されている点に注目したい。独話では「近い」と判断された対象が、対話ではカ系列でマークされている事実は、ここでのカ系列の使用が聞き手の存在に影響を受けた人称区分を反映したもの（すなわち、英語型の運用）であることを示唆する。ただし、カ・ア系列は、本来的機能である遠称指示を二次的に聞き手領域指示として利用しているに過ぎず、この意味において、古代語の人称区分（対立型）のシステムは現代語に比べ弱い。

　また、従来あまり指摘がないようであるが、コ系列による聞き手指示の例の存在も見逃せない（(54)が(50)と近似した場面である点に注目）。

(53)　宮も、「これはまた誰そ。わが名もらすなよ」と口かためたまふを、いとめでたしと思ひきこえたり。　　　　（源氏物語(6)・浮舟・152–153 頁）
　　　【「そなたはまた誰なの。わたしのことを漏らしてはいけませんよ」】
(54)　俊蔭、立ち居拝む。山のあるじ、大きにおどろきて、「これは、何ぞの人ぞ」。俊蔭答ふ、「清原の俊蔭、参り来つることは、しかじかのたまはせしかばなむ」。　　　　（うつほ物語(1)・俊蔭・32 頁）
　　　【その山の主はたいへん驚いて、「あなたはどういうお方か」】

　話し手が聞き手（領域の対象）を心理的に自己の縄張りに引き寄せて捉えた場合、コ系が出現すると考えられる。この種のコ系の使用も、古代語指示

詞において、人称区分のシステムが弱いことを示す現象といえる。

4.2.2 非現場指示用法

　金水・田窪（1992）、田窪（2010）によれば、現代語では相手によって新しく導入された話し手にとって間接知識の情報は、当の対話のセッション中は直接経験に繰り入れられず、ア系列（さらには、三人称代名詞「彼／彼女」）による指示はできないという。

(55)　A: 僕の友人に田中というのがいます。英語がよくできるので、この仕事にはピッタリだと思うんですが。
　　　B: ｛その／*あの｝人は独身ですか。じゃ、その田中という人に頼んでください。
　　　　　　　：［数日後］
　　　B: この前、田中という人の話が出たでしょう。英語のうまいという。あの人に会えますか。　　　　　（田窪 2010: 252、一部改変）

　現代語では、相手との知識の対立をソ系列によって厳密にマークするが、藤本（2008b）によれば、古代語では、話し手の直接経験に関連しているとはいえない対象が、ソ系列以外に、カ・ア系列でも指示され得るという。次は、還饗の宴から帰宅した正頼が、妻の大宮に、今宵聞いた仲忠の弾琴の見事さを語る場面である。大宮にとって、仲忠の弾琴は新規の間接的知識であるが、カ系列で指示されている（藤本 2008b）。

(56)　正頼「（略）げにはいとめでたき人にこそあれ。遊びたるさまも、さらにこと人に似るべうもあらず。いかで聞こし召させむ」とのたまへば、宮、「いかでかれ聞かむ」。
　　　　　　　　　　（うつほ物語(1)・俊蔭・123 頁）（藤本 2008b: 131）
　　【「どうかして｛その／*あの｝琴をお聞きしたいものですね」】

藤本 (2008b) は、聞き手によって新規に導入された要素でも話し手がその実在性を認識できたならば、カ・ア系列での指示が可能であったとする[21]。
　関連現象として、応答詞として使われる出雲方言の指示詞を見てみよう。共通語では、指示詞を相手発話の応答に用いる場合、対立的視点を反映するソ系列のみが適格となるが、出雲方言では、ソゲ、アゲの両方が使える。共通語のア系に比べ、出雲方言のア系の使用範囲が広いことがわかる。

(57)　A: 最近、テレビがやすいがー。（最近、テレビが安いよね。）
　　　B: {そげ／あげ} だがー。（{そう／*ああ} だね。）　　　（出雲方言）

ただし、相手の提示情報が話し手の直接知識にない場合はアゲは使えない。

(58)　A: 山田が転校するしこだ。（山田が転校するそうだ。）
　　　B: {そげ／*あげ} かー？　あだん、おべたわー。知らんかったわ。
　　　　（{そう／*ああ} なの？　えー、びっくりしたわ。知らなかったよ。）
　　　　　　　　　　　　　　　　　　　　　　　　　　　　　（出雲方言）

　最後に、ア系列における特異な現象（相手発話を指示するア系の用法）を指摘しておきたい[22]。

(59)　「(略) もう、結婚なすってどれぐらい経ちます？」
　　　「そろそろ、十年ですよ。だんだん詰まらなくなってきました」
　　　「あんなこと云って。でも、奥さんはお仕合わせですわ。何といっても、旦那さまに死なれるほど、女は困ることはありません」
　　　　　　　　　　　　　　　（松本清張「潜在光景」『影の車』15 頁）
(60)　「しかし、電話に出たやつが、ぼくの声を覚えていないかな？」
　　　「大丈夫よ。わかりっこないわ。わたしにかかってくるお客さんの電

話は多いんですから」
「売れっ子だからな」
「<u>あんなことを</u>。そりゃあ商売してるんですもの、少しはお客さまを持たないと、肩身がせまいわ」　　　　　　　（松本清張『砂の器（上）』156頁）

(61)　「今日は負けましたわ」
といったときは、匂い立つような化粧をすませた顔をこちらに向けていた。ゴルフの話で径子ははしゃいでいる。
「いや、君もうまくなった」
大塚は微笑していった。
「もう、僕のハンディに追っつくのもすぐだよ」
「<u>あんなこと</u>」　　　　　　　　　　　　（松本清張『霧の旗』141–142頁）

(62)　「いいとこだな、ここにいると落ちつくな」
「もう古いんですよ。あそこに勤めてからずうっと住んでいますから」
「ホテル引き払ってこっちに移ろうかな。宿代も助かるしな」
「<u>あんなことをいって</u>…」
美代子は台所に戻って朝食の仕度を続けた。
　　　　　　　　　　　　　　　（高橋三千綱『オンザティ』BCCWJ より）

　この種のア系は、基本的に「あんなこと」の形で実現し、手元のデータでは全て女性によって使われている。また、相手の発言を軽く突き放すような場面で使われており、直前の相手発話には、冗談、軽口などが現れる。

　「－ンナ」形指示詞は近世前期頃から見られるが、近世後期の人情本に登場する遊郭の遊女や、腰元（侍女）らの発話に、問題のア系とおぼしき使用が見られる。(63)は、遊郭のおいらん薄雲（薄）と客の鳥雅（鳥）の会話であるが、薄雲の発話の中に問題のア系の使用が見られる。また、(64)では新造（手伝い女郎）薄菊（きく）の発話に、(65)では鳥雅に仕える腰元（侍女）お民（たみ）の発話に、問題のア系の使用が見られる[23]。

(63) 鳥「(略)ヲヤ火が消へた。おまへの長ひ喜世留で行燈の火を付てくんな 薄「アレサ油火は毒ざます。お倉どんの部屋から貰つて来て上申イせう ト立にかゝるを鳥雅は引とめ 鳥「ヲイ〳〵それをかこつけに何所へか行ふと思つて 薄「アレマア<u>あんな</u>邪推なことを。

(人情本・春告鳥・巻之一・390 頁)

(64) 鳥「左様〳〵、薄菊さんは気が利て居るヨ きく「ぬしはよく私の名を知つて居なますねへ」 鳥「実があるだらう 薄「ぬしは薄菊さんに気があるとさ。それだから油断はなりイせん きく「ヲヤ〳〵おゐらんは<u>あんなことを</u> トさもきのどくそふなるかほいろをする

(人情本・春告鳥・巻之一・385–386 頁)

(65) たみ「咄をお吐遊ばしませ。御本家で何とおつしやいました 鳥「エなんとゝいつておれが見せへ住たとき、母人さんがおつしやるには、どふもお民を此方へ置と色をしたがつてならなひのに、寄ものもさはるものも惚たがつてならねへから、寮へでもやつて置ふ。左様したら人出入がなひから情人も出来まいと左様いつておよこしなさつたものを たみ「ヲホゝゝ、<u>あんな</u>咄をおつしやいます。どふいたして私の様な賤しいものに誰がかまひてがござゐますものか

(人情本・春告鳥・巻之二・401 頁)

　このような相手発話の遠ざけを表すア系については、世代差・性差、方言差を含めなお不明な点が多いが、現代ではあまり聞かれなくなっている。この場合、対立的視点を反映するソ系の使用が一般的といえる[24]。

5. まとめと今後の課題

　本稿では、現代共通語の直示述語、敬語、指示詞（の運用）に見られる視点制約・人称的性質が歴史的展開の中で変化・確立してきたことを、一部他言語や方言とも比較しつつ論じてきた。直示述語では、事象内の特定の参与

者の側に話し手の視点が置かれるようになり、歴史的に視点制約が生じている（生じつつある）。敬語、指示詞、移動動詞では、聞き手との対立的視点を反映する（聞き手顧慮の）運用が歴史的に強まってきている（金水 2010、澤田 2011）。

　最後に、今後に残された研究課題として、以下の 2 点を挙げておきたい。

　第 1 点は、直示動詞における本動詞／補助動詞間の視点制約の違いについてである。日高（2007, 2009）は、「くれる」を遠心的授与としても使う方言において、「くれる」が「てくれる」よりも遠心的方向用法を残しやすい傾向が見られるとし、この現象を「文法化制約」と称している。出雲方言における方言用法の「来る」（3.2 節）でも、本動詞／補助動詞間の視点制約の違いがあり、そこでは文法化の程度に応じた視点制約の段階性が認められる（「V て来る」において、同時移動用法、継起移動用法、行為の方向づけ用法の順に「来る」の文法化が進んでいると想定する。以下の例の主語は話し手とする）。

(66)　［電話で］今から来ーけん、待っちょってごせ。　　　　（本動詞）
(67)　［電話で］土産物持って来ーけん、楽しみに待っちょってごせ。
　　　　　　　　　　　　　　　　　　　　　　　（補助動詞：同時移動用法）
(68)　［電話で］?土産物買って来ーけん、楽しみに待っちょってごせ。
　　（cf.（話し手は今、聞き手の家にいる）土産物買って来ーけん、楽しみに待っちょってごせ。）　　　　　　　　　　（補助動詞：継起移動用法）
(69)　［電話で］*土産物送って来ーけん、楽しみに待っちょってごせ。
　　　　　　　　　　　　　　　　　　　　（補助動詞：行為の方向づけ用法）
　　　　　　　　　　　　　　　　　　　　　　　　　　　　　（出雲方言）

　本動詞／補助動詞間の視点制約の違いは、共通語の授与動詞でも認められる[25]。また、授与動詞の文法化の段階性（澤田 2014）を踏まえた場合、同じ補助動詞用法でも視点制約に違いが見られる可能性もあり、補助動詞用法の

視点制約を一元的に捉える見方については、今後検討が必要となる。
　総じて直示動詞においては、次のような傾向が（共通語、方言双方において）見られる。

(70)　直示動詞の視点制約の原則：動詞の素材的意味（移動、授与、等）が希薄化するにつれ、視点制約が強まり、直示性が先鋭化する。

　これは、金水（2001b: 17）で示唆されているような、（本動詞は古い意味を残しすい傾向があるのに対して）補助動詞は本動詞から意味を受け継ぎつつも、それをさらに先鋭化する方向で発達しているという日本語における本動詞から補助動詞への文法化の一方向性の原理にも沿うものといえるが、(70)の原則に関しては、他言語の直示動詞においても当てはまるのかどうかなどを含め、さらに考察を深めていく必要があろう。
　第2点は、物語（語り）のテクストにおける「視点」の歴史的研究である。一例として、古典解釈において問題とされてきた「修行者あひたり」型表現（「修行者にあひたり」ではない点に留意）を取り上げてみよう。

(71)　ゆきゆきて駿河の国にいたりぬ。宇津の山にいたりて、わが入らむとする道はいと暗う細きに、蔦かへでは茂り、もの心細く、すずろなるめを見ることと思ふに、修行者あひたり。　（伊勢物語・東下り・121頁）

　これについては、北原（2006）に視点に注目した分析がある。

(72)　（略）表現主体の視点は、「すずろなるめを見ることと思ふ」人寄りにとられています。つまり、この人が「こちら」です。したがって、次には、この人を主語にした表現が期待されます。視点の一貫性という点からも、この人が主語であることが期待されます。しかるに、この本文では、視点も無視され、視点の一貫性も無視されて、「修行者」

が主語になっているので、不自然に感じられるのです。

(北原 2006: 205)

　この点は、さらに久野 (1978) の次の例文と合わせるとはっきりする。

(73)　a.　僕は道でジョンに出会った。
　　　b. *ジョンは道で僕に出会った。　　　　　　　　　　(久野 1978: 172)

　久野 (1978) は、b 文の不自然さを、主語寄りの視点を要求する「相互動詞の視点制約」と、二・三人称よりも一人称の視点を優先する「発話当事者の視点ハイアラーキー」との矛盾から説明する。もっとも、相互動詞に関わる視点は、能動文／受動文の選択等と共に、事態のどの参与者を文の主語・主題に選ぶか（事態をどの参与者を中心にして描くか）というヴォイスの選択、または、談話の主題性に関わる視点であり（澤田治美 (2009: 109) 参照）、ダイクシスに関わる視点とはやや性格が異なる点には留意する必要がある。

　「修行者あひたり」型の運用は、現代語に比べ、古代語の物語（語り）のテクストにおいて、視点の一貫性がさほど強い談話法規則としては働いていない可能性を示唆するが、この点については今後の課題となる[26]。

　本稿で取り上げた現象からも示されるように、現代語の研究で提出されている視点制約や談話法規則は、古代語にはそのままの形では適用できない場合が少なくない。今後、文学研究とも連携しながら、「視点」の文法の歴史について幅広い観点から考察を進めていく必要があるといえる。

注

1　実際、佐久間 (1940: 110) は、「最近の言語理論の収穫として重要視されている

ビューレルの所論」として、Bühler の「指示の場」の概念に言及している。
2　益岡 (2003: 45) は、「三上が持ち出した「境遇性」という概念は現在のダイクシス研究を先取りするもの」と評価している。
3　「話し手と聞き手が同じ方向を向いて事物を指すのが融合的視点、話し手と聞き手が適当な距離をとり、向かい合っている状態で事物を指すのが対立的視点である」(金水 2010: 78)。
4　出雲方言は島根県安来市広瀬町方言で代表させる。データの作成および分析（内省判断）にあたって、島根県安来市（旧能義郡）広瀬町出身で出雲方言が母方言の澤田治美氏（1946 年生まれ）の協力を得た。
5　Comrie (2003: 270) は、日本語授与動詞「くれる／やる」を〈一人称受領者〉か〈二・三人称受領者〉かで分化するタイプに含めているが、Comrie 自身も認めているように、日本語授与動詞は、受領者の「文法的人称」の違いによって分化するとは限らず（例：太郎が花子にお金をくれた／やった）、その分化にはウチ／ソトによる拡大的な人称（ここでは、「語用論的人称」と称しておく）が関与する。Comrie (2003: 275) によれば、語用論的人称（ウチソト）によって授与動詞が分化する言語は、日本語以外では現時点では確認されておらず、この点において日本語授与動詞の類型論的特殊性が認められている。
6　聞き手が主語（授与者）となる非求心的「くれる」の例もある。
　　(i)　「いとよかなり。ただ今追ひもて行きて、この北の部屋に籠めてよ。物なくれそ。しをり殺してよ」　　　　　　　　　（落窪物語・巻之一・101 頁）
　　　　【「(略)何も食べさせるな。責め殺してしまえ」】
　　(ii)　少輔いつとなく臥したりければ、おとど、「いとほし。かれに手洗はせよ。物くれよ。(略)」とのたまへば、(略)。　　（落窪物語・巻之二・163–164 頁）
　　　　【「かわいそうに。あの者に手を洗わせてやれ。食事もやれ。(略)」】
　　これらの例は「話し手側の人物」である聞き手を「話し手」に含めて考えれば処理できるかもしれないが、(7) の主語は「話し手側の人物」とはみなせない点で問題が残る。
7　古川 (1995: 199) は、「くれる」が「与え手、受け手のどちらにも視点を置けるという曖昧さのゆえに、視点の固定した「やる」の浸食を許してしまった」と説明する。
　　本稿でも、「やる／くれる」の対立形成の背景に、元来移送動詞であった「やる」の非求心的授与領域への進出（「やる」の非求心的授与動詞化）があったと考えるが、本稿ではさらに、その領域において「やる」のほうが定着し、そこから「くれる」が追い出された背景として、「やる」と「くれる」の待遇性の違いが関わっていたと考える。

8 北陸を中心とする中部地方の一部の方言地域では、「よこす」（の方言形）が話し手から聞き手への移送にも使われる点が、日高（2007）、小西（2009）で指摘されている。
(i) a. 昨日、アンタトコニ　太郎　ヨコイタネカ。
    （昨日、あなたのところに太郎をやったじゃないか。）
   b. 昨日、次郎ントコニ　太郎 {ヤッタ／??ヨコイタ}。
    （昨日、次郎のところに太郎をやった。）
                    （富山県東部（富山市・中新川郡）方言）（小西 2009: 64）
  小西（2009）では、方言用法の「来る」との平行性が指摘されている。
(ii) 来ルは、いくつかの方言において、話し手が聞き手の領域に移動する場合にも用いられる。上の富山県東部方言も同様の来ルの用法を持つが、ヨコスもそれに平行し、聞き手の領域への移動に限って非求心的に用いられると言える。
                                              （小西 2009: 65）
  島根県の「ごす」（「よこす」の方言形）は、共通語「くれる」に相当する授与動詞として使われる（日高 2009: 170）。次の隠岐方言の例では、A の第一文目の発話における「ごす」は、聞き手から話し手への授与を表すが、A の第二文目の発話における「ごす」は、話し手から聞き手への授与を表す。
(iii) A(f): ナー　アメ　ゴジューエンガ　ゴザッシャエ。
      （では、あめを 50 円ほどください。）
    B(m): ハイハイ。
      （はいはい。）
    A(f): （フ）ンナ　マ　コエ　ヒャクエン　ゴスケニ。
      （それでは、ここに、100 円、あげますから。）
（日本放送協会（編）『全国方言資料』f 1890 生・島根県知夫郡西ノ島町宇賀（全 8 ⑩）: 311–312）（日高 2007: 169–170）
  ただし、現代安来市方言では、「ごす」は話し手から聞き手への授与には使いにくい（澤田治美氏の指摘による）。また、(i) の隠岐方言話者は 1890 年生まれの話者であり、現代隠岐方言でも同様の使い方が見られるのかは調査が必要である。
9 ただし、(24) の「おこせむ」は、間接話法中で使われている可能性もある。
10 「いらっしゃる」（「御出で」）のように、「いる／行く／来る」が中和する動詞を持つ言語は珍しいと考えられ、たとえば、韓国語では、それぞれ、kyeysita (issta（いる）の尊敬語）、kasita (kata（行く）の尊敬語）、osita (ota（来る）の尊敬語）で表される。
11 日高（2009）の用語に従い、直接の会話の相手を話題の人物とする場面を「対者場面」、発話現場に居合わせない第三者を話題の人物とする場面を「第三者場面」

と呼ぶ。
12 a文のような第三者場面では、「行かれる」等の他の敬語形で代用している。
13 筆者の勤務校（青山学院大学）の大学生（主に文学部日本文学科在籍、18歳〜22歳（主に関東圏出身））57名を対象に、(27)をもとにした簡単なアンケート調査をおこなった（2015年7月に実施）。以下、質問内容とその結果を合わせて示す。

質問：以下の例文の「いらっしゃる」の使い方について、a. 自然、b. やや不自然、c. 不自然の中から当てはまるものを1つ選んでください。

(i) （「どこに行くのか」の敬語で。聞き手＝山田先生の研究室に所属する大学院生）

山田先生はこれからどちらにいらっしゃるんですか？
 a. 自然：12人
 b. やや不自然：38人
 c. 不自然：7人

(ii) （「どこに行くのか」の敬語で。聞き手＝先生）

先生はこれからどちらにいらっしゃるんですか？
 a. 自然：19人
 b. やや不自然：31人
 c. 不自然：7人

今回の調査結果からは、両文の容認度についてさほどはっきりとした相違は見られなかったが、(i)の第三者場面よりも(ii)の対者場面のほうが「いらっしゃる」の使用を自然と回答した者の数がやや多かった。

14 金田一は、相対敬語を次のように説明する。

(i) 『父様』『母様』も、言う相手によっては単に『父が』『母が』若しくは、かえって『愚父』『愚母』とさえも言うことがあって、全く相手によって相対的に用いる敬語である。相対性敬語と呼ぶわけである。

即ち、妻が自分の夫を言うのに、話す相手によっては、（目下、即ち雇人女中などに向かってならば）『旦那様』、また相手によって、（普通の他人の前などは）『主人』とか『宅』とかとなるのである。

（金田一 1992: 307–308 ［1942: 302］）

後述するように、本稿では、「妻が夫のことを雇人や女中などに向かって『旦那様』と呼ぶ」現象は「相対敬語A」(A2型)、「妻が夫のことを普通の他人の前で『主人』とか『宅』と呼ぶ」現象は「相対敬語B」の事例として区別する。

15 圧尊法とは、「話し手が第三者のことを話題にするとき、聞き手が話題の人物より上位者の場合は話題の人物が自分より上位者であっても、崇めて言及してはいけないという敬語の使い方」（韓・梅田 2009: 188）である。たとえば、次のような

例である。
(i) 할아버지,　아버지는　　　아직　안　들어왔습니다.　　　（姜 2014: 87）
　　　halapeci,　apeci-nun　　　acik　an　tulewasssupnita.
　　　おじいさん　お父さん-は　まだ　帰っていません

ただし、「最近では孫が自分の父親のことを祖父の前で崇めて話すのも許容範囲に入るといって認めるほうに傾いている」(韓・梅田 2009: 197) という指摘もある。筆者の韓国語母語話者に対するインフォーマント調査でも、(ii) のように、尊敬語形式を使っている (すなわち、絶対敬語的な使用をしている) と回答した話者が複数見られた。

(ii) 할아버지,　아버지께서는　　　아직　안　들어오셨습니다.
　　　halapeci,　apeci-kkeysenun　acik　an　tuleosyesssupnita.
　　　おじいさん　お父さん-は (尊敬)　まだ　帰っていらっしゃいません

現代日本語では、主に会社内で圧尊法が見られるが、必ずしも強い制約として働いているわけではないようである (文化庁 (2007: 23) 参照)。

16　三上 (1953: 119) も、「至尊、すなわち上御一人が臣下に語られる場合には、ご自身の言動にも「給フ」をつけられそうだが、これも〔A 線が決定線であることの〕例外ではなく、例内に収まる」(〔　〕内は筆者が補足) と述べている。

なお、永田 (2001: 77)、福島 (2013: 112) では、古代語の自敬表現について、絶対敬語ではなく、相対敬語の現象として捉える見方が提示されている。

17　次は、韓国国立国語研究院発行の『새국어생활』(『新国語生活』) における記述である (日本語訳は油谷 (2005: 193) による) (「시」(si) は尊敬補助語幹を表す)。

(i) (略) 目下の人をそれよりもっと目下の人に話すときは「김영희 씨, 김 과장 어디 가셨어요? キムヨンフィさん、キム課長は何処へ行かれましたか?」のように -시- を入れて話すことができます。このように話すのは、キム課長がたとえ自分よりは目下の人であっても、彼よりもっと目下の人に話す時は、話を聞く人、即ち聞き手より目上なので、その人を礼遇する意味で -시- を含むことができるのです。

　同じように、自分より職級が低い取引先の人に自分の部下の課長に関して話す時も職級が相手より高いので「銀行へ行かれました」のように -시- を入れて話さなければなりません。そしてもしも取引先の部長に課長に対する話をするならば、この時は聞き手よりこの対象 (課長) の方が職位が低いので「은행에 갔습니다. 銀行へ行きました」と話さなければならないでしょう。

　　　　　　　(国立国語研究院『새국어생활』(『新国語生活』) (油谷 2005: 193)

ここでは、A1 型、A2 型の相対敬語の運用の一端が示されている。

韓国語では自敬表現的な運用も見られる。韓・梅田 (2009: 155–156) を参照。

18 ここでの「侍り」は、自分側の者の行為を低め、聞き手に対する畏まりを表す「かしこまりの語法」(杉崎 1988)、または、「謙譲語 B」(菊地 1997) と解せる。
19 藤原 (1978: 200) によれば、出雲方言のチャル (ちゃった) は「「て」尊敬表現法」(「動詞連用形＋テ＋指定助動詞 (「ジャ」「ヤ」その他でむすぶ (そのむすびがあらわに出ないこともある))」の一種とされる。
20 何をもって直示用法の「確例」とみなすかにもよるが、上代の文献においてソ系列の直示用法が全く存しないといえるかについては議論の余地があるように思われる。たとえば、次の歌の「そこ」は相手池主、「ここ」は作者家持を指しており、「そこ」は聞き手領域指示用法と解すことも可能である。
(i) 　水鳥を越前判官大伴宿禰池主に贈る歌一首并せて短歌
　　　天離る鄙にしあれば<u>そこ</u>も<u>ここ</u>も (彼所此間毛) 同じ心そ家離り年の経ぬればうつせみは物思繁し…　　　　　　　　　(萬葉集 (4)・巻第十九・4189)
　　　【(天離る) 鄙暮しなので君も僕も同じ気持ちだ　奈良の家を離れて幾年も経たので一倍物思いも絶えない】
　　 ただし、相手である池主は眼前の直示空間内には存せず、「そこ」は「典型的な直示」の要件を欠く。この点、金水 (2001a: 162) が「現場指示のソ系列の用法の中でも特殊なもの」とした次の現代語の「そこ」に通じるものがある。
(ii) A: もしもし、田中君ですか。
　　B: はいはい、山田君？　<u>そこ</u>、どこ？　　　　　　　(金水 2001a: 162)
21 現代語でも、話し手の「過去の現場経験」(「話し手が実際に経験したエピソード的な記憶」) (金水・田窪 1992: 127) にはない対象がア系列で指示される場合がある。
　　次は、弁護士大塚欽三に調査を依頼するため、九州から上京してきた柳田桐子が、旅館の女中に大塚の弁護士事務所への行先を尋ねる場面である。桐子は、大塚の事務所の所在地情報は知っているが、過去にその場所を訪れた経験はない。にもかかわらず、桐子は、その周辺場所をア系列 (「あの辺」) で指示している (一方、女中がア系列 (「あすこ」) で指せるのは、過去の現場経験を持つからである)。
(i) 桐子は、手帖を出した。それが大塚弁護士の事務所の所在地であった。
　　「東京都千代田区丸の内二丁目 M 仲×号館　××号室」
　　桐子が口に出して、その行先の順序を訊くと、
　　「東京駅のすぐ横なんですよ。八重洲口とは反対側の」
　　女中は都電のコースを教え、
　　「あすこは会社ばかりですが、お知合いでも？」
　　探るように訊いた。
　　「え、ちょっと。弁護士さんの事務所を訪ねるんです」

「弁護士さん？」

就職のことで上京したらしいと踏んでいた女中は愕いた眼つきをした。

「九州から、わざわざなんですか？」

「そうです」

「おえらいですわね」

女中は、年下の同性を見る眼で云った。

この若い客は、面倒な事件を背負って来ているらしい。ついでに、それを訊き出したいところだが、さすがにそれは遠慮している。

「あなた、あの辺をよくご存じですか？」

桐子は訊いた。

「はあ、よく通りますけれど。赤煉瓦の同じような建物が両側にならんで建っているところで、会社の看板が沢山出ているくらいは知っています。何という弁護士さんですか？」

「大塚欽三さんとおっしゃる方です」　　　　　　　（松本清張『霧の旗』5–6頁）

ただし、この種のア系の使用を自然とみなすかは個人差がある。(i)の例のア系「あの辺」の使い方について、上記の場面情報を説明したのち、簡単なアンケート調査を行ってみた。インフォーマントは、筆者の勤務校（青山学院大学）の大学生（18歳～24歳）54名（関東圏出身者40名／非関東圏出身者14名）で、アンケートは2015年1月に実施した。

(ii) このようなア系指示詞（「あの辺」）の使い方について：

    a. 自然である：29人

    b. やや違和感がある：22人

    c. かなり違和感がある：3人

この結果は、観念指示用法のア系列を、過去の現場経験内の対象の指示に限定して使う話者と、比較的緩く使う話者が存在する可能性を示唆している。

なお、堤（2012: 123）に、九州の一部の方言では、「その話者が実際の経験から知った人や場所でないものについて、ア系列指示詞を用いることができる」という指摘がある。今回の調査では、aのグループとb、cのグループの間に、出身地域の違いによる差は特に見られなかったが、方言差・世代差、さらには、藤本（2008b）で指摘されている古代語のカ・ア系の非現場指示用法との関連を含め、今後、詳しい調査が必要である。

22 ここでのア系列は、現場指示と文脈指示の両面的な性質を持つように思われる。

23 次の花鳥（花）によるア系の発話は、傍にいる薄雲（うす）との融合的視点をとった発話という解釈も考えられる。この解釈の場合、本稿で問題とするア系の用法とは（元は同じ用法である可能性もあるが）厳密には異なる。

(i) ^{そで}「私ばッかり待人もなし　^花「ヲヤ吉兵衛さんはへ　^{そで}「アレ否ざますヨ。老父めへ　^花「アレマア鳥渡見なまし。<u>あんな事をお言なますヨ</u>　^{うす}「じやうだんぢやァありません。吉兵衛さんは正実に能老父さんざますョ　^花「実正に大事にして上なましョ　　　　　　　（人情本・春告鳥・巻之四・438 頁）

24 筆者の勤務校（青山学院大学）の大学生・大学院生（日本文学科在籍、19 歳〜23 歳、主に関東圏出身）82 名を対象に、(59)、(60) をもとに簡単なアンケート調査をおこなった（2014 年 6 月、9 月、2015 年 7 月に実施）。

(i) 質問：(1)、(2) の例（例文 (59)、(60) のこと）では、相手の発言に対して、「あんなこと云って／あんなことを」と答えています。このようなア系指示詞の使い方について：

a. 使う：1 人
b. 自分は使わないが、おかしくない：15 人
c. 自分は使わないし、違和感がある：66 人

この場合、「自分だったら「そんな」を使う」という回答記述が多く見られた。

25 久野 (1978: 152–155) は、「やる」は話し手の視点が主語寄りか中立の時に用いられる（E（主語）≥ E（与格目的語））のに対して、「てやる」は話し手の視点が主語寄りの時にのみ用いられる（E（主語）＞ E（非主語））とする。次の例では、「談話主題の視点ハイアラーキー」が「E（太郎）≥ E（通りがかりの人）」の共感度関係を示すが、これと矛盾しないのは「やる」のみであるという。

(i) <u>通りがかりの人</u>が太郎にお金を ｛やった／？貸してやった｝。
　　　　　　　　　　　　　　　　　　　　　　（Kuno 1987: 248–249）

26 時代は下るが、類例として次の例が挙げられる。

(i) さても、隅田河原近きほどにやと思ふも、いと大なる橋の清水・祇園の橋の体なるを渡るに、<u>きたなげなき男二人会ひたり</u>。
　　　　　　　　　　　　　　　　　　　　　（とはずがたり・巻四・449 頁）

柳田 (2011) によれば、「修行者あひたり」型表現は、古くは古事記から見られるが、徒然草（鎌倉末期）の出現例を最後に見られなくなるという。柳田 (2011: 27) は、その背景の 1 つに、「語り手の視点を一つの文章の中で突然転換することによって、その出会いが無意志的なものであることを表現することよりも、視点を一貫させることの方を近代の人々が選択したこと」を挙げ、「大きく見れば、論理的表現への志向が「修行者あひたり」型表現を衰退させることになった」とする論を提示している。

次のような例も、語り手視点の突然転換の例と見ることができるかもしれない。

(ii) 世の中に多かる人をだに、すこしもかたちよしと聞きては、見まほしうする人どもなりければ、かぐや姫を見まほしうて、物も食はず思ひつつ、かの家

に行きて、たたずみ歩きけれど、甲斐あるべくもあらず。文を書きて、<u>やれ</u>ども、返りごともせず。わび歌など書きて<u>おこす</u>れども、<u>甲斐なしと思へど</u>、十一月、十二月の降り凍り、六月の照りはたたくにも、障らず来たり。

(竹取物語・20–21 頁)

　第 2 文目では、求婚者達 (主語) 寄りの視点を表す「やる」が使われているが、続く第 3 文目では、かぐや姫 (与格目的語) 寄りの視点を表す「おこす」が使われている。さらに、その直後の文では「甲斐なしと思へど」という心情表現から求婚者達寄りの視点へと再度急激な視点切り替えが見られる。もっとも、古代語「おこす」に「やる」と同様の主語寄りの視点を表す非求心的用法があったと仮定するならば、(ii) は視点の突然転換の例とはいえなくなる。このような可能性を含め、今後、さらに検討を続けたい。

参考文献
岡﨑友子 (2010)『日本語指示詞の歴史的研究』ひつじ書房
荻野千砂子 (2007)「授受動詞の視点の成立」『日本語の研究』3 (3) :pp. 1–16. 日本語学会
加藤正信 (1977)「方言区画論」『岩波講座日本語 11　方言』pp. 41–82. 岩波書店
姜英淑 (2014)「敬語」沖森卓也・曹喜澈編『日本語ライブラリー　韓国語と日本語』pp. 83–90. 朝倉書店
菊地康人 (1997)『敬語』講談社
菊地康人 (2008)「敬語の現在―敬語史の流れの中で、社会の変化の中で」『文学』9 (6): pp. 8–23. 岩波書店
北原保雄 (2006)『北原保雄の日本語文法セミナー』大修館書店
金水敏 (1989)「敬語優位から人称性優位へ―国語史の一潮流」『女子大文学　国文篇』40: pp. 1–17. 大阪女子大学
金水敏 (1999)「日本語の指示詞における直示用法と非直示用法の関係について」『自然言語処理』6 (4) : pp. 67–91. 言語処理学会
金水敏 (2001a)「指示詞―「直示」再考」中村明編『現代日本語必携』pp. 160–163. 學燈社
金水敏 (2001b)「文法化と意味―「〜おる (よる)」論のために」『国文学　解釈と教材の研究』46 (2): pp15–19. 學燈社
金水敏 (2010)「「敬語優位から人称性優位へ」再考」『語文』92・93: pp. 74–80. 大阪大学国語国文学会
金水敏 (2011a)「文法史とは何か」金水敏・高山善行・衣畑智秀・岡﨑友子『シリーズ日本語史 3　文法史』pp. 1–17. 岩波書店

金水敏 (2011b)「人称に関わる現象の歴史的変化」金水敏・高山善行・衣畑智秀・岡﨑友子『シリーズ日本語史 3　文法史』pp. 191–202．岩波書店

金水敏・岡崎友子・曹美庚 (2002)「指示詞の歴史的・対照言語学的研究—日本語・韓国語・トルコ語」生越直樹編『対照言語学』pp. 217–247．東京大学出版会

金水敏・田窪行則 (1992)「談話管理理論からみた日本語の指示詞」金水敏・田窪行則編『指示詞』pp. 123–149．ひつじ書房

金田一京助 (1942)『国語研究』八雲書林

金田一京助 (1992)『金田一京助全集　第三巻　国語学 II』三省堂

久野暲 (1978)『談話の文法』大修館書店

久野暲 (1983)『新日本文法研究』大修館書店

古川俊雄 (1995)「授受動詞「くれる」「やる」の史的変遷」『広島大学教育学部紀要（第二部）』44: pp. 193–200．広島大学

古川俊雄 (2000)「古代語における「来（く）」の一用法について」『鎌倉時代語研究』23: pp. 756–771．武蔵野書院

小西いずみ (2009)「［書評］日高水穂　著『授与動詞の対照方言学的研究』」『日本語の研究』5 (2): pp. 61–66．日本語学会

近藤泰弘 (1986)「敬語の一特質」築島裕博士還暦記念会編『築島裕博士還暦記念国語学論集』pp. 85–104．明治書院

近藤泰弘 (1987)「日本語の人称の性格について」『日本女子大学紀要　文学部』36: pp. 45–51．日本女子大学

近藤泰弘 (2000)『日本語記述文法の理論』ひつじ書房

佐久間鼎 (1936/1951)『現代日本語の表現と語法』厚生閣

佐久間鼎 (1940)『現代日本語法の研究』厚生閣

澤田治美 (1975)「日本語の代名詞化・再帰代名詞化の条件について（下）—特に話者の視点とその移動を中心として」『英語教育』23 (13): pp. 57–61．大修館書店

澤田治美 (2009)「直示的視点と小説に現れた再帰代名詞「自分」の解釈をめぐって」坪本篤朗・早瀬尚子・和田尚明編『「内」と「外」の言語学』pp. 101–145．開拓社

澤田淳 (2007)「日本語の授受構文が表す恩恵性の本質—「てくれる」構文の受益者を中心として」『日本語文法』7 (2): pp. 83–100．日本語文法学会

澤田淳 (2009)「移動動詞「来る」の文法化と方向づけ機能—「場所ダイクシス」から「心理的ダイクシス」へ」『語用論研究』11: pp. 1–20．日本語用論学会

澤田淳 (2011)「日本語のダイクシス表現と視点、主観性」澤田治美編『ひつじ意味論講座 5　主観性と主体性』pp. 165–192．ひつじ書房

澤田淳 (2012)「日本語の直示的移動動詞に関する歴史的研究—中古和文資料を中心に」

　　　　KLS. 32: pp. 97–108. 関西言語学会
澤田淳 (2013)「COME/GO の直示情報と選択システム―直示的中心の下位区分と階層化の視点から」児玉一宏・小山哲春編『言語の創発と身体性―山梨正明教授退官記念論文集』pp. 359–385. ひつじ書房
澤田淳 (2014)「日本語の授与動詞構文の構文パターンの類型化―他言語との比較対照と合わせて」『言語研究』145: pp. 27–60. 日本言語学会
澤田淳 (近刊)「「行為の方向づけ」の「てくる」の対照言語学的・歴史的研究―移動動詞から受影マーカーへ」小野正樹・李奇楠編『認知とポライトネスの接点 (仮)』くろしお出版
陣内正敬 (1991)「「来る」の方言用法と待遇行動」『国語学』167: pp. 15–23. 国語学会
杉崎一雄 (1988)『平安時代敬語法の研究』有精堂出版
曹美庚 (2003)「日本語と韓国語における敬語表現の比較」『人間環境学研究』2 (1): pp. 105–118.
高山善行・青木博史編 (2010)『ガイドブック日本語文法史』ひつじ書房
滝浦真人 (2005)『日本の敬語論』大修館書店
田窪行則 (2010)『日本語の構造』くろしお出版
堤良一 (2012)『現代日本語指示詞の総合的研究』ココ出版
永田高志 (2001)『第三者待遇表現史の研究』和泉書院
西田隆政 (2010)「ダイクシス」高山善行・青木博史編『ガイドブック日本語文法史』pp. 143–154. ひつじ書房
西田直敏 (1987)『敬語』東京堂出版
韓美卿・梅田博之 (2009)『韓国語の敬語入門』大修館書店
日高水穂 (2007)『授与動詞の対照方言学的研究』ひつじ書房
日高水穂 (2009)「敬語と授与動詞の運用に関わる現場性制約―日本語諸方言の対照研究の観点から」『日本語文法』9 (2): pp. 3–18. 日本語文法学会
福島直恭 (2013)『妄想の敬語論』笠間書院
藤本真理子 (2008a)「ソ系列指示詞による聞き手領域の形成」『語文』90: pp. 40–53. 大阪大学国語国文学会
藤本真理子 (2008b)「中古語のカ (ア) 系列とソ系列―観念指示用法の推移」『日本語学会 2008 年度春季大会予稿集』pp. 127–134. 日本語学会
藤原与一 (1978)『方言敬語法の研究』春陽堂
文化庁 (2007)『敬語の指針 (答申)』文化庁
益岡隆志 (2003)『三上文法から寺村文法へ』くろしお出版
益岡隆志 (2013)『日本語構文意味論』くろしお出版
三上章 (1953)『現代語法序説』刀江書院

三上章（1955）『現代語法新説』刀江書院
三上章（1970）『文法小論集』くろしお出版
三上章（1975）『三上章論文集』くろしお出版
水谷美保（2005）「「イラッシャル」に生じている意味領域の縮小」『日本語の研究』1(4)：pp. 32–46．日本語学会
宮地裕（1965）「敬語の解釈—主としていわゆる「謙譲語」とその周辺」『国立国語研究所論集2　ことばの研究　第2集』pp. 187–204．秀英出版
宮地裕（1971）『文論—現代語の文法と表現の研究1』明治書院
森勇太（2010）「移動を表さない「−てくる」の成立—受益表現「−てくれる」との関連から」『待兼山論叢　文学篇』44：pp. 1–16．大阪大学大学院文学研究科
森勇太（2011）「授与動詞「くれる」の視点制約の成立—敬語との対照から」『日本語文法』11 (2)：pp. 94–110．日本語文法学会
森野宗明（1978）「敬語の分類」北原保雄編『論集日本語研究9　敬語』pp. 100–108．有精堂出版
森山由紀子（2003）「謙譲語から見た敬語史、丁寧語から見た敬語史—「尊者定位」から「自己定位」へ」菊地康人編『朝倉日本語講座8　敬語』pp. 200–224．朝倉書店
柳田征司（2011）『日本語の歴史2　意志・無意志』武蔵野書院
油谷幸利（2005）『日韓対照言語学入門』白帝社
李長波（2002）『日本語指示体系の歴史』京都大学出版会
ロドリゲス，J. 著・土井忠生訳（1955）『日本大文典』三省堂
Bühler, Karl (1934) *Sprachtheorie.* Stuttgart: Fisher.（カール・ビューラー　脇阪豊・植木迪子・植田康成・大浜るい子訳（1983/1985）『カール・ビューラー—言語理論（上巻／下巻）』クロノス）
Comrie, Bernard. (2003) Recipient Person Suppletion in the Verb 'Give'. In Wise, Mary Ruth, Thomas N. Headland, and Ruth M. Brend (eds.) *Language and Life.* pp. 265–281. Texas: SIL International and The University of Texas at Arlington Publications in Linguistics.
Fillmore, Charles. J. (1966) Deictic Categories in the Semantics of 'COME'. *Foundations of Language.* 2: pp. 219–227. Dordrecht: D. Reidel Publishing Company.
Fillmore, Charles. J. (1975) *Santa Cruz Lectures on Deixis 1971.* Indiana: Indiana University Linguistic Club.
Householder, Fed W. (1981) *Syntax of Apollonius Dyscolus.* Amsterdam: John Benjamins Publishing Company.
Kuno, Susumu. (1987) *Functional Syntax.* Chicago: The University of Chicago Press.

Levinson, Stephen C. (1983) *Pragmatics*. Cambridge: Cambridge University Press.
Rommetveit, Ragnar. (1968) *Words, Meaning and Messages*. New York: Academic Press.
Swan, Michael. (2005) *Practical English Usage*. Third edition. Oxford: Oxford University Press.

引用例出典

夏目漱石『漱石全集第二巻』岩波書店、1994.
夏目漱石『漱石全集第十二巻』岩波書店、2003.
夏目漱石(作)・深澤晴彦(現代語訳)『現代語で読む名作シリーズ④　現代語で読む坊っちゃん』理論社、2012.
松本清張『砂の器(上)』新潮社、1973.
松本清張『霧の旗』角川書店、1964.
松本清張『影の車』中央公論社、1973.
松本清張『松本清張傑作総集Ⅱ』新潮社、1993.

付記　本稿は、2013年12月8日に筑波大学で開催された「多言語記述のための主観性シンポジウム」での講演内容、及び、2014年8月27日に関西外国語大学で行われた「科学研究費による国際モダリティワークショップ」での発表内容に基づいている。当日、貴重なコメントをくださった方々に感謝申し上げる。また、筆者が担当する大学院の演習(2013年度、2014年度、2015年度)に参加された学生諸氏、並びに、各言語のインフォーマント調査や各種アンケート調査に協力された方々にも感謝申し上げたい。なお、古典語作品のテクスト及び現代語訳は、新編日本古典文学全集(小学館)に依拠している。データの収集にあたっては、「日本語歴史コーパス」(国立国語研究所)、及び、「ジャパンナレッジLib」の恩恵も受けた。現代語を中心とするその他のテクスト(引用例)の出典については上記の「引用例出典」の一覧を参照されたい。

逸脱文の意味と推論

逸脱的な「のが」文の実例考察

天野みどり

1. はじめに

　実際の言語使用場面では、いわゆる文法性という点で逸脱しているように見える文も多く現れる。それらは不自然さが感じられたとしてもコンテクストに応じた適切な意味解釈がほとんど時間をかけずになされるものである。

　逸脱的な特徴を持つ文の意味解釈が可能であることを説明するためには、実際の発話を理解する際に当然のこととして目指されている最終目標地点があるということを言わなければならない。Sperber、Wilson らが提唱する関連性理論ではその目指されているものとは最も関連性の高い（認知効果の高い）解釈であるとされている。聞き手は、意図された具体的な発話は（たとえ逸脱的な部分が含まれていたとしても）期待に足る関連性を持つはずだという認識のもとで、与えられた状況の中で最も関連性の高い解釈を自動的に行うとされるのである。

　また、こうした逸脱文の意味解釈が可能であるということは、人間の発話理解過程には言語形式を文字どおりに解読する過程だけではなく、言語形式を手がかりの１つとした推論の過程があるということでもある。

　本稿の目的の１つは、逸脱的な特徴を持つ「のが」の文の実例を取りあげ、その意味解釈の際に行われる推論がどのようなものであるかを考察することである。もう１つの目的は、文法変化の観点から当該の「のが」を接続助詞「のに」と比較し、文法形式としての定着度に違いがあること、その

ために「のが」「のに」が文全体の意味解釈のために寄与する仕方も異なることを観察することである。

本稿の考察対象とする逸脱的な「のが」文とは以下のような文である。

（1）　入院中は、毎日のように彼女が見舞ってくれた。…略…それでも、心細さは消えなかった。都内の実家を離れ、一人暮らしを始めて3年目。ろくに実家に帰ることはなかった**のが**毎日、病院の公衆電話から家族の声を<u>聞いた</u>。　　　　　　　　　　　　　　　　（「朝日」）
（2）　分類というよりはただ症状をそのまま区分けしていたのに過ぎなかった**のが**、十九世紀になるとひとつの<u>統一概念が登場した</u>。　（「私たち」）

　（1）の「のが」節は、下線を引いた主節述語句「聞いた」の動作主というよりも、いわゆる逆接で結びつく従属節のように見える。また、（2）の主節述語句「登場した」と結びつく主格は直前の「統一概念が」であり、「のが」と結びつく述語句が主節に無いように見える。さらに、これらは許容度が落ちるように感じられる。天野（2014a）ではこうした「のが」文の特徴を逸脱的特徴と呼び、以下のようにまとめている。

（3）　天野（2014a）：「のが」節文に見られる逸脱的特徴
　　　a　当該の「のが」節が、主節述語句から語彙的に予測される主格の意味を表していない。
　　　b　主節述語句が語彙的に要求する主格が、「のが」節の他に顕在する。
　　　c　許容度が高いものから低いものまであり不安定である。

　本稿では以上の特徴を持つ逸脱的な「のが」文を中心的な考察対象とし、まず2節でこのタイプの文の意味についての先行研究を概観する。3節では実例を観察し、逸脱的な「のが」文が文脈情報を参照しながら推論の過程を

経て意味解釈されること、逸脱的部分が意味解釈過程に貢献することを明らかにする。4節では接続助詞「のに」の多機能性と比較し、「のが」「のに」の文法機能の違いを明らかにする。

2. 逸脱的な「のが」文の意味とその解釈過程に関する先行研究

当該の「のが」文の意味について、レー・バン・クー(1988)は「のが」節事態と主節事態との間に〈変遷性〉の意味があるとし、その「のが」節は変遷する前の元来状態を表すとした(pp. 74–75)。例(1)は「ろくに実家に帰ることはなかった」という元来状態Xから、別の状態である「毎日、病院の公衆電話から家族の声を聞いた」という状態Yへと変遷する意味が解釈される。

天野(2014b)では、この〈変遷〉とは「2つ(複数)の〈状態〉を必ず内に含み、それらの〈状態〉を1つの時間的流れの中にあるものとしてまとめ、1つのイベントとして捉えたもの」(p. 31)であり、当該の「のが」文は、2つの事態(状態Xと状態Y)を含む1つの上位の事態、〈変遷イベント〉を表すとした。

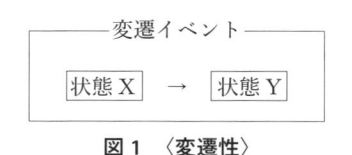

```
┌──── 変遷イベント ────┐
│  [状態X]  →  [状態Y]  │
└───────────────────────┘
```
図1　〈変遷性〉

この〈変遷イベント〉の主体とは、その推移する複数の〈状態〉を共に持つ所有者であり、〈変遷〉を1つの状態変化と捉えれば状態変化者である。ただし、この所有者(状態変化者)は言語的に明示されるとは限らない。例えば先の(1)で言えば、ある入院患者がその〈変遷イベント〉の所有者だと

想定されるが、言語的に明示されているわけではない。

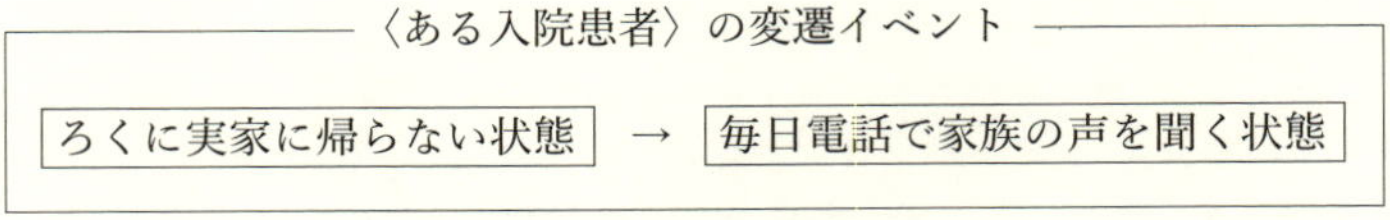

```
┌─────────── 〈ある入院患者〉の変遷イベント ───────────┐
│  ┌─────────────────┐     ┌─────────────────────┐    │
│  │ろくに実家に帰らない状態│ →  │毎日電話で家族の声を聞く状態│    │
│  └─────────────────┘     └─────────────────────┘    │
└─────────────────────────────────────────────────────┘
```

図2　例(1)の〈変遷性〉

　このように、複数の状態が1つの〈変遷イベント〉としてまとめ上げられるということはそれが1人(1つ)の状態変化者に関するイベントとして捉えられているということである。さらに、ここで付け加えておきたいことは、状態Xと状態Yとが比較され、ある1つの〈変化の観点〉を持つものとして捉えられているということでもあるということである。例えば(1)では〈家族と親しくするかどうか〉という観点での変化として2つの状態がまとめ上げられていると解釈される。この〈変化の観点〉については3節で改めて考察したい。

　さて、天野(2014a)は逸脱的「のが」文がこの〈変遷性〉の意味を持つのは、それが《サマ主格変遷構文》という構文類型に属する文とみなされるためであるとした。《サマ主格変遷構文》とは状態変化自動詞を述語に持つ次のような文である。これらには何ら逸脱的な点が無い。

(4)　昨日までの富士山頂の青さ**が**一夜にして真っ白に<u>なった</u>。（天野 2014a）
(5)　同表で対GDP比率ベースの変化をみると、1990年度に赤字3.9%であった**のが**、2000年度には黒字2.4%に<u>なって</u>いる。　　　（「アメ」）

　(4)は名詞＋主格助詞「が」、(5)は「の」節＋主格助詞「が」の例であるが、いずれもサマが主格となり、〈あるモノ・ヒトの一様態・一状況Xが、異なる様態・状況Yに変化する〉ことを表している。逸脱的「のが」文はこの《サマ主格変遷構文》の多くが持つ特徴、すなわち｛①「のが」節が

「〜た・ていた」形や「はずだ・つもりだ」形であり、確定された様態や、確定された予定の様態を表す②2時点の推移を表す時間的要素、推移する条件や契機を表す要素が共起する｝といった特徴を共有する。天野 (2014a) はこうした、文脈的特徴を同じくするという情報が、当該の逸脱文も《サマ主格変遷構文》に所属する文であるとみなす仮説的推論に寄与するものと考えている (p. 40)。

　今問題にしている逸脱的な「のが」文とは、「のが」が主格だとすると、それと直接結びつく動詞が主節述語句に存在しないというものであった。以下の図3で囲んだように、本稿で問題にしている逸脱性は、主節動詞句V2の不適格性ということになる。

　　　　　　　　　　　　　　　　　┌─── 逸脱的部分 ───┐
（Aは）［＿＿＿＿＿V1の］が、［＿＿＿＿＿V2］
　　　　　　「のが」節　　　　　　　　主節

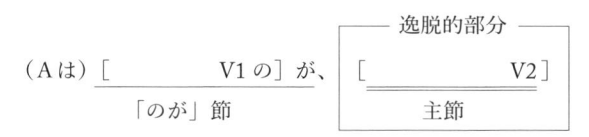

図3　逸脱的「のが」の文の逸脱的部分

　そこで、逸脱的「のが」文を推論により解釈する過程とは、主節動詞句V2をどのようにうまく解釈するかという営みの過程ということになる。天野 (2014a) で論じた逸脱的「のが」文の意味解釈過程を整理すると以下のようになる。

（6）　天野 (2014a)：逸脱的「のが」の文の意味解釈過程
　　　　①逸脱的「のが」文の形式的特徴・意味的特徴に関する文脈情報が参照される。
　　→②文脈情報から、同じ特徴を持つ《サマ主格変遷構文》に所属する文であると仮説的に想定される。
　　→③《サマ主格変遷構文》をベースとして《サマ主格変遷構文》の意味〈あるモノ・ヒトの一様態・一状況Xが、異なる様態・状況

Yに変化する〉が写像される。
→④顕現する主節動詞句 V2 は「のが」と直接結びつく状態変化自動詞ではないが、ベースとする構文の意味③にあてはまるように拡張的に解釈され（変容解釈、補充解釈され）、〈変遷イベント〉の意味が解釈される。

　本稿では、さらに、この逸脱的部分の意味解釈が単に誤りを修正するといったものではないことを明らかにしたい。次節では実際の例文を観察し、逸脱的「のが」文の意味が逸脱的であるが故にベースとなる構文の意味よりも重層的で情報量が増加していること、その逸脱的部分もまた文全体の意味解釈に影響を与え、解釈上の役割を果たしていることを述べる。

3. 逸脱的部分の役割

3.1 意味の増加

　まず、主節動詞句 V2 が「ほっとする・しゃべりまくる・利用する」といった非状態変化自動詞である逸脱的な「のが」文を見てみよう。

(7) ビート・ジェネレーションの作家たちがあんまりアメリカアメリカしていてなじめなかった**のが**、ポール・ボウルズの作品に出会って、なにかほっとしているのは私だけなのか。　　　　　　　　　　（「本に」）
(8) ふだんは静かで、遠慮がちにさえみえる**のが**、ひとつの話題に夢中になると、口角泡をとばしてしゃべりまくるのも、マッテオの特徴で、そんな彼を、友人のなかにはあまりよくいわない人がいるのが、だんだん私にもわかるようになった。　　　　　　　　　　　　　（「地図」）
(9) 骨壺の中に手をさし込み、油紙に包んだものをとり出した。ネガが三枚、手札型のプリントが五枚。もと六枚だった**のが**、一枚は「通訳」の杉浦雄之輔の「顔写真」に利用した。

(レー・バン・クー (1988: 76) 松本清張「聖獣配列」上)

　これらの下線部は、2節で言及した《サマ主格変遷構文》と共通する特徴である。こうした文脈情報により、これらは《サマ主格変遷構文》に属する文であると仮説的にみなされるだろう。しかし、そのようにみなされたとしても主節動詞句が状態変化自動詞ではないために、状態Xと状態Yを比較して得られるはずの〈変化の観点〉が不明である。全体がどのような〈変遷イベント〉であるのかは、「のが」節を手がかりとして、例えばその逆の状況を仮に状態Yとして推論するなどして解釈を進めなければならないだろう。〈変遷〉の意味があるからには状態Yは状態Xとは異なるもののはずであり、その異なりを想定するのにXを否定した状況を推論するのは最もコストのかからない方法だと思われるからである。

　(7)では、「のが」節の表す「なじめなかった」状況を手がかりとして、それとは逆の〈なじめるようになった〉状況が状態Yとして推論されるだろう。この〈なじめるようになった〉という意味は、類推のベースとする構文すなわち《サマ主格変遷構文》の意味である〈変遷性〉を、この文に則して解釈した意味であるため、構文解釈的意味と呼んでおく。他方、実際に顕現している「ほっとしている」の表す意味を形式的意味と呼ぶことにすると、この例からは構文解釈的意味として推論される〈なじめるようになった〉という意味と、「ほっとしている」の表す形式的意味の両方を重層的に得ることになる。ここでは、実際に顕現する「ほっとしている」は、〈なじめるようになった〉という抽象的な判断の根拠となるような1つの具体的事態を表しており、どのようになじめるようになったのかという点で具体的・明示的に叙述するものとなっていることがわかる。

　(8)も《サマ主格変遷構文》の意味が写像されて、「のが」節の表す「静かで、遠慮がちにさえ見える」状況とは逆の、〈うるさくて、遠慮がなくなった〉という状況が変遷後の状態Yとして推論されるだろう。これがこの文に即した構文解釈的意味である。そして実際に顕現しているV2「口角

泡をとばしてしゃべりまくる」からは形式的意味も得られる。この場合も実際に顕現する「口角泡をとばしてしゃべりまくる」の表す意味は、〈うるさくて、遠慮がなくなった〉という構文解釈的意味を、より具体的な事態によって限定的に描写していると言える。

(9)では「六枚だった」という「のが」節とは逆の状況として〈六枚ではなくなった〉という構文解釈的意味が推論される。その意味と重ねて「一枚は~「顔写真」に利用した」という形式的意味が得られるが、この意味からは、「一枚は~「顔写真に」利用した」結果として、〈5枚になった〉という事実がさらに解釈される。ここでは、構文解釈的意味の表す状況に対して、より具体的に〈5枚になった〉という事実を喚起させるとともに、そのような状況を引き起こした理由が「一枚は顔写真に利用した」事態にあることをも明示することとなっているのである。

このように、非状態変化自動詞のV2は構文解釈的意味と重ねて変遷後の状況をより積極的・具体的・限定的に叙述していること、さらにその状況の生じた理由を示している場合もあり豊富な意味を表していることがわかる。

次に、主節動詞句に「のが」以外の主格が結びつき、「のが」の結びつく動詞が無いように見える例を見てみよう。

(10) 分類というよりはただ症状をそのまま区分けしていたのに過ぎなかった<u>のが、十九世紀になると</u>ひとつの統一概念が登場した。（「私たち」）
(11) ジェラード・マンレー・ホプキンズは十九世紀のイギリスの詩人だが、<u>ながいあいだ</u>、マイナーの宗教詩人としか考えられていなかった<u>のが、近年</u>、再評価の声が高い。　　　　　　　　　　　　（「トリ」）
(12) 今までの気象学は『あらしの気象学』だっだか、ほかに近年は『静穏の気象学』が必要になってきた、という話がある。<u>今までは暴風雨を警戒していればよかった</u>のが、<u>近年</u>、静穏な日にも災害がおこる。
　　　　　　　　　（レー・バン・クー (1988: 84) 朝日新聞「天声人語」1972年11月）

これらも下線部のような特徴から《サマ主格変遷構文》に属すると仮説的に推論され、《サマ主格変遷構文》の意味が写像されるが、その場合に「統一概念が登場した・再評価の声が高い・災害がおこる」という「〜がV2」全体を状態変化自動詞の意味に拡張的に解釈しなければならない。天野 (2014a) の示す許容度調査の結果ではこのタイプの許容度は (7) 〜 (9) のタイプよりもさらに低い (p. 45) が、これは拡張的解釈がより困難であるためと考えられる。

　(10) では、《サマ主格変遷構文》の意味を写すことにより「のが」節「区分けしていたのに過ぎなかった」からその逆の状況への変化として〈区分けしていたのに過ぎないという状況ではなくなった〉という構文解釈的意味が推論される。他方、実際に顕現している「1つの統一概念が登場した」の形式的意味は、〈区分けしていたのに過ぎないという状況ではない〉とはどのような状況なのかを具体的に明示していることがわかる。

　(11) も構文的解釈意味として「のが」節の逆の状況の意味、〈マイナーの宗教詩人以外に考えられるようになった〉が推論される。実際に顕現している「再評価の声が高い」はマイナーの宗教詩人以外の評価とはどのような評価であるかを積極的に明示していると言えるだろう。

　また (12) は「のが」節「暴風雨を警戒していればよかった」という状況とは逆の状況への変化〈暴風雨を警戒していればよいのとは違う状況になった〉が構文解釈的意味としてと推論されるだろう。他方、実際に顕現する「静穏な日にも災害がおこる」の形式的意味からは、それを原因として当然導き出される事態として〈静穏な日にも警戒しなければならなくなった〉が推論される。この逸脱的部分V2は、構文解釈的意味として推論される状況が生ずる理由を叙述するものとなっている。

　このように、(10) 〜 (12) のタイプの「のが」も、推論される構文解釈的意味を形式的意味が積極的・具体的・限定的に叙述している点、そのような状況になった理由を合わせて示す場合がある点で、(7) 〜 (9) のタイプと同じである。これらは単に「〜になった」と直接的に状況変化を述べるより

も、ずれた表現をすることによって、より多くの情報を述べることとなっているわけである。

3.2 「のが」節解釈への遡及的貢献

　これまで見てきた逸脱的「のが」の例文は、《サマ主格変遷構文》の意味を写像して主節述語句を解釈する際に、「のが」節の表す状況とは逆の状況を推論すれば、変遷後の状況として一応妥当な解釈が得られるものばかりであった。そして、顕現する主節述語句の形式的意味は、この広い内容を具体化したり限定化したりするのに貢献しているのであった。

　しかし実際には、単に「のが」節の表す状況と逆の状況を推論するだけでは妥当な解釈に至らず、逸脱的な主節述語句の表す形式的意味の解釈から遡及的に「のが」節の表す元来状態の解釈を調整する必要のある場合もある。

　逸脱的な(13)は V2 が非状態変化自動詞「聞く」からなるものであった。

(13)　入院中は、毎日のように彼女が見舞ってくれた。…略…それでも、心細さは消えなかった。都内の実家を離れ、一人暮らしを始めて３年目。<u>ろくに実家に帰ることはなかった**のが**毎日、病院の公衆電話から家族の声を聞いた</u>。　　　　　　　　　　　　　　　　（「朝日」）

　この例では、「のが」節の表す「ろくに実家に帰ることはなかった」という状況の逆として、〈実家に帰るようになった〉状況を推論することが可能である。しかしそれでは主節の表す〈毎日、病院の公衆電話から家族の声を聞いた〉という内容と齟齬を来す。この主節の内容は〈実家に帰っていない〉ことを表しているからである。そこで、「のが」節事態と主節事態とが相互参照され、「のが」節の表す元来状態としては、「ろくに実家に帰ることはなかった」ということから一段抽象化し、そのように〈家族とめったに接しない〉状態だったということが推論されるだろう。また、変遷後の状態の方も、主節の表す「毎日電話して家族の声を聞く」ということから一段抽象

化し、そのように〈家族と頻繁に接するように変化した〉状態を推論するものと考えられる。つまり、「のが」節の示す内容と主節の示す内容とが双方向的に参照され、1つの〈変遷イベント〉としてまとめあげるための〈変化の観点〉が調整的に創りだされていると考えられるのである。この例からは、一方向的に「のが」節部分だけが〈変化の観点〉の創出に貢献し後続の逸脱的部分は拡張的に解釈されるのみだというわけではなく、後続の逸脱的部分も、〈変遷イベント〉の全体像の解釈に向かって影響を与え、一定の役割を果たしていることがわかる。

次の例も、「のが」節だけではなく、逸脱的部分である主節も全体の解釈に役割を果たすことのわかる例である。

(14) ここのミッション系大学に通い始めて十年余り。もとは女子大だった。教員の私も学生も女性同士で、大きな声を出すこともなく静かに文章を作る勉強をやりましょう、とそんな気持ちで通い始めた**のが、男女共学になって学生数も増え、現在の文章講座の教室には往時の倍の七十人近くが席を占めている。** （「縦横」）

「教員の私も学生も女性同士で、大きな声を出すこともなく静かに文章を作る勉強をやりましょう、とそんな気持ちで通い始めた」という「のが節」から、そうでない状況に変化したことを推論するなら、例えば以下のような複数の状態が想定されるだろう。

(15) 例文(14)の「のが」節から推論される変遷後の状況
  a 女性同士ではなくなった
  b 大きな声を出すようになった
  c 静かでなくなった
  d 文章を作る勉強をやらなくなった
  e 通わなくなった

変遷後の状況はこのすべてであるのか、いずれかであるのか、あるいはこれらとは関係のない他の状況であるのかは、「のが」節の叙述だけでは特定できない。

後続の「男女共学になって学生数も増え、現在の文章講座の教室には往時の倍の七十人近くが席を占めている」が主節だとすると、そこから(15)の中で妥当だと明示的にわかるのは「女性同士ではなくなった」という状況だけである。

しかし、この逸脱的部分である主節述語句は「のが」節から想定される変遷後の状況を単に絞り込む役割だけではなく、「のが」節の表す元来状態に対して新たな解釈を付加する役割も果たしている。すなわち、主節述語句は以下の(16)のような状況を伝えており、(16)bからは元来状態として「のが」節が明示しなかった「受講生数が少なかった」という状況が遡及的に推察されるのである。

(16) 例文(15)の主節が伝える状況
    a　女性同士ではなくなった
    b　学生数が増え、受講生数が倍増した

この例でも、「のが」節だけではなく逸脱的部分である主節の表す内容も参照されることにより、最終的には〈女性だけで受講生も少なく、大きな声も出さず静かだった〉状態から、〈男性も受講し受講生数が大変多く、大きな声を出すこともあり静かでない〉状態に変化したという全体の〈変遷イベント〉についての解釈が得られることがわかる[1]。

逸脱的部分であるV2は、構文解釈的意味に重ねて、その意味を具体的・限定的に明示したりその状況変化の理由となる情報を加えたりと、変遷後の状況変化の意味を豊かにする役割があるとともに、遡及的に「のが」節の表す元来状態の意味についても調整を加えたり、文全体の表す〈変遷イベント〉の意味解釈に手がかりを与えたりする役割も果たしているのである。

4. 接続助詞「のに」との意味特徴に関する異なり

4.1 「のに」の意味

　前節で述べたことを意味の拡がりという観点から述べ直すならば、逸脱的な「のが」文は、《サマ主格変遷構文》の表す状態変化の意味の他に、ずれのある動詞句の表す意味をも重ね合わせて意味の拡がりを生じさせているということになる。逸脱的「のが」は接続助詞「のに」と比較されることがよくあるが、逸脱的な「のが」文の意味の拡がりは、接続助詞「のに」の意味的拡がりとは異なる種類のものであることをここで述べておきたい。

　この「のが」は「のに」に言い換えてもさほど意味が変わらない場合が確かにある。しかし、逸脱的な「のが」文は基本的に〈変遷〉の意味、「のに」文は前田（2009）が述べるように〈食い違い〉の意味を表すのであって、〈変遷〉の意味がたまたま逆接の意味に合致する状況において「のに」に言い換えられるに過ぎない[2]。本稿ではこの立場を引き継ぎ、さらに「のが」には「のに」の持つ話し手の否定的評価の意味や非従属的用法の意味が無いことを述べる。

　前田（2009）は従属的「のに」には①逆原因②非並列・対照③予想外④不本意な事態を生み出した状況という4つの意味用法があるとし、この4つに共通する「のに」の基本的な意味は「話者による食い違いの認識を表す」ことであるとしている。また、このほかに非従属的な「のに」の用法として2つの意味用法を挙げている。

(17)　前田（2009）：「のに」の意味
　　　従属的「のに」
　　　　①逆原因　　　　　　　　　〈一生懸命勉強した<u>のに</u>、合格できなかった。〉
　　　　②非並列・対照　　　　　　〈兄は数学が得意な<u>のに</u>、弟は古典が得意だ。〉
　　　　③予想外　　　　　　　　　〈合格すると思っていた<u>のに</u>、合格できなかった。〉
　　　　④不本意な事態を生み出した状況

　　　　　　　　　　　　　　　　　〈勉強しに来たのに、図書館が閉まっていた。〉
　　非従属的「のに」
　　①意外感の表出　　　　　　　　〈一生懸命勉強したのに、残念です。〉
　　②終助詞的用法　　　　　　　　〈あ〜あ、せっかく一生懸命勉強したのに。〉

　「のが」との違いを考察する上で重要なのは、「のに」には必ず以下の3点が表されているという前田（2009）の指摘である。すなわち「話者が、前件と後件は対立することがらであり、通常ならば結びつくことはないと予測あるいは期待していること」「それにも関わらず同時に成立していることを事実として確認していること」「それに対して違和感や驚き・意外感などを感じていること」の3点である（p.206）。

4.2 「のが」「のに」の違い①主観的な意味

　前田（2009）によれば「のに」は話者が違和感や驚き・意外感などを感じていることを表し、「ありえない・不可能だ・無理だ・変だ」といった違和感・否定的な評価表現を後接できるが、「当然だ・可能だ・もっともだ」といった肯定・当然視した評価表現は後接しにくいということである（p.218）。

(18)　お金がないのに留学するのは、{ありえない／不可能だ／無理だ}。
(19)??お金がないのに留学するのは、{当然だ／可能だ／もっともだ}。

　では「のが」はどうだろうか。「のが」について様々な評価表現を後接させてみると、否定的（20）・肯定的（21）のいずれも可能であることがわかる。

(20)　さきほどまで小さくかしこまっていたのが、遠慮もなにもなくなってしまったなんて、{ありえない／不可能だ／変だ}。
(21)　ジェラード・マンレー・ホプキンズは十九世紀のイギリスの詩人だが、ながいあいだ、マイナーの宗教詩人としか考えられていなかった

のが、近年、再評価の声が高いのは、{当然のことだ／もっともなことだ／ありえることだ}。

「のが」文から主観的評価の意味が解釈されるとしても、文脈により肯定的または否定的評価の意味が語用論的に解釈されるのであり、「のが」文自体が固定的に主観的評価を表すわけではないと言えるだろう。

「のが」文には〈変遷〉の意味がコード化されているのみで、話者の否定的評価の意味までコード化されているわけではないのに対し、「のに」文は2つの事態を接続して叙述する意味に加え、主観的評価の意味までコード化され用法の拡がりがあるという違いがあるのである。

4.3 「のが」「のに」の違い②非従属的用法

また、前田(2009)では「のに」の非従属的用法を2点挙げているが、「のが」にはそのいずれにも該当する用法はない。まず、「のに」の非従属的用法の第1は、「のに」の後に否定的評価表現が直接連接する用法である(22)。これに匹敵するような、主節の無い「のが」の文は以下の(23)～(25)のように許容されがたい。(23)～(25)では、「のが」が「嬉しい・残念だ」という評価表現の直接的な主格として優先的に解釈されてしまい、「のが」の後件として〈そうでなくなった〉状況を予測した上でその変化が「嬉しい・残念だ」と評価するという意味には解釈されにくいのである[3]。

(22) 勉強した**のに**、残念です。　　　　　　（成果が出ず残念だの意味）
(23) ?さきほどまで小さくかしこまっていた**のが**、嬉しいです。
　　　　　　　　　　　（かしこまらず嬉しいの意味には解釈されがたい）
(24) ?はじめ全員が工場の出す食事をとっていた**のが**、残念です。
　　　　　　　　　（工場の食事をとらなくなり残念の意味には解釈されがたい）
(25) ?灯火管制だった**のが**、嬉しいです。
　　　　　　　　　（灯火管制でなくなり嬉しいの意味には解釈されがたい）

「のに」は後続が言語化されていなくても意外性・否定的評価の事態が生起したということが義務的に喚起される。この用法における「のに」は、前件の事態がどのような事態と接続されるかを後件で具体的に叙述するというよりも、接続される事態に対する意外性・否定的評価のみを示すように、意味の稀薄化が生じていると言える。それに対して、「のが」は前件のみでは意味的充足度が低く、後件に具体的事態の叙述が必要であり、事態意味の実質性が求められていると言える。

　次に、「のに」の非従属用法の第2として挙げられる、終助詞的用法とは以下の(26)のようなものである。これに匹敵する「のが」の文(27)(28)も許容し難い[4]。

(26)　勉強した**のに**。
(27) ?分類というよりはただ症状をそのまま区分けしていたのに過ぎなかった**のが**。
(28) ?灯火管制だった**のが**。

　この場合も「のに」文は、そこで終始しても意外性・否定的評価の事態の生起が喚起される。他方、「のが」文の場合にはそこで終始すると意味的に不完全な感じがするだろう。終助詞的用法も「のが」には無いのである。

　このように「のが」は非従属的用法は持っていないと言える。4.2で見たように「のが」には主観的な評価的意味が固定しておらず、主節述語句も含めた〈変遷イベント〉の意味から語用論的に評価的意味が解釈されるに過ぎない。従って、主節述語句を表さずに評価的意味のみを表す非従属的用法も無いのである。

4.4　文法変化の観点からの整理

　こうした「のが」と「のに」の意味の拡がりの違いは文法変化の進度の違いとして説明することができるだろう。

現代語の「のが」にも「のに」にも、「の節」に格助詞が付いて主節述語句に対する補語を形成する用法がある。これを第1用法とし、格助詞用法と呼んでおく。この用法では「が」「に」が組み込まれるそれぞれの構文類型に応じて、制約された動詞類のみが主節述語句に現れる。当該の「のが」の「が」は《サマ主格変遷構文》に組み込まれた「が」であり、その述語句は状態変化自動詞に制約されている。格助詞は命題の叙述に関わる文法機能を果たし、「のが」「のに」の後続で表される事態に関する話し手の主観的評価の意味が固定化されているわけではない。

(29)　予定額が1億円だった**のが**2億円になった。
(30)　葉子はガスが漏れている**のに**気づいた。

　現代語の「のが」には、第2用法として、構文類型により制約された動詞類以外が主節述語句に現れる、拡張的用法が見られる。本稿で中心的な考察の対象とした逸脱的な「のが」文である。この「のが」を接続助詞的用法と呼んでおく。この段階は述語句の制約がはずれて一般的に拡張し、より抽象化しているという点では文法変化の段階が進んでいるように見える。しかし、その述語句の意味を《サマ主格変遷構文》の意味に即して解釈するという点、またその場合に、許容度が低くなるという点で、独立した用法として定着しているとは言えない。

(31)　私は滅多に家に帰らなかった**のが**毎日電話で声を聞いた。

　なお、この段階の「のに」の用法は現代語には見られない。
　「のに」の後続が第1用法に見られるような制約された動詞類ではなく、様々な述語句と結びつくようになったものは、第1用法の構文類型の意味に解釈されることはなく、許容度も低くなることはない。「の」＋格助詞「に」から接続助詞「のに」が生まれ独立用法として定着していると言える

のである。これを第3用法として、接続助詞用法と呼んでおく。この「のに」は前件と後件を〈食い違い〉の意味で接続し、後件の事態に関する話者の否定的評価の意味が固定化されている。この〈食い違い〉の意味も主観的評価の意味も、第1用法の「のに」には無い意味である。この段階の「のが」は4.2で見たように無い。

(32) 勉強した**のに**不合格だった。

さらに「のに」は第4用法として「のに」の後件、すなわち主節述語句の現れない非従属的用法がある。これを終助詞的用法と呼んでおく。この用法も、4.3で見たように「のが」には無い。

(33) 勉強した**のに**、残念です。
(34) 勉強した**のに**。

以上の各用法と「のが」「のに」の有無を示したのが表1である。表1には、天野(2014a)の「の」節の名詞性テストの結果についても参考までに記入してある。

表1 「のが」「のに」の用法の拡がり

文法化の段階		出現する文法形式の関係	のが	のに	名詞性
第1用法	格助詞用法	の節＋格助詞＋制約された動詞	＊	＊	△
第2用法	接続助詞的用法	の節＋格助詞＋一般述語句	＊		△
第3用法	接続助詞用法	接続助詞＋一般述語句		＊	×
第4用法	終助詞的用法	接続助詞＋ϕ		＊	×

第2用法・第3用法では動詞類の制約が解かれ一般化・抽象化が生じ、それに加えて第3用法では主観的意味の固定化がある。第4用法では主観的意味の固定化に加えて動詞類の制約が完全に失われ、形式の縮約が生じて

いる。

　第1用法と第2用法は格助詞、第3用法と第4用法は接続助詞の用法と大きく二分して捉えるなら、「のが」は「の」＋格助詞としての用法を持つのみだが、「のに」は「の」＋格助詞という用法と接続助詞としての用法の両方を持ち、多機能的だということになる[5,6]。

5.　おわりに―なぜ逸脱的な文を用いるのか

　本稿では、逸脱的な特徴を持つ「のが」の文の実例を取りあげ、その意味解釈の際に行われる推論がどのようなものであるかを考察した。本稿は構文をベースとした類推が行われるとする立場だが、その際、逸脱的部分以外の文脈情報だけではなく逸脱的部分の情報も解釈過程に貢献すること、相互に参照され調整的に意味が創り上げられることを見た。この結果から、逸脱的な「のが」文の使用には積極的な理由があると考えられる。「Xのが」までの言語形式・コンテクスト情報により、聞き手は慣習的に《サマ主格変遷構文》に属するものであると予測できる。その予測に構文の意味である〈変遷性〉の意味解釈をゆだね、それに加えて、変遷後の具体的な状況の意味やその変遷の理由の意味を、状態変化自動詞であるべきという制約からずれた形式の選択となっても、言い表す意図が発話者にはあると考えられるのである。単なる言い誤りではなく、構文という型が共有されているからこそ多少の許容度の低下と引き替えに創造的な表現を行う。この種の逸脱的表現は日常の言語使用場面ではごく普通に行われることであろう。

　このように「のが」が後続の形式を予測させるほどにパターン化しているとは言え、接続助詞として定着している「のに」とは異なることを本稿では見た。一見どちらも逆接的意味を表すように見えるが、「のが」の逆接的な意味合いは語用論的な意味であり、「のに」の逆接的意味がコード化されているのとは異なる。

　逸脱的な文の意味解釈に関わる推論の機構を解明するには、心理学・心理

言語学による実験的アプローチも成果が期待されるが、日本語学分野からも、多くの実例の精密な観察を重ねることにより提起できる事柄があると思われる。

注

1 (15) a の他、明示されていなくても意味的に合致する bc はわざわざ言われている以上関連性があるとみなされ採用され、主節の形式的意味と衝突する (15) de は棄却されるだろう。解釈はこの他にもあり得る。例えば「そんな気持ちで通い始めた」という言語形式は、軽い気持ちで始めたが精神的負担のかかる事態に変化していることを示しているとも考えられる。
2 天野 (2014a) では「のが」には基本的に逆接の意味がないことの他、「のに」が主節述語句に特定の動詞タイプを必要とせず許容度の揺れがない・「の」名詞節の名詞性が低いという違いがあることを示している。
3 「せっかく」など、否定的な変遷後の状況を予測させる表現があると、〈台無しになった〉などの主節事態を推論により補充しやすく、非従属的用法が許容しやすい。
　　　　（ⅰ）　せっかくプレゼンテーションまでうまくいっていたのが、残念です。
4 この場合も「せっかく」があると許容度が上がるように思われる。
　　　　（ⅰ）　せっかく橋が完成したのが。
5 青木 (2014) は、接続助詞「のに」の成立に関し構文的・意味的側面から考察している。そこでは「のに」と同様に「のが」も「接続関係を表すものへと「変容」したことを示している」(p. 87) とする。天野の一連の研究も、「逸脱」「接続助詞的」という用語が示すように、「のが」が格表示機能から接続機能へと一歩拡張していることは認めている。しかし、青木 (2014) には天野 (2014a) が「のが」を「「格」という範疇に無理やり収めようとする」(p. 86) という記述が見られる。天野の一連の研究は、無理やり収めようとしているのではなく、許容度の低下現象や、解釈される意味、名詞性テストの結果から、接続助詞として定着している「のに」や「ので」とは異なると判断し、接続助詞的という位置づけを行っているのである。このような根拠を考慮に入れない立場もあり得るので、どこまでを格助詞と呼びどこからを接続助詞と呼ぶかは、研究者により異なるだろう。そのような位置付けの異なりは天野の一連の研究においてはさして重要なことではな

い。重要なのは、第1に許容度が下がり逸脱的だと思われる文の意味解釈過程に、構文が役割を果たすことを明らかにすることであり、第2に現代語の「のが」「のを」「のに」の意味の異なりを見るのに、その由来である格助詞「が」「を」「に」との関係を見ることの重要性を示すことである。このようなことを論じるのに、許容度の低下現象や、解釈される意味、名詞性テストの結果は無視できない差違なのである。

6 天野（2015）では、接続詞的「それが」を考察している。接続詞的「それが」は許容度が接続詞的「のが」ほど低下しない。また、本稿の第4用法のように後件が言語化されない用法も見られ、より接続機能が定着していると言えるかもしれない。ただし、一般に逆接の接続詞とされる「だが・しかし・けれども・でも」とは異なる特徴も有する。

参考文献

青木博史（2014）「接続助詞「のに」の成立をめぐって」青木博史・小柳智一・高山善行編『日本語文法史研究2』pp. 81–105．ひつじ書房

天野みどり（2014a）「接続助詞的な「のが」の節の文」益岡隆志・大島資生・橋本修・堀江薫・前田直子・丸山岳彦編『日本語複文構文の研究』pp. 25–54．ひつじ書房

天野みどり（2014b）「サマ主格変遷構文の意味と類推拡張―「のが」型の主要部内在型関係節文と接続助詞的な「のが」文」『和光大学表現学部紀要』14．pp. 27–40．和光大学表現学部

天野みどり（2015）「格助詞から接続詞への拡張について―「が」「のが」「それが」」阿部二郎・庵功雄・佐藤琢三編『文法・談話研究と日本語教育の接点』pp. 99–118．くろしお出版

前田直子（2009）『日本語の複文―条件文と原因・理由文の記述的研究』くろしお出版

レー・バン・クー（1988）『「の」による文埋め込みの構造と表現の機能』くろしお出版

Carston, Robyn. (1996) Enrichment and loosening: complementary processes in deriving the proposition expressed? *UCL Working Papers in Linguistics* 8: pp. 205–32; reprinted 1997 in *Linguistische Berichte* 8, Special Issue On Pragmatics: pp. 103–27.

Carston, Robyn. (2002) *Thought and Utterances: The Pragmatics of Explicit Communication*, Oxford: Blackwell.（ロビン・カーストン　内田聖二・西山佑司・武内道子・山崎英一・松井智子訳（2008）『思考と発話―明示的伝達の語用論』研究社）

Sperber, Dan and Deirdre Wilson. (1995) *Relevanse: Communication and Cognition*. 2nd ed., Oxford: Blackwell.（D. スペルベル・D. ウィルス　内田聖二・中逵俊明・宋南先・田中圭子訳（1999）『関連性理論―伝達と認知　第2版』研究社）

例文出典

「朝日」=『朝日新聞』「患者を生きる」2011.7.13 日刊／＊「私たち」=春日武彦(2002)『私たちはなぜ狂わずにいるのか』新潮社／＊「アメ」=谷博史(2003)『アメリカの福祉国家システム―市場主導型レジームの理念と構造』東京大学出版会／「本に」=須賀敦子(1998)「本に読まれて」(中公文庫 2001)／「地図」=須賀敦子(1999)「地図のない道」(新潮文庫 2001)／「トリ」=須賀敦子(1995)「トリエステの坂道」(新潮文庫 1998)／「縦横」=村田喜代子『縦横無尽の文章レッスン』朝日新聞出版／集英社／＊「白書」=(2002)『国民生活白書平成 13 年度』内閣府ぎょうせい(＊は国立国語研究所『書き言葉均衡コーパス』を利用させていただいた。)

付記 本研究は JSPS 科研費 25370527 の助成を受けたものです。

条件節で疑問文を引用する構文

認知語用論的考察

山泉実

1. はじめに

　日本語では次のように疑問文を条件節で引用する表現がしばしば見られる。

（1）　一つの場所で三基以上の複数のユニットを抱えている原子力発電所というのは、私は物すごく珍しいんだと思うんです。<u>なぜ珍しいかというと</u>、それは複合事故ということを恐れたからですね。（第 183 回衆議院本会議会議録。下線は筆者による。但し書きのない例は以下同様。）
（2）　でありますから、<u>総理の答弁が間違っているかといえば</u>、白書に従えば間違ってはいない。
（3）　［(2)の続き］しかし、<u>実態の中で、非正規雇用の増加等で変化があるかないかといえば</u>、確かにその変化もあるところだろうというふうに思っております。

本稿では上のような条件節を QPQ (Quoted and Preempted Questions)、引用された疑問文に答える主節も合わせたものを QPQ＆A と便宜的に呼ぶことにする。ここで注意すべきは、(4)のような実際の疑問文発話を条件節、その答えを主節で引用した条件文は QPQ＆A ではないとすることである。

(4) 大切なことは、この集団的自衛権については、残念ながら、国民的にはまだよく理解をされていないわけでありまして、例えば、私の友人に<u>集団的自衛権の行使について賛成してくれますかと言うと</u>、それは反対だと<u>言うんです</u>。

QPQ & A は (4) のような例にはない構文独自の興味深い特徴を多く持っている。本稿では QPQ & A の特徴について次節で記述した後、主に以下の2点を論じる。1. 引用された疑問文の本質は何か。先行研究に従って自問自答と捉えてよいのか (3・4節)。2. 条件節の「〜かというと」に対応する「と答える」のような形式 ((4) の「<u>と言うんです</u>」に相当するもの) が主節に無くてもよいのはなぜか (5節)。

2. QPQ & A の形式

まず、QPQ & A がどのような形をとるのかを明確にしておこう。QPQ & A は各種疑問文を発話・思考の動詞で引用したものが条件節になっていて、主節でそれに答える (あるいは少なくともそれに答え始める) もので、形式をスキーマ的に表すと次のようになる。

(5) ［疑問文 (か)］と／って (発話・思考の動詞) (条件表現) ＋主節

上で ( ) が付いている要素が省略された例も観察される。例えば次は全て省略されているものである。

(6) 公務員でなくてもいい、でも、<u>何が悔しいって</u>、お客様から、民営化してサービスが悪くなったと怒られることです、(中略) と、涙ながらに私に話してくれました。(第174回衆議院会議録)

しかし、上のような例には、要素の省略を含まない QPQ ＆ A には見られない特徴がある。たとえば、引用の助詞は「って」に限られ「と」を用いることはできない。

（6）′ *何が悔しい<u>と</u>、お客様から、民営化してサービスが悪くなったと怒られることです

引用の助詞が口語的な「って」に限られるということは、話し言葉において QPQ ＆ A から新たな構文が発生したことを示唆し、非常に興味深い。しかし、この制限は同時に、上のような例では QPQ ＆ A とは別個の構文が具現していることをも示している。従って、このような省略的な例は本稿では扱わない。

　以下、QPQ ＆ A の各構成要素についてコメントする。

疑問文　各種疑問文が引用され得る。（1）は疑問詞疑問文、（2）は肯否疑問文、（3）は選択疑問文が引用された例である。疑問詞疑問文にはどのような疑問詞も現れることができる。疑問詞疑問文のものが最も多く、肯否疑問文のものが続き、選択疑問文のものは「どちらかというと」のような定型化したものを除くと少ない。

　通常、引用節には、南（1993）で論じられているような従属句に現れ得る要素の制限がほとんどない。しかし、藤田（2000: 415）が指摘するように、QPQ に伝達のムードを表す終助詞を入れるとかなり不自然になる。

（7）?そんなことがあるかよというと、残念ながらやっぱりない。

　　　　　　　　　　　　　　　　　　　　　　　　　（藤田 2000: 415）

このことは QPQ が通常の引用節とは異なる性格のものであることを示唆する。

疑問の「か」　QPQ ＆ A では、（6）のような省略的なもの以外、「か」がな

いことは稀である[1]。その理由として、疑問文であることをイントネーションに頼らずに明示するために「か」が用いられるということが考えられる。つまり、QPQ では独立した疑問文のイントネーションにならないことが多いため、それを補うということである。筆者が調査した限りでは、疑問文末はその他の点でも形式的多様性に乏しく、「だろう」が使われているものや「かな」で終わるものも稀である。ただ、ノダ文の「の」にあたる「の」は「か」の前によく用いられる。

引用の「と／って」 省略的な例では引用の標識が「って」に限られることは前述した通りである。一方、そうではない QPQ＆A では「と」も全く自然に用いることができる。ただし、本稿がデータとした国会会議録（第 183 回衆議院）では、省略的な例以外の QPQ＆A では、文字化の際に「って」が一律に「と」に整文（松田 2008）されているようである。

発話・思考の動詞 引用された疑問文を補語とする発話・思考の動詞が続いて用いられる。「いう」「思う」「おっしゃる」「考える」「申す」を表記の異なる形や丁寧形を含めて検索した限りでは、「いう」が圧倒的多数を占める。

なお、藤田（2000: 411）が指摘する通り、少なくとも「いう」には主語をたてることができず、この点、動詞らしさを失いつつある。ただ、「言われると」のように受け身の「れる・られる」（尊敬と区別しがたいものも少なくない）の入った動詞が QPQ＆A で使われることも確かにある。しかし、「れる・られる」の入った動詞で疑問文が引用されている場合、次の例のように、主節が疑問の答えではなく、前件が引き起こす事態そのものであることが少なくない。

（9） これは、私どもとしてはなかなか、説得する妙手が今現にあるのかと言われると答えに窮するのが実態です。

主節が引用された疑問の答えでないこのような例も QPQ＆A とはみなさない。

条件表現　「と」「ば」「たら」「なら」のどの形も可能であり、この構文においては目立った意味的な差はない。しかし、現代日本語の QPQ & A においては、「と」が使われている用例が大多数を占める。QPQ & A で「と」が用いられることが多い理由としては、「と」の機能（たとえば「話し手が事実として認識している依存関係を表す」（益岡・田窪 1992: 192）と相性が良いということが考えられる [2]。

条件節と主節の意味関係　QPQ & A は条件節と主節の意味関係に特徴がある。QPQ & A でない普通の疑問文の引用では、(9) のように、後件（主節）の事態の成立が前件（条件節）の事態の成立に依存する。つまり、文全体としては内容条件文（スウィーツァー 1990/2000）になる。一方、QPQ & A では条件節と主節がこのような意味関係にない。例えば (1)（なぜ珍しいかというと、それは複合事故ということを恐れたからですね。）では、誰かが「なぜ珍しいか」と言うかどうかは、〈（原子力発電所を建てた者が）複合事故ということを恐れた〉という事態の成立に影響を与えない。QPQ & A の前件と後件の関係は、QPQ & A がスウィーツァー（1990/2000）や藤井（2012）などで論じられている発話行為条件文（speech-act conditionals、言語行為条件文ともいう）であると考えると、普通の内容的条件文との違いがわかりやすいだろう（ただし、本稿 5 節ではこの分析は採らない）。発話行為条件文とは、前件が後件の発話行為の関連性条件や適切性条件を述べるものであり、「「もし…［＝前件の内容］ならば、私はこの言語行為［＝後件の内容］を遂行する（と考えよう）」という公式によって適切に言い換えられる」（スウィーツァー 1990/2000: 173）ものである。その例として以下のものを検討しよう。

(10)　手術をご検討でしたら、こちらに可能医療機関と医師のリストがあります。
　　　　　　　　　　　　　　　　　　　　　　　　　　（藤井 2012: 113）

この例では、前件の〈（聞き手が）手術を検討している〉ということは、後件の発話行為、すなわち〈こちらに手術が可能な医療機関と医師のリストが

ある〉という情報の提供が適切に行われるための条件になっている。QPQ＆Aの前件も同様に考えることができる。

　(10)の例は、聞き手が手術を検討していると話し手が確信している場合だけでなく、確信していない場合にも用いることができる。つまり前件が成り立たない場合が排除されていない。一方、QPQ＆Aでは、話し手は前件が成り立たないこと、つまり、「〜か」と言わない場合を想定していない[3]。実際、QPQ に命題事態の蓋然性に対する話者の否定的認識態度を明示化する副詞的語句——「もし（も）・仮に・万（が）一・たとえ」（藤井 2012: 117）——が現れることは極めて少ない。今回データとした第 183 回衆議院の国会会議録では、それらを含む QPQ は下の例しか見つからなかった。

(11)　その上で、やはり安全対策の徹底のために、<u>もし本当にどうしてもそういうものが必要かといったら</u>、選択肢の一つかもしれませんが、今すぐここで私が必要だ、必要でないということは、言うのは避けさせていただきたい。

主節　QPQ＆Aは、現実にあった疑問文発話とそれへの答えの引用（たとえば(4)）と主節においても異なる点がある。(4)の主節では最後に「と言うんです」という引用を明示する形式が示されていて、これは普通省略されない[4]。一方、QPQ＆Aでは、主節は引用された疑問文の答えに相当するにもかかわらず、「(〜か？)と言えば、〜だ<u>と私は答える</u>。」のようなメタ表示（4.1 参照）の標識は不要であり、実際にないのが普通である。この点は 5 節で詳しく論じる。

3.　QPQ で引用されている疑問文の性質—「前置き」「自問（自答）」ではない特徴付け

　本節では、QPQ で引用されている疑問文とその答えの性質を議論し、

QPQ&Aは解説疑問文の引用とその答え（解説）であると主張する。

　先行研究においてQPQを含む表現のカテゴリーが「前置き」と特徴付けられていることがある。たとえば、角田（2004: 47）では「～と言うと」「～と述べると」などが「遂行発話動詞を用いる前置き的な表現」と言われている。また、日本語記述文法研究会（2008: 98）では、QPQが慣用化した「どちらかと言ったら」が「思考や発言を表す動詞に接続して、発言の前置きとして機能」する条件文の例として挙げられている。なぜ疑問文を引用すると発言の前置きになるのだろうか。より詳しくQPQを特徴付けることはできないだろうか。

　また、QPQには単純な疑問文の分類では捉えきれない性質がある。益岡・田窪（1992：第7章）では、疑問文を語用論的観点から「未知の部分の情報を相手に求める質問型」と「自分自身に問いかける自問型」に分類している。そこで挙げられている両者の性質と照らし合わせると、QPQはどちらとも言い難いのである。質問型の疑問文では「相手の方が自分より当該事項に関する知識が多いことが想定される」(p. 135)。また、普通体の疑問詞疑問文または選択疑問文では「原則として「か」が使えない」(p. 137)。

(12)　a.　昨日の夜、何を食べた？　　　　　　　　　　（作例）
　　　b. ?昨日の夜、何を食べたか？

一方、QPQでは「か」は2で述べたように基本的に欠くことができない。また、QPQの話し手は、自分の方が聞き手よりも当該事項に関する知識が多いと普通想定しているだろう。一方、自問型の疑問文は、「だろう＋か」の形が可能である(p. 137)という点ではQPQと共通するものの、丁寧体が使えない(p. 136)という点ではQPQと異なる。従って、QPQは質問型・自問型の二分法では捉え難い。

　QPQ&Aを扱った研究で、ある程度まとまっているものに目を向けると、管見の及ぶ限り高橋（1999）と藤田（2000：第4章二―3）がある。前者

はジャンル文体研究の立場から、QPQ＆AだけでなくQPQの疑問文が独立文として現われたものをも扱っている。後者は、現代日本語の引用表現全般を意味—統語的に文法論の問題として扱ったものである (p. 1)。どちらの研究もそれぞれの立場から重要な指摘を多く含んでいるが、ここでは、どちらの研究もQPQ＆A（や疑問文が独立文になっているもの）を「自問自答」の形式としていることを問題にする。

　藤田は疑問文を引用した「〜というと」「〜といえば」を次のように特徴付けている。

> 話し手が自ら問いをもち出し、また答えるという自問自答の形式といえるが、少しく厳密に意味記述するなら「文脈上（あるいは、通念的に）その場面で問題となってくる疑問の事項を自覚的にとり上げ、以下にその説明を示そうとする話し手の姿勢を示すもの」とでもいえよう。
>
> (p. 412)

QPQ＆Aを自問自答の形式とすること以外、筆者に異論はない。高橋は「自問自答形式の疑問表現」を〈自問表現〉と略し、「疑問表現のうち、疑問表現の表現主体と同一の表現主体による答えの表現のあるもの」(p. 57) と定義している。しかし、実は、高橋は扱った表現が自問自答とは厳密には違うということを自覚している。「自問表現」が〈　〉に入っているのは、高橋が「本来の意味でのいわゆる自問自答が言語化した表現」(p. 57) としている次のようなものと区別するためなのである。

(13)　あれ、今日は何曜日だっけ？〔少し考えてから〕あぁそうか、水曜日だったな。
　　　　　　　　　　　　　　　　　　　　　　　　　　　　　　(p. 72)

〈自問表現〉は、話し手が疑問を抱かない点が本来の意味での自問自答と異なるとされている (p. 57)。ここからQPQ＆Aには「自問自答」よりもふ

さわしい捉え方があることが示唆される。実際、QPQ & A を自問自答と考えると理解に苦しむ点がいくつかある。

　第一に、QPQ & A は、聞き手（読み手を含む）の存在が前提となっている点が本来の自問自答とは異なる。QPQ & A の話し手は自分が疑問に思っていることを言語化しているのではない。話し手は答えを知っており、発話の場における聞き手の知識・意識を考慮して、その時点で聞き手・読み手が疑問に思うかもしれないことを先取り（preempt）して QPQ として言語化していると考えられる。QPQ & A を単なる「自問自答」と考えると、このような側面を捉えられない。QPQ & A の語用論的特徴付けには聞き手の存在を考慮に入れる必要がある。

　第二に、QPQ の発話・思考動詞が尊敬語の「おっしゃる」であることが珍しくない。その場合には直前に話し手が受けた質問の引用になっていることが確かに多いが、そうでないものもある。引用された疑問を「おっしゃる」のは、実際に言ったかどうかはともかく、話し手以外（通常は聞き手）ということになるため、これを自問として捉えるのは不適当であろう。そして、直前に聞かれたことを引用している QPQ & A の例でも、そうでないものと言語形式上の違いはない。QPQ & A を「自問自答」と特徴付けるのは、そのような例が排除されるという点でも妥当ではない。

　さらに、話し手だけでなく聞き手さえ明らかに答えを知っている疑問文が引用されている例もある。

(14)　水岡俊一君：［前略］そういったもののあっせん事案の件数は幾らか総務省つかんでおられると思いますが、いかがでしょう。
　　　国務大臣（増田寛也君）：お尋ねの件数でございますが、今年の三月二十八日現在で十七件ございました。十七件でございます。
　　　水岡俊一君：総理、十七件なんですよ。<u>どれほどあるかって</u>、何万件もある話じゃなくて［後略］

この場合、もちろん本来の意味での自問自答ではないし、聞き手の疑問に答えているわけでもない。内容的には誰にとっての疑問でもない。この例が示唆するのは、QPQ&Aの本質は、質問（情報要求）をするということや、それに答えるというような発話行為の観点だけでは捉えられないということである[5]。

以上の議論から、「自問自答」のような直観的かつ前理論的な捉え方は、QPQ&Aの語用論的特徴付けとして問題があることが明らかになった。

4. 関連性理論による QPQ&A の分析

以下では、関連性理論の枠組みによってQPQ&Aを分析し、この枠組でQPQ&Aの妥当な語用論的特徴付けができることを示す。

4.1 疑問文の意味論と語用論——関連性理論の観点から

まず、関連性理論で疑問文がどのように分析されているのかをWilson and Sperber (1988/2012) に基づいて説明する[6]。一言で言うと、「疑問文は、話し手が（誰かにとって）関連性がある答えとみなすものを表示するために解釈的に用いられる」(p. 225、筆者訳)。関連性理論は、疑問文の意味論的意味をその答えと関連させて捉える点で他の多くのアプローチ (Groenendijk and Stokhof (2011)、Krifka (2011) 参照) と共通しているが、疑問文を答えの解釈 (interpretation) として捉えるところに独自性がある。「解釈」という用語は関連性理論では独特の意味があるため、少し説明を加えておく。

関連性理論では、伝達などに用いられる表示 (representation) を、世界の事象を表した記述的表示 (descriptive representation) と、別の表示を表したメタ表示 (metarepresentation) とに分ける。記述的表示は世界と真理条件的関係を持つ。一方メタ表示は、メタ表示されたオリジナルの表示と類似性の関係を持つ。後者のうち、オリジナルの表示との形式面での類似に基づくものをメタ言語的表示、内容面での類似に基づくものを解釈的表示 (interpretive representation) という。メタ表示の典型として引用文がある。ここで重要なのは、メタ表示を用いる話し手はメタ表示のオリジナルについてよく知らない場合にもそれをメタ表示できることで、それこそがメタ表示を使う理由であることもある。以下はその例である。

(15)　　（イタリア料理店で注文をする場面）
　　　　A: アーリオ・オーリオ・ペペロンチーノ。
　　　　B: えーと、じゃあ私も「アー何とかペペロン何とか」下さい。

(作例)

上の B はメタ表示した語の形式（アーリオ・オーリオ・ペペロンチーノ）について不完全にしか知らない、あるいは覚えていないためにメタ表示として「アー何とかペペロン何とか」を用いている。

　オリジナルの命題内容について不完全にしか知らない場合の解釈的メタ表示の用途の1つが疑問文による質問である[7]。疑問文は平叙文と同様、論理形式を表す。しかし、疑問詞疑問文は、その論理形式に疑問詞が表す変項を含むために、そこから完全な命題形式を復元することができない。一方、肯否疑問文からは、極性が定まっていない点以外は完全な命題形式を復元し得る。このような違いはあるものの、どちらも疑問文に対する正しい答えの解釈的表示として用いられる。以下でこのことを敷衍する。

　表示が表すものが世界の事象であれ何らかの表示であれ、話者はそれに対して命題態度を表すことができる（以下は、筆者はアクセスできていない未出版の Wilson (1994) に基づく井谷 (1997) の解説を参考にした）。命題態度は動詞「信じる」や文副詞 *fortunately* などで表されるだけではない。命令文・疑問文・感嘆文などのタイプの文でも表すことができる[8]。たとえば、命令文（例「出て行け」）には、復元される命題の描写する事象（例〈聞き手が話し手のいる部屋から出て行く〉）が潜在的（potential =「まだ実現していないが、実現し得る」（今井 2001: 87））かつ希求的な（desirable = 事象が成り

立つことが誰か(話し手とは限らない)にとって望ましい)ものであるという話者の命題態度が意味論的意味として常に付随する。このように、文のタイプに発話の力(命令・行為要求など)を直結させないところは関連性理論の分析の特徴で、それは次に述べる疑問文の分析にも共通している。

　話し手は、世界の事象に対してだけでなく、解釈的表示によって表された命題・想定・思考・発話に対しても命題態度を持つことができる。疑問文には、その答えとなる思考に対しての希求的命題態度が伴う[9]。ただし、これは解釈的な命題態度であり、命令文の表す事態に対する記述的な希求的命題態度とは異なる。解釈的な命題態度における「希求的」(desirable)とは、「事象の成立が誰かにとって望ましい」ではなく、関連性がある(relevant)という意味である。思考が望ましいのは、誰かが注意を払うに値するに充分なほど豊かな認知効果をもたらすときだけ(Wilson and Sperber 1988/2012: 225)だからである。

　このような意味を持つ疑問文が発話された際、情報要求、修辞疑問、自問など様々な発話の力を持つ。疑問文がどのような発話の力を持つと聞き手が解釈するかは、聞き手が最適の関連性を得るために以下の2点がどう決まるかによる(p. 227)。1つは、疑問文の答えが誰にとって関連性があると話し手がみなしているかである。たとえば、ある疑問文発話が質問の発話の力を持つと解釈される場合、その答えは疑問文の話し手にとって関連性があると理解されている。そしてもう1つは、疑問文を解釈する際に顕在的文脈想定として何が選ばれるかである。たとえば質問と解釈される場合には、〈聞き手は答えを知っている〉〈聞き手は答えを言うことが期待される〉などが選ばれている。

4.2　解説疑問文の引用としてのQPQ

　疑問文の用途の1つに解説疑問文(expository question)がある。解説疑問文とは、典型的には授業で講師が発する次のようなものである。

(16) 疑問文の本質とは何か？（それは…）　　　　　　　　　　（作例）

疑問文が情報要求や口頭試問などではなくこのような解説疑問文と受け取られるのは、以下が顕在的である時である (Wilson and Sperber 1988/2012: 227)。第一に、解説疑問文の答えは話し手ではなく聞き手にとって関連性があると話し手がみなしている。解説疑問文の答えは話し手には既に知られていて、認知効果を持たない。この点で解説疑問文は情報要求とは決定的に異なる。Wilson and Sperber が言うように、解説疑問文はむしろ情報提供と理解されるべきである (p. 223)。さらに、話し手は答えを知っていて、しかも、それを言う用意がある、ということも顕在的である必要がある。そして、話し手が言おうとしている答えに対して聞き手の興味を喚起する目的があることも解説疑問文の特徴である (p. 222)。

　以上の特徴は QPQ にも全て当てはまり、QPQ が解説疑問文の引用であることは明らかである。QPQ が「発言の前置き」(本稿 3 節) になるのは、解説疑問文に続く解説が聞き手にとって関連性があることを示すからである。なお、自問の場合は答えが話し手にとって関連性を持つ (p. 226)。従って、QPQ が自問であると同時に解説疑問文でもあるものの引用だということはあり得ない。

4.3　QPQ & A の主節の発話行為制約

　本節では、QPQ & A の主節が「説明的な事実の記述」(藤田 2000: 413) に限られるのは、QPQ が解説疑問文であるために主節の高次表意[10]に制約を課しているからであると論じる。

　QPQ & A の主節は、「説明的な事実の記述」に限られ、そのために「命令や意志のムードは後件に分化しにくい」(p. 413) という制約があることを藤田が指摘している。藤田の以下の例がそれを示している。

(17) a. 道で熊に出会ったらどうすればいいかというと、死んだふりをす

るとよい。

　　　b. ?道で熊に出会ったらどうすればいいかというと、死んだふりをしろ。
(18)　a.　何がほしいかというと、金がほしい。
　　　b. ?何がほしいかというと、金を出せ[11]。
(19)　a.　明日、仕事がすんだらどうするかというと、家に帰ることになるだろう。
　　　b. *明日、仕事がすんだらどうするかというと、家に帰ろう。

(p. 414、容認性判定は藤田による)

(17)b、(18)b は後件が命令、(19)b は後件が意志表明であり、事実の説明ではないため、制約に違反して容認度が低い。これは興味深い指摘だけれども、このような制約がある理由は何も述べられていない。

　これらの例は、内田(2011)の以下の例を思い起こさせる。

(20)　?I promise to be there at 10 tomorrow, *you see / you know / actually*.　(p. 105)

　この例は、(20)の文末の談話標識が、発話の高次表意を制約するものであることを示すためのもので、内田によると、これらの談話標識は、いずれも一種の陳述の発話行為を制約する。例えば actually について次の例を挙げて下のように述べている。

(21)　A: Are you a nurse here?
　　　B: No. I'm a doctor, *actually*.　　　　　　　　　　　(p. 105)
(22)　I unexpectedly / contradictly say that I'm a doctor.　　(p. 105)

　独特の音調を伴うこの用法は前言で表された内容に対して留保する機能をもち、相手の顔を傷つけない程度に反論を述べるもので、概念的意味

に連なる字義的意味［山泉註：「実際に」と訳されるような意味］を表すのではなく、まさに［(22)］のような saying という発話行為を制約して、解釈の手助けとなる手続き的情報を伝えると考えるのが妥当である。
(p. 105)

(20)では、これら陳述の発話行為を制約する談話標識が約束という言語行為を明示的に遂行する文に付いている。この点で衝突が起こり、この例は不自然になっているのである (p. 105)。

　藤田の例 (17) b、(18) b、(19) b に戻ると、同様の衝突がそこでも起こっているために不自然になっていると考えられる。QPQ & A の主節は解説疑問文の答えであるから、当然、解説でなければならない。これは、QPQ が続く主節の高次表意の一部として復元される発話行為を制約しているということである。従って、(17) b、(18) b、(19) b のように、主節が明らかに異なる発話行為を復元するように強く促す形をしていると、高次表意のレベルで発話行為が衝突してしまうのである。つまり、藤田の指摘した制約は、QPQ が解説疑問文の引用であることの帰結である。

　同様の理由で、以下のような発話行為を明示する遂行文も QPQ & A の主節になることができない。

(23) ?私が何をするかというと、明日 10 時にそこにいることを約束いたします。　　　　　　　　　　　　　　　　　　　　　　　　　　　　　　（作例）
(24) ?私が何をするかというと、この舟をエリザベス号と命名する。（作例）
　　（cf. 私が何をしたかというと、この舟をエリザベス号と命名した。）

ただし、(24) の発話自体を命名行為とみなさず、予定の説明と受け取るのであれば、発話行為の衝突は起こらず、QPQ & A として容認できる。次の例も同様で、この後に「申し訳ありません」など謝罪の言葉が続くのであれば、「謝罪します」は予定の説明になるため、QPQ & A として容認される。

(25) ?今何をするかというと、謝罪します。　　　　　　　　　　（作例）

もちろん予定の説明の場合、「謝罪します」でもって謝罪という発話行為が行われたとはみなされない。
　この節の最後に、同じ観点から次の例を検討しよう。

(26)　何が言いたいかというと、　a.　お前は明日から無職だ。
　　　　　　　　　　　　　　　　b. ?お前はクビだ。
　　　　　　　　　　　　　　　　c. ??お前を解雇する。　　　（作例）

a、b、cの順で容認度が落ちると思われる。これは、解雇が伝達されるレベルと関係があるのだろう。cでは、これまでの例と同様、主節の発話行為（雇用関係の解除）が、制約に違反しているために容認されない。一方、aでは主節の高次表意のレベルで復元される発話行為は陳述であり、聞き手が解雇されるということは表意ではなく推意として伝わる。従って、QPQが主節に課す制約には違反しておらず、不自然にならない。bの「お前はクビだ」と発話することは、「申し訳ありません」と口にすることがすなわち謝罪することであるのと同様、解雇通告として受け取ってcと同じく雇用関係を解除していることとみなすこともできるし、aのように事態を陳述しているともみなせる。bの容認度がaとcの中間だとしたらそのためだろう。
　以上の議論で本節では、QPQ & A は解説疑問文の引用とその答え（すなわち解説）であるということを示した。なお、先行研究でも、主節について「説明を示そうとする話し手の姿勢を示す」（藤田 2000: 412）、「「説明・解説」の表現」（高橋 1999: 62）と言われているため、本稿の結論だけを取り出すと先行研究と違いがなさそうに思えるかもしれない。本稿がこれらの先行研究と決定的に異なるのは、主節が解説であると主張する根拠として、QPQが自問ではなく解説疑問文の引用であるということを示したことである。

5. 主節のメタ表示について

　QPQ には引用であることを明示する形式「(Q) と／っていう」(以下、メタ表示標識)がある。主節でそれに対応する「(A) と／って答える」のような形式はないのが普通であることを 2 節で述べた。形式は無い場合にも補って解釈されることになるのだろうか。本節ではこの点に関して、(i) 主節において QPQ のメタ表示標識に対応する形式、(ii) その有無にかかわらず主節がメタ表示であるという解釈、(iii) 両者の存在の希薄化について論じる。

　QPQ & A は発話行為条件文と考えられると 2 で述べたが、Noh (2000) は関連性理論の立場から異なる分析を提示している[12]。その分析では、発話行為条件文((27)) は、後件がメタ表示である条件文で、(28) のような発話行為条件文とは分析できない類例と統一的に分析される[13]。

(27)　If you're thirsty, there's beer in the fridge.　　　　　　(p. 175)
　　　ノドが乾いているなら、冷蔵庫にビールがあるよ。　　　(筆者訳)

(28)　［Son to Mother who is going out:］
　　　Mum, don't worry. If I'm hungry, there's a sandwich in the fridge.　(p. 197)
　　　［出かけるところの母親へ息子が］
　　　ママ、心配しないで。僕がお腹が空いたら、冷蔵庫にサンドイッチがあるよ。　　　　　　　　　　　　　　　　　　　　　　　　(筆者訳)

　(28) は、(27) とよく似ているものの、「「もし…［＝前件の内容］ならば、私はこの言語行為［＝後件の内容］を遂行する(と考えよう)」という公式」(スウィーツァー 1990/2000: 173) で適切に言い換えることができない。つまり、息子が空腹になったら、彼が冷蔵庫にサンドイッチがあるという陳述や情報提供をしたり、サンドイッチの提供を申し出るという意味ではない (Noh 2000: 198)。Noh はこれを、次のように分析する。

この条件文の後件は、前件が真であるなら話し手にとって関連性を持つことになる思考をメタ表示する。従って、この条件文は以下のことを伝達する：もし話者が空腹になったら（それは彼の母が心配しているかもしれないことである）、冷蔵庫にサンドイッチがある<u>ことを彼が思い出すことが関連性を持つだろう</u>。　　　（p.201 訳・下線は引用者によるもの）

上の下線部は、最適の関連性を期待する聞き手が語用論的拡充によって補うことになる。(27) の後件は、語用論的拡充によって補われるものが (28) とは異なるものの、前件が成り立つ場合に関連性を持つことのメタ表示である点は同様である。Noh の分析によると、これらの条件文の主節は全て「望ましい」発話・思考、つまり関連性のある発話・思考である。

「発話行為条件文」とその類例に対する以上の分析は基本的には QPQ＆A の主節にもあてはまる。4.1 節で述べたとおり、QPQ＆A の主節は QPQ によって表される解説疑問文の答えであり、「Q と言う」が成り立つ場合に関連性を持つからである。QPQ＆A の答えの部分に「～と答える」などがなくても主節が QPQ の答えと解釈されるのは、最適の関連性を期待する聞き手による語用論的拡充の結果であると考えられる。

しかし、QPQ＆A の用例や QPQ が慣用化した表現を観察すると、この語用論的拡充が常に行われているとは言いがたい。「Q というと」などに対応した「A と答える」のようなメタ表示標識は、無い例に足すことができないわけではないものの、次のように実際には無い例が多い[14]。

(29)　生協の団体が調査したところによると、韓国は三百八品目やっていますけれども、それがために、表示のものが価格にどのぐらい上乗せになっているかというと、〇・〇七％から〇・二五％、ほんのわずかです。

このことは、次のような実際の質問と答えの引用では主節にもメタ表示標識

が普通見られることと対照的である。

(30) そうしたら、ある人がまた手を挙げて、それだけたくさん文明の進んだ星があるのに、何で我々はハリウッドのくだらない映画じゃなしに実際の宇宙船とか宇宙人にこの地球で出会うことがないんでしょうかと言ったら、ホーキングが、いや、それは違う、せめて地球並みの文明を持ったら、そういうプラネット、惑星は非常に自然の循環が悪くなって、宇宙時間でいうと瞬間的に生命が消滅すると言ったんです。

なぜQPQの主節にはメタ表示標識が無くても問題ないのというと、QPQ＆Ａでは、条件節のメタ表示標識に対応する形式が主節にないだけではなく、解釈の上でも、主節がメタ表示であることが必ずしも語用論的に復元されないからであると筆者は考える[15]。たとえば、(29)の主節を理解するには、〈表示のものが〜の価格に0.07％から0.25％、ほんのわずか上乗せになっている〉というような命題を理解すればよいのであって、それをメタ表示として解釈する必要はない。

　QPQ＆Ａから派生した構文では、主節のメタ表示性が形式面でも解釈面でも失われる傾向が一層顕著である。QPQ＆Ａから派生した(6)のような省略的な例では、主節にメタ表示標識を付けることがもはやできない。

(6)″?何が悔しいって、お客様から、民営化してサービスが悪くなったと怒られることですと答える。

この例は、メタ表示標識「と答える」のスコープが後件（お客様から…怒られることです）だけの解釈では容認されない。また、QPQが慣用化した「なぜなら」「なんとなれば」「どっちかというと」に続く部分は、QPQ＆Ａの主節に相当するものの、これらの表現に続くからといって、メタ表示と解釈されるわけではないだろう。

(31)　太郎はビールが嫌いだ。なぜなら／なんとなれば、ビールは苦いからだ。　　　　　　　　　　　　　　　　　　　　　　　　　　　　　　（作例）
(32)　太郎はビールがどっちかというと苦手だ。　　　　　　　　　　（作例）

　これらの表現がQPQから生じたのであれば、構文の変化に伴ってメタ表示が形式・解釈の両面で希薄化していることになり、興味深い。
　では、なぜQPQ＆Aの主節において、条件節の「〜という」などに対応したメタ表示が解釈の面でも希薄になっているのか。これは言語変化の理由に関する問いでもあり、確たる答えを与えるのは容易ではないけれども、QPQ＆Aの主節でメタ表示が誰かに帰属するとしたら、その帰属先は通常発話時の話し手であるということが密接に関係していると筆者は考える。以下、このことを論じる。
　QPQ＆Aは、普通の報告された言葉や思考とは帰属先が通常発話時の話し手であるという点が異なる。普通、メタ表示された発話・思考は、現在時の話し手以外の誰かに帰される（Noh 2000: 7）。Nohは、次のthat節のメタ表示が誰かに帰されるか、誰にも帰されずに単なる命題のメタ表示として解釈されるかによって、その含意（implication）に違いが生じ得る、というWilson（1997、筆者の聞いていない口頭発表）の見解を紹介している（p. 77）。

(33)　It's true that Jane can't spell.　　　　　　　　　　（Wilson 1997: (25)）

　このthat節が表示するものは、1. 他の発話、2. 他の思考、3. 単なる命題である場合の3通りが考えられる。どれも解釈的用法であるものの、that節が表示するものが誰かに帰属するか（1、2）しないか（3）によって、理解のされ方に大きな違いが生じる。1、2の場合、つまり帰属的用法だと、話し手はオリジナルの発話・思考を産出した人に合意しているという含意があり、それが今度は、話し手とその人の間の社会的含意や人間関係に関する含意を

持ち得る。対照的に、メタ表示が誰かに帰属しない場合には、(話し手以外の)誰かが実際にその見解を持っているという含意も社会的・人間関係的な帰結もない (Noh 2000: 77)。

　しかし、帰属的な解釈的用法であっても、ほとんどの QPQ & A の主節のようにメタ表示された思考・発話が現在の話し手に帰属する場合、上のような含意はないだろう。従って、それを他の発話や思考のメタ表示ではなく単なる命題と解釈しても、上述のような点で違いはない。つまり、メタ表示と解釈せず、記述的用法と解釈しても認知効果が減るわけではないのである。これに関連して Noh は、帰属的な解釈的メタ表示のオリジナルの思考・発話のソースが何であるかが関連性に貢献しないならば、はっきりさせない (vague) または未決定のままにされるとも述べている (p. 78)。QPQ & A の主節も、発話時の話し手に帰属させても認知効果が期待できない場合には、敢えて発話時の話し手に帰属することを明確にする必要はないだろう。もちろん、〈話し手が答えの命題 P を信じている〉などの高次表意は、関連性を高めるのに貢献するのであれば常に復元され得る。

　QPQ & A の後件のメタ表示標識がない場合、これを記述的用法と考えても認知効果の点で差はないことを論じてきた。発話の関連性の高さはそれを解釈して得られる認知効果だけでなく、解釈に要する処理労力にもよる (スペルベル・ウィルソン 1995/1999: 151)。処理労力の点からは、QPQ & A の主節をメタ表示と解釈しない積極的な理由がある。記述的表示とそのメタ表示を比べると、一般にそれを処理するのに必要な労力は後者の方が大きいと言えよう。そうすると、QPQ & A の主節をメタ表示と解釈しても認知効果の点で差がないのであれば、メタ表示と解釈しない方が発話の関連性は高まるということになる。このこともメタ表示解釈の希薄化の動機として考えられる。

　以上本節では、QPQ&A の主節がメタ表示であることが形式面でも解釈面でも希薄化していること、その原因としてメタ表示の帰属先が発話時の話し手である場合にはメタ表示であることが関連性に貢献しないことを論じた。

6. 今後の展望

　ここまで論じてきたように、QPQ & A においては、疑問文、引用・メタ表示、条件文など語用論的に興味深い現象が相交わり、様々な観点からの考察が求められる。本稿で論じられたのはその一端にすぎない。残された大きな問題の1つとして、QPQ & A は、同じ命題を1つの節で表現したもの((33) a に対する b) とどのように異なるのかということがある。

(34)　a. <u>なぜ TOEFL がいいかというと</u>、読む、聞く、書く、話すという四技能がバランスよく問われるからなんです。
　　　b. 読む、聞く、書く、話すという四技能がバランスよく問われるから TOEFL がいい。
　　　c. TOEFL がいいのは、読む、聞く、書く、話すという四技能がバランスよく問われるからだ。

a と c を一見しただけでわかるように、WHQPQ & A は分裂文と類似しているところが多々ある (山泉 2014)。
　また、QPQ & A は通時的な言語変化の観点からも興味深い。QPQ & A から派生したと思われる省略的な構文 ((6)) 以外にも、「なぜなら (ば)」、「なんとなれば」、「どっちかというと」のように、QPQ に由来すると思われる表現が多数存在する。これらをも視野に入れた議論が待たれる。

注

1 ただし、次のように述部を省略した疑問文を引用して引用節を「は」で終えたものでは「か」を付けることが統語的に不可能であるため、「か」は見られない。

(i) 大変あっさりしているわけですが、これは、京都だけで百四十万人を超えている。そして、神戸も百五十四万人の人口であります。一方で、<u>奈良はというと</u>、大変恐縮でありますが、三十六万人ということでございまして、やはりこの関西圏、三大都市圏をしっかり通過するという考え方がそもそもの考え方であったわけであります。

この例では、「奈良は」の後ろに「人口はいくらか」のような表現が省略されていると考えられる。

2 現代より前の日本語では「と」が圧倒的多数ではなかった可能性が高い。歴史的なデータを直接検討していない現状では、確たることは言えないものの、以下のことがそれを示唆する。『日本国語大辞典』(第2版、小学館) に次の QPQ 由来の表現が収録されている:「なぜなら(ば)」「なぜかというに／と」「なぜかなら／なれば」「なぜって」「なぜというに／いうのに／いえば」「なぜにといえば」「なぜになれば」「なぜといって／いうて」「なぜといって見たまえ／見なせえ／御覧」「なぜなれば」「なんとなれば」。これらの中で「と」が用いられているのは1つだけであり、「なら(ば)」「〜(の)に」「なれば」などの多様な条件表現やその他の形式が辞書に収録されるほど繰り返し使われていたと推測される。

3 この前件が成り立たないと想定されていないことは、スウィーツァー (1990/2000) が条件文の前件について「既知」と呼んでいる性質「(たとえ仮の形にせよ) まずその前件を受け入れることが先決問題であり、後件の中身を考えるのはその後だということ」(pp. 179–180) と同じではない。この性質は QPQ にも確かにあてはまる。しかし、スウィーツァーや藤井の挙げている発話行為条件文では、前件が成り立たない場合が想定されていないわけではなく、想定されていることこそが発話行為条件文を使う動機であると思われる例が多い。発話行為条件文では、たとえば (10) の聞き手が、「いえ、手術は検討していませんからリストは結構です」と答えることがあり得よう。対照的に QPQ & A では、そのようなことはなく、聞き手が、「いや、「〜か?」などとは誰も言わない」のように返答することは全く想定されていないだろう。

4 ただし、(4) のような実際の質問の答えへの引用であっても、答えの部分で回答者の物真似をすれば「と言った。」のような部分はなくても容認度が高まるだろう。もっともこの場合は、答えの部分が引用であることを「と言った」のような言語形式ではなく、物真似というパラ言語的方法で表したということになる。従って、QPQ & A ではない疑問文の引用とそれへの答えであれば何らかの形で

5 情報構造の観点も重要である（山泉　近刊）。
6 ここで紹介した関連性理論の分析を日本語の疑問文に適用したものに Itani (1993) がある。
7 質問が疑問文の唯一の使い途ではない。このことは後の議論において極めて重要である。
8 山泉 (2014) では、文のタイプが持つ特徴を法という意味論的カテゴリーに結びつけて論じたが、これは言い過ぎであった。詳しくは Clark (1991: Chap. 4) を参照。
9 今井 (2001: 98) は、希求的かつ潜在的命題態度が疑問文に付随するとしている。一方、Wilson and Sperber (1988/2012) は、疑問文がメタ表示するのに特化しているものを "nor possible or <u>potential</u> thoughts but *desirable* thoughts" (p. 221、イタリックは原文、下線は引用者）と明言しており、少なくとも表面上は見解の相違が見られる。

　しかし、以下の理由からこの対立は本質的なものではないようである。今井がそこで挙げている「潜在的」というのは、解釈的命題態度であることを考えると、記述的命題態度の「潜在的」とは「まだ実現していないが、実現し得る」（今井 2001: 87) ということではないと思われる。疑問文の答えを知っても、それが関連性を持たない場合があるとすれば、「答えの思考が関連性を持ち・得・る」という意味であろう。おそらく同じ趣旨で、スペルベル＆ウィルソン (1995/1999) は「…関連性のある疑問とは、それに対する答えが確かに関連性があるか、関連性が・あ・り・そ・う・な疑問のことである」(p. 252、傍点引用者) と述べている。

　関連性理論の疑問文の分析における潜在性については、Clark (1991: 146) にも言及がある。
10 関連性理論では、発話によって明示的に伝達された想定（すなわち表意）で、しかも発話行為の記述 (S promise to...) や命題態度の記述 (S hope that...) などに基礎表意が埋め込まれたものを高次表意という。
11 前件と後件で主語が変わっているにもかかわらずそれが明示されていないこともこの例の容認度が低いことの一因だと思われる。
12 山﨑 (1990) も関連性理論の立場からこのような条件文を分析している。
13 QPQ & A は発話行為条件文とも後件がメタ表示の条件文とも分析できるが、本稿では、Noh (2000) の説を採りスウィーツァー (1990/2000) の説は採らない。Noh の説は、QPQ & A の主節のメタ表示性、特にそれが希薄化していくことについての筆者の説明の出発点となるからである。しかし、QPQ & A は両者の説が扱える条件文の一部でしかなく、これをもってスウィーツァーの説を否定しよ

うとするものではない。

14 次のように何らかのソースに基づいて話をしていて、そのソースからの引用であることを示すメタ表示標識が主節に付いている例は数多く見られる。

(ii) 骨子案の中でも、返還拒否事由についての検討の中で、ここではどう書いてあるかというと、「一の要件の全てに該当する場合であっても、相手方が次に掲げる事由のいずれかがあることを証明したときは、裁判所は、返還命令の申立てを棄却することができるものとすること。」と書いてあるんです。

しかし、これは条件節のメタ表示標識「Qという」に対応したものではない。(対応させるのであれば、「～と書いてあるんですと答える」のようになるはずである。)また、次のような確信度を表す「～と思う」などもメタ表示標識ではあるものの、ここで問題としている類の「Qという」に対応するものではない。

(iii) さまざまな申請窓口において実印が必要かというと、地方自治体によって違うかもしれないんですけれども、実印は恐らく必要ないかと思います。

15 関連性理論では、全ての発話は話し手の思考という表示の解釈的表示であるという意味においてメタ表示とされるが、以下ではこの意味での全ての発話に当てはまるメタ表示性は問題にしない。

また、普通の QPQ & A とは異なり、主節が発話時の話し手以外に帰される場合には帰属的な解釈的用法であること([　]に相当する部分)を復元する必要がある。以下はその例である。

(iv) (グライス理論の勉強会で) 何故メタファーが文字通りに解釈されないのかというと、what is said のレベルでは質の格率に違反しているからだ [とグライスは述べている]。

(作例)

参考文献

井谷玲子 (1997)「命題態度と談話辞／結辞」『神奈川大学言語研究』20: pp. 1–20. 神奈川大学言語研究センター

今井邦彦 (2001)『語用論への招待』大修館書店

内田聖二 (2011)『語用論の射程—語から談話・テクストへ』研究社

Sweetser, Eve E. 澤田治美訳 (2000)『認知意味論の展開—語源学から語用論まで』研究社 (Sweetser, Eve. E. (1990) *From Etymology to Pragmatics: Metaphorical and Cultural Aspects of Semantic Structure*. Cambridge: Cambridge University Press.)

スペルベル，ダン　ウィルソン・ディアドリ　内田聖二他訳 (1999)『関連性理論—伝達と認知』第 2 版．研究社 (Sperber, Dan and Deidre Wilson. (1995) *Relevance: Communication and Cognition*. (2nd edition). Oxford: Blackwell.)

高橋淑郎 (1999)「「自問自答形式の疑問表現」の性格」『早稲田大学日本語研究教育セ

ンター紀要』12: pp. 55–76．早稲田大学日本語教育研究センター
角田三枝（2004）『日本語の節・文の連接とモダリティ』くろしお出版
日本語記述文法研究会（2008）『現代日本語文法6 第11部　複文』くろしお出版
藤井聖子（2012）「条件構文をめぐって」澤田治美編『ひつじ意味論講座2　構文と意味』pp. 107–131．ひつじ書房
藤田保幸（2000）『国語引用構文の研究』和泉書院
益岡隆志・田窪行則（1992）『基礎日本語文法―改訂版』くろしお出版
松田謙二郎編（2008）『国会会議録を使った日本語研究』ひつじ書房
南不二男（1993）『現代日本語文法の輪郭』大修館書店
山泉実（2013）「疑問詞疑問を引用する表現」日本語用論学会第16回年次大会　ワークショップ「疑問文の語用論」口頭発表
山泉実（2014）「疑問詞疑問を引用する表現」『日本語用論学会大会発表論文集』9: pp. 357–360．日本語用論学会
山泉実（近刊）「疑問文を引用して主節で答える表現の手続き的意味」『日本語用論学会大会発表論文集』10．日本語用論学会
山﨑英一（1990）「関連性理論における疑似条件文」*Osaka Literary Review* 20: pp. 89–102．大阪大学大学院英文学談話会
Clark, William. (1991) *Relevance Theory and the Semantics of Non-declarlative Sentences*. PhD thesis, University College London.
Groenendijk, Jeroen and Martin Stokhof. (2011) Questions. In Johan van Benthem and Alice ter Meulen. (eds.) *Handbook of Logic and Language* (2nd edition), pp. 1059–1131. Amsterdam: Elsevier.
Itani, Reiko. (1993) The Japanese sentence-final particle *ka*: A relevance-theoretic approach. *Lingua* 90: pp. 129–147.
Krifka, Manfred. (2011) Questions. In Claudia Maienborn, Klaus von Heusinger, and Paul Portner. (eds.) *Semantics: An International Handbook of Natural Lansuage Meaning*. Vol.2, pp. 1742–1785. Berlin: Mouton de Gruyter.
Noh, Eun-Ju. (2000) *Metarepresentation: A Relevance-theory Approach*. Amsterdam: John Benjamins.
Wilson, Deindre. (1994) Non-truth-conditional semantics lecture notes, UCL dept. file.
Wilson, Deindre. (1997) Demonstration, interpretation, quotation. Paper presented at CREA-NANCY Workshop on Pragmatics. Paris.
Wilson, Deindre and Dan Sperber. (1988/2012) Mood and the analysis of non-declarative sentences. In Deindre Wilson and Dan Sperber. *Meaning and Relevance*, pp. 210–229. Cambridge: Cambridge University Press.

付記　本稿は一部、山泉（2013、口頭発表）とそれに基づく山泉（2014、発表した大会の論文集）で述べた内容を含む。しかし、そこにない議論を多く含み、基づく部分も大幅に加筆・修正している。

謝辞　本稿を書くにあたって、以下の方々（敬称略・五十音順）に内容面で特にお世話になった：大堀壽夫、加藤陽子、旧博論が進む会の皆様、慶應意味論・語用論研究会の皆様、鈴木亮子、藤井聖子、幸松英恵。ここに厚く御礼申し上げる。

ネオ敬語「(ッ)ス」の語用論的機能

呉泰均

1. はじめに

　本稿の目的は、丁寧語形式「デス」の変形と見られる「(ッ)ス[1]」を取り上げ、「デス」の機能を継承した敬語的待遇の意味を持つ有標形式と見て、具体的な場面での語用論的機能上、常体と敬体の中間話体という意味で**ネオ敬語**（neo-honorifics）と位置づけることである。社会的言語運用能力の発達（wording）という観点からすると、常体と敬体の運用能力を持っているのであれば、「デス」が使えないという理由で「ス」を使用しているのではなく、意図的に「ス」を選択しているという言語的調整が現れる重要な問題であると言える。従来の研究では、こうした「ス」の出現について取り上げられることはあったものの、統語的・語用論的特徴などについて詳しく論じられることはなかった。そこで、本稿では、このネオ敬語形式「ス」の統語的特徴や語用論的機能について述べたあと、これまで指摘されることのなかった「ス」の使用動機について、「wording」の観点から、どのような要因が発動したと説明できるのか、その可能性を提案する。

2. 「デス」の進出と「ス」の出現

　丁寧語は、「デスマス体」と呼んで「デス」と「マス」をセットとして扱うことが多いようである。しかし、丁寧語の歴史から見ると、明治以降東京

に広がったと見られる(『口語法別記』(1917)、国語調査委員会[2])「デス」は、室町時代以降発展した「マス」と比べると、数百年ほどの履歴の違いがあることに気づくことができる。このように、歴史的に「マス」より新しい「デス」は、近代以降さまざまな形でその進出が著しくなった。この「デス」の進出との関連で、井上(1998: 154–155)の記述の一部を見てみる。

> デスは、はじめは「山です」のように名詞に付くだけだったが、戦前から形容詞にも付くようになった。「よいです」「恐ろしいです」のように文章語的な形容詞に直接デスを付けるのはまだ抵抗があるようだ。しかし、口語的な形容詞を使い、助詞のネとかヨを付けて、「いいですよ」「こわいですね」というような例文だと、自然な表現だと判断される。年齢差もあり、地域差もあるが、いずれにしても、形容詞にデスが付きはじめたのが最近であることを示す。

形容詞に「デス」が付く形が生まれる前には、「寒うございます」という「形容詞+特別敬体」の形しか存在しなかったため、「名詞+デス」「動詞+マス」と同じ文章に混在することで、「特別敬体」と「敬体」との丁寧さの違いによる不合理が生じてしまい、均整がとれていなかった。しかし、上記のように、「形容詞+デス」が出現したことで、「名詞+デス」「動詞+マス」との混在による不合理がある程度解消するようになったわけである[3]。

さらに「デス」が進出して「行く+でしょう」や「行った+でしょう」のように、動詞にも「デス」が付くようになったのも大きな変化であると言える。ここで、井上(1998: 156)の記述を見てみよう。

> この原因は、意思と推量を区別しようという近代の傾向にある。ダ体の場合は近代になって、「行こう」という意思の表現と「行くだろう」という推量の表現が区別できるようになった。しかしデスマス体の場合は、動詞にはマスしか使えなかったので、「行きましょう」の形を意思

にも推量にも使っていた。天気予報では今でも「晴れましょう」などと言う人がいる。「晴れましょう」は意思の意味で使うことは考えられないので(雷か天気の神様のような会話以外では)、古めかしい推量の言い方が残ったのだ。しかし他の動詞の場合、「行きましょう」などと言うと、どうしても意思の意味にとられる。誤解なしに推量を表すためには、「行くだろう」のデスマス体として「行くでしょう」が使われはじめたのだ。

このように、意思と推量の意味機能の分担のために、名詞、形容詞、動詞ともに「デス」が付くようになった。つまり、必要性に応じて合理的な形をとるため、形態的規範を少しずつ逸脱していく一例であると見ることができる。「デス」は、これらの変化以外にも様々な形での進出傾向が見られるが[4]、本稿では、「デス」から転じた形式と見られる「ス」を取り上げて詳しく検討していくことにする。

3.「ス」の統語的特徴

近年、「デス」から転じて生じた形式と見られる「ス」の使用が広まってきているようである[5]。これは、丁寧語形式「デス」「マス」と比べて丁寧さの度合いが多少低いと見られる形式で、名詞、形容動詞、形容詞、動詞の非過去形と過去形に付加され、聞き手待遇表現として実現する。

(1) これですか＞これすか＞これ↗
(2) 大丈夫ですか＞大丈夫すか＞大丈夫↗
(3) いいですか＞いいすか＞いい↗
(4) 行きますか＞行くすか＞行く↗

「デス」から「ス」と単純化されたと見られる「ス」は、「名詞＋ス」「形

容動詞＋ス」「形容詞＋ス」「動詞＋ス」のような形で接続し、「これ↗（以下、上昇調を表す記号として用いることにする）」「大丈夫↗」「いい↗」「行く↗」といった丁寧語不使用の文と比べて敬語的意味を持つ有標形式として機能するものであると考えられる。そもそも丁寧語は発話に丁寧な印象を与えたり、聞き手に対する敬意・配慮を示す機能を持つもので、丁寧語を使用するか否かに応じて、聞き手を高めて待遇するか、高めないで中立的に待遇するか、という二次元の体系をなすことになる。要するに、「ス」が「デス」から転じて生じたもので、「デス」の機能をそのまま継承したというのなら、「ス」の使用も敬語的待遇の意味を持つ有標形式として扱うべきであると考える。こうした敬語的意味を持つ「ス」は、しばしば敬語的待遇の妥当性を問われることがある。もっとも、無標形式（常体）と対立しており、もっぱら相手に用いる待遇表現形式として実現するという点からすると、丁寧さは多少下がるものの、聞き手待遇表現の有標形式として認めてよいのではないかと考えられる。

　では、こうした聞き手待遇表現の有標形式「ス」において、どのような統語的特徴が見られるのか、以下でいくつか取り上げることにする。

（5）　行きます　／　大丈夫です（**形態統語的対立有り**）
　　　行く(っ)す　／　大丈夫(っ)す（**形態統語的対立なし**）

　まず、(5)の「行くっす」のように、「ス」という形式が動詞に付くという点が挙げられる。つまり、「ス」は、名詞・形容詞に「デス」、動詞に「マス」が付くという丁寧語形式における文法的規範から逸脱し、すべての述語文に付くという点が特徴的であると言える。これは、統語的対立が見られる「デス」「マス」とは違って、統語範疇による前接形式の対立がなくなっていると見ることができる。つまり、「ス」は、名詞でも動詞でも付くという**形態統語的中和**が生じたと捉えられるだろう。

（6）　先生（っ）した　／　お疲れ（っ）した
　　　＊行く（っ）した　／　＊いい（っ）した

　次に、（6）の「先生っした」「お疲れっした」のような過去形において、これを「ス」が「シタ」へと時制が分化したと見てよいかどうかという問題が挙げられる。現段階では、「シタ」は、「ス」の時制分化ではなく、「デス」から「ス」と転じる際に「デ」が落ちるプロセスと同様に、「デシタ」から「デ」が脱落して「シタ」へと転じたものであると考えている。つまり、「デの脱落」という点では、「デス→**デの脱落**→ス」／「デシタ→**デの脱落**→シタ」という対応に一致する（タが敬体の後ろに出るという特徴も一致する）。これは、「シタ」が動詞と形容詞には接続しないという統語的特徴が見られることからも説明ができる。動詞と形容詞に接続できるようになれば、時制分化が生じたと捉えてもよいのかもしれないが、名詞と形容動詞に留まっているということは、時制分化ではなく、「デシタ」から「シタ」と単純に「ダ」が脱落して変化したと捉えた方がよいのではないかと思われる。もし、動詞と形容詞にも接続するようになるのであれば、だいぶ助動詞として発達することになる。しかし、まだ「ス」という形式は、時制分化や助動詞としての機能が制限されていることからも分かるように、「デ」が脱落して生じた単純な形態的システムによる形式であると捉えるべきであって、時制分化と捉えてよいかどうかという判断は、今後の「ス」という形式の機能拡張に注目する必要があるだろう。

（7）　行きます　→　行きました、　行くっす　→　行ったっす
　　　寒いです　→　寒かったです、寒いっす　→　寒かったっす
　　　立派です　→　立派でした、　立派っす　→　立派だったっす／立派した
　　　これです　→　これでした、　これっす　→　これだったっす／これした

　（7）で挙げた過去形における統語的特徴との関連で、助動詞「タ」の出現

位置の問題が挙げられる。この助動詞「タ」は、(7) のように、形容詞を除いた動詞、形容動詞、名詞の場合、敬体「デス」「マス」の後ろに接続するのが規範的な文構造であることが分かる。しかし、助動詞「タ」と準敬体「ス」の共起においては、上記の例に挙げた「行ったっ<u>す</u>」「寒かったっ<u>す</u>」「立派だったっ<u>す</u>」「これだったっ<u>す</u>」のように、助動詞「タ」が準敬体「ス」の前に出現するという点が特徴的である。それでは、こうした助動詞「タ」の出現位置において、敬体と準敬体の間で生じる不均衡をどのように捉えればよいのだろうか。本来、「デス」「マス」は動詞からできており、活用するという点で助動詞と見るべき形式である。しかし、「ス」においては、活用せずに「タ」の後ろに現われる。先も述べたように、もし、「シタ」が「ス」の過去形であるとすれば、まだ助動詞のような特徴が残っていると見ても問題はないだろうが、上記のように、動詞、形容詞、形容動詞、名詞とも「タ」の後ろに出現することから、ただの付加的な要素に過ぎないと考えられる。こうした助動詞「タ」の後ろに「ス」が出現するという点は、準敬体「ス」が単純に付加的要素として機能しているかも知れないという可能性を示唆しており、かなり終助詞の機能に近いと見ることができる。このような統語的特徴は、文法的な特徴としては、注目すべきところであると言うことができるだろう[6]。ちなみに、準敬体「ス」は、上記の例からすると、動詞と形容詞においては「タ」の後ろにしか出現しないが、形容動詞と名詞においては「タ」の前後とも出現するという統語的不均衡が生じてしまう。これは、(6) で検討したように、「ス」が「シタ」へと時制が変化したと見るよりは、「デシタ」から「シタ」へと「デ」が脱落したもので、その「シタ」が付加的な要素として接続したと考えれば、全体的に矛盾のない捉え方になるのではないかと考えられる。

　さらに、看過できないもう1つの特徴は、(7) の例からすると、助動詞「タ」と敬体「デス」「マス」との出現位置において、「寒かっ<u>た</u>です」のように、形容詞の過去形においてのみ、「タ」が「デス」の前に出現するという点である。この形容詞と敬体との関係は、現在形においてもその文法的規

範性がしばしば指摘されるが、(7)の例のように、過去形においても他の品詞との統語的不具合が見られる。直感的に考えると、他の品詞とは違って、形容詞の終止形に敬体「デス」が付いている点で、ただの丁寧さを表すための付加的な要素のように見える。そのため、規範的活用によって敬体が接続される動詞、形容動詞、名詞の場合と比べれば、不自然さや違和感などを感じるのではないかと考えられる。このような形容詞が抱えている問題においても、先に述べた「付加的な要素」という捉え方からすると、(無論、簡単に結論づけられる問題ではないということは承知しているが)ある程度はその違和感が解消されるのではないかと考える。つまり、動詞に「マス」が接続する場合や形容動詞と名詞のように「ダ」が「デス」と変わる場合のような規範的活用による丁寧体とは違って、丁寧さを表すための付加的要素であると考えれば、形容詞における不自然さや違和感がある程度は解消されるのではないかと考えられる。

(8) 行った<u>ん</u>すか。
　　 *行っ<u>たの</u>すか。

次に、(8)のようなモダリティ助動詞「ノダ」との接続の問題が挙げられる。「ンデス」が「ンス」のように「デ」が脱落する形式の言い方は許されても、東京方言では、「ノデス」が「ノス」のように「デ」が脱落すると不自然である。このように、「デス」の変形と見られる「ス」は、「デス」の継承した形式ではあるものの、モダリティ助動詞「ノダ」と「ス」の接続においても統語的な不具合が見られる。

(9) ???行く(っ)すし… 楽しい(っ)すし…

さらに、(9)の「行くっすし…楽しいっすし…」のように、並列助詞「シ」との接続の問題であるが、こうした言い方に違和感を覚えるかどうか

は、世代によって捉え方に違いが生じるかも知れない。このように、「ス」の使用やその形式の機能は、まだ広く拡張していないと言えるだろう。

(10)　もう分かってるっすよ。
　　?? もう分かっているっすよ。

　また、例(10)の「〜テイル」のように、アスペクト助動詞との共起の問題が挙げられる。(10)で言えば、「イ」が落ちた（いわゆるイ抜きことば）「分かってるっす」の使用においては、その許容度は高いと言えるが、アスペクト形式「〜テイル」がそのまま接続された「分かっているっす」においては、形態上、不自然な言い方となり、「イ抜きことば」と比べれば、その許容度が多少低くなる。これは、文体のバランスの問題によるものではないかと考えられる。つまり、文体のレベルからすると、「イ抜きことば」の「〜テル」は、規範的形式のアスペクト表現「〜テイル」と比べれば、話しことばでよく使われる表現であり、発話状況次第で文体レベルが低く感じられることもある。こうした理由により、敬体「デス」と比べて文体のレベルが低い準敬体「ス」との共起において、「〜テル」より文体レベルが高い「〜テイル」を用いると、文体レベルにおいてズレが生じてしまうため、全体的なバランスがとれなくなり、違和感を覚えるわけである。このことから、規範的な言い方との共起において、準敬体「ス」の使用はまだ完全に拡張していないことが言えそうである。

(11)　変更内容は次のとおりであります。
　　?? 変更内容は次のとおりであるっす。

　文体のバランスという観点からすると、例(11)のような助動詞「デアル」と準敬体「ス」の共起についても同様のことが言える。文語体としてよく使われる「デアル」に敬体「マス」が接続した形式の「デアリマス」は、形式

的で固い言い方であり、文体のレベルにおいても、ノーマルな丁寧語形式である「デス」「マス」と比べると、形式的な言い方であるがゆえに、文体レベルが高いと言える。このように、形式的で固い言い方である助動詞「デアル」に、比較的に文体のレベルの低い「ス」が接続されると、文体レベルでズレが生じてしまい、文体のバランスが崩れるようになる。こうした文体レベルのズレが「デアル」と「ス」の共起においての不自然さを感じさせる要因となると言えるのではないかと考える。このように、準敬体「ス」と他の文体レベルの高い形式との共起において、「ス」の持つ文体レベルの特徴から、文体レベルのバランスの問題による形態統語的制約が生じると言えるだろう。

さらに、前でも触れたように、準敬体「ス」の大きな形態的特徴として、「行く(っ)す」のように動詞に付くという点が挙げられる。つまり、「ス」は、名詞・形容詞に「デス」、動詞に「マス」が付くという丁寧語形式における文法的規範から逸脱し、すべての述語文に付くという点が特徴的であると言える。しかし、「動詞＋ス」は、敬体の動詞述語文（「動詞＋マス」）が持つ本来の意味機能までは受け継いでいないようである。では、次の表を見てみよう。

表 1　敬体の動詞述語文における上昇調発話

	疑問文形式	カ抜き
「動詞＋マス」	明日、行きますか↗（疑問） 一緒に行きますか↗（勧誘）	明日、行きます↗（疑問） 一緒に行きます↗（勧誘）
「動詞＋ッス」	明日、行く(っ)すか↗（疑問） ?一緒に行く(っ)すか↗（勧誘）	??? 明日、行く(っ)す↗（疑問） ??? 一緒に行く(っ)す↗（勧誘）

「一緒に行きます？」のような「動詞＋マス」の疑問文形式、つまり、カ抜き（デスマス体の疑問文の疑問終助詞「カ」を省略した言い方）形式においては、文脈によっていわゆる「一般疑問文」（上昇調疑問文）の意味にも、「勧誘」の意味にもなりうるが、「動詞＋ス」の場合は、疑問文形式の「一般

疑問文」でのみ意味的対応が見られ、それを除く他の形式では、「動詞＋マス」との文の意味的対応関係が成立しない。つまり、発話行為の解釈可能性を捨象すると、「動詞＋ス」は極めて限定的な使い方をしているわけである。このことから、「ス」は、形態的には「デス」の機能をそのまま継承しているものの、文レベルでは完全な分化が生じておらず、意味機能的に不具合が見られると言えるだろう。また、「デス」と「マス」は「デスマス体」として一緒に並べられることが多いが、上記のような文レベルでの意味機能的な不具合から、そもそも「デス」と「マス」が同等の価値を有する言語形式ではないという解釈可能性が窺えるものではないかと考えられる。

　以上の検討から分かるように、準敬体「ス」は、敬体「デス」から転じて生じたものであり、その「デス」の機能をそのまま継承したということは事実であるが、出現環境によって「デス」と統語的不具合が見られるなど、統語的制約がかかることもあるということから、まだ「ス」の使用は完全に拡張していないと言えそうである。もっとも、最近では、準敬体「ス」の使用があらゆる発話場面で見られるなど、その使用が次第に拡張しつつあるようである。文法的変化のみならならず、実際の運用における社会語用論的解釈など、これからの「ス」の使用の拡張による言語学的変化・価値に注目すべきであろう。以下では、こうした「ス」の使用を巡る語用論的特徴や制約の問題などについて、詳しく論じていくことにする。

4.　「ス」の語用論的機能

　丁寧語の運用――「デス」「マス」の使用／不使用――においては、聞き手と話し手の社会的力関係や発話が行われる場面の特徴に応じてどちらを選び取るかという選択により、語用論的発話効果を生み出すことになる。丁寧語形式の「ス」も「デス」と同様に、形式の選択において発話の状況的要素が関与する。「ス」は、「デス」から転じて単純化した形式であるがため、「デス」が持つ用法を受け継いで発達したと考えられているが、丁寧語本来

の機能である言語上の待遇的価値に相違が見られることから、「ス」の運用による語用論的機能にも何らかの影響を与えるものと予想される。

(12)　【サークルの先輩に対して】
　　　「コーチも一緒に合宿行くん<u>す</u>か？　いや、それはちょっとまずい<u>っすね</u>！」

　近年、「ス」を用いた有標形式がいわゆる「タメ口」(常体)に対する「敬語」(敬体)として若者を中心にその使用が広まっている。しかし、「ス」の運用において注意しなければならないのは、仲間内での使用が一般的であり、発話場面によって語用論的制約をかなり受けるという点である。

(13)　【会社の新商品発表会にて】
　　　「お待たせ致しました。これが今年度の新商品 {でございます／です／#<u>っす</u>}。」
(14)　【デパートの食品売り場で】
　　　「温かいものと一緒にまとめても {よろしいでしょうか／よろしい#<u>っす</u>か}。」
(15)　【手術後の状態を聞かれた野球選手のインタビュー①】
　　　「多少の違和感はあるんですけど、全力疾走で走ったりだとか、そういうことをしているなかでの痛みとかは、もうほとんどない<u>っすね</u>。」
　　　　　　　　　　　　(STV 札幌テレビ放送「朝6生ワイド」2010年7月放送)

　「ス」は、「デス」「デゴザイマス」を用いた場合と比べると、発話全体から感じられる丁寧さや品位・品格が比較的に低くなることがわかる。「ス」が「デス」の敬語的機能を受け継いでいる形式といえども、上記の例のような「ス」の使用は、待遇上の軽微な逸脱であり、仲間内や改まりの度合が比較的に低い発話場面では許されても、改まりの度合いが高い場面(場面形成[7]

の要求度が高い場面）での許容度の低下が見て取れる。これは、「デス」→「ス」と形式が単純化する際、丁寧語本来の機能である「聞き手に対する敬意・配慮という言語上の待遇的意味の付与」という機能は残存したものの、待遇価値には分化が生じたからであると見ることができる。このように、「ス」の運用においては常に発話場面と言語形式の運用におけるマッチングが問題になることから、語用論的制約を強く受けるものであると言えるだろう。

(16) 【普段敬語を用いて待遇する上司と釣りに行って】
「最近けっこういろいろ大変っすよ…親には結婚についてよく言われるし、仕事もなかなかうまくいかないですしね…」
(17) 【毎日カフェに訪れる常連客に店員が】
「今日も寒いっすね。風邪はもう治ったんすか？」
(18) 【チームの移籍が決まったサッカー選手がファンの前でのコメントをする】
「おれ、サッカーがマジ好きなんすよ！　ずっとサッカーがやりたいっす！」

　一方、(16)のように、場面形成の要求性が緩くなると、「ス」の使用の許容度が高くなる場合もある。話し手と聞き手の心理的距離が近く、改まり度が低くて私的な場面での準敬体「ス」のマークは、「デス」と比べて言語上の待遇価値はやや下がるものの、「ス」に敬避的機能が残存されているという点から、社会的力関係において上位にある人に対しての「ス」の使用の許容度は高いと言える。これは、社会的距離を示しつつ、個人間における心理的距離を動的に調整してプラスの発話効果を導き出していると捉えることができる。
　(17)と(18)は、仲間内での「ス」の使用と比べて、社会的距離をある程度保たないと、待遇上、丁寧さにかけるような印象を与える可能性が高い発

話状況であると見ることができる。しかし、これらの発話は、「デス」「マス」の使用より丁寧さの度合が比較的低い「ス」が用いられているにもかかわらず、「ぞんざい」「無礼」などといったマイナス評価ではなく、「親近感」のようなプラスの発話効果を導き出している。このように、発話における状況的制約が緩い場合での「ス」は、最低限の敬避的機能を果たしつつ、プラスの発話効果を生み出すことが可能であると見ることができる。こうした発話効果は、「常連客」「ファン」に対して、親密さが感じられる関係を形成しようとする話し手の潜在的意図が「ス」によって全面に引き出されるもの、つまり、個人間的な距離の動的調整によるものであると考えてよいだろう。

　(16)–(18)のような発話状況での「ス」の実現において、注意を喚起しなければならないのは、丁寧語不使用が指向する「脱距離化」とはその性格を異にしているという点である。「ス」の使用は、「距離化」から「脱距離化」(「準敬体→常体」の場合を除く)に切り替えられるという離散的システムとは違って、「準敬体」＜「敬体」＜「特別敬体」(丁寧さの度合い)という段階性を持つ丁寧体形式の変種、つまり、連続的な関係を持つスタイル(style)内部で起こる度合いの調整である。要するに、「ス」の実現は、丁寧さの連続的尺度における待遇価値の動的調整であると言うことができるだろう。

　このように、「ス」は、言語上の待遇性において待遇価値の度合いの差は見られるものの、丁寧語の機能が打ち消されないという点で、具体的な発話場面での対人的相互行為を通して、社会的距離は保持しつつ、聞き手との心理的スタンスを動的に更新していくこと[8]が可能な待遇表現形式であると捉えることができるだろう。さらに、これは、個人間の心理的距離の幅を調整できるという点で、ポライトネスをコントロールするような言語的ふるまいを指向するという解釈可能性が窺われると思われる。

　以上、「ス」の具体的な場面での実現は、社会的コードとしての側面とそれぞれの場面における対人的関係表示の方略的手段としての側面、すなわち、「敬避」と「共感」という両者が混在する可能性を示唆するものではな

いかと考える。こうした"社会的距離"と"個人間の親密さ"が常に平行線を引く相対的関係を有するものなのか、という疑問に関しては、今後、検討を要する難しい問題であると思われる。

(19)　【手術後の状態を聞かれた野球選手のインタビュー②】
　　　「(野球)やりたくてしかたない<u>っ</u>すね。いま、ホントに。7月13日ぐらいから完全復帰というか、遅くても13日ぐらいまでには復帰するというメドは立っているので…。ファンの人達の前で、また元気な姿が見せられたらいいなと思うし、そうなるよう今、一生懸命やっているので、応援よろしくお願いします。」
　　　　　　　　　　　　　　(STV札幌テレビ放送「朝6生ワイド」2010年7月放送)

　さらに、準敬体「ス」は、命題内容との関係性において、看過することのできない興味深い特徴が見られる。それは、(19)の例のように、「やりたくてしかたがない」という命題内容に「ス」が付いているという点である。つまり、これは、記者の質問に対して、話し手の本音を率直に述べている発話で、話し手の本音、私的領域に関わる内容などといったカジュアルで個人間の関係が全面に出る命題内容が述べられている。また、このような点に関しては、上記の(16)–(18)の例からも同じような特徴が窺える。このように、準敬体「ス」と「何を述べているのか」という命題内容は、非常に密接な関係があるように見える。果たして「ス」についている「話し手の本音」「話し手本人の私的領域」といった「共感」とも解釈できる命題内容が意味するのは何であろうか。上記で挙げられたいくつかの例のように、相手の私的領域に注意を向けたり、相手への関心や相手との共感を強調したりするなど、ポライトネスの観点からすれば、ポジティブ・ポライトネスをコントロールする命題内容であると見ることができる。これは、相手との距離を縮めようとする命題レベルにおける言語的ふるまいであると捉えられる。このような話し手における聞き手との距離の遠近は、命題内容によっても調整が可能で

あることを示唆するものでもある。このように、ポライトネスをコントロールする機能を持つ準敬体「ス」は、ポジティブ・ポライトネスに該当する命題内容につく傾向があるようである。

　では、この「何を述べているのか」という命題内容との関係で、「デス」と比べるとどのようなことが言えるのだろうか。上記の例で言うと、インタビューの際、例えば「なんとかですね」という、「ス」の使用より形式的で固い言い方をすると、品位・品格といったものは感じられるものの、あまり本音を語っていないというイメージがある。しかし、「なんとかすね」という言い方をすると、友好的でリラックスして語っているような感じを与える。敬体「デス」を用いる場合は、場面や役割を要請されて形式を守りながらインタビューにきちんと対応しなければならないという意識が働き、その場面に合わせた形式的な感じを与えさせると同時に、建前的で固い言い方という印象を与えやすい。一方、準形体「ス」の場合は、発話場面に合わせた形式的な感じではなく、リラックスした状態で本当の気持ち、自分の心情を正直に言っているという気持ちを与える効果があると考えられる。こうした話者個人の気持ちが全面に出る効果がある「ス」は、世間一般的にはことば使いができていない、つまり、社会語用論上、あまり適切ではないという捉え方もあるだろう。しかし、実際はそうではなく、今までの検討のように、言語学的にはもう少し細かい調整ができるということを示唆している。このように、ある新しいことばが使われるようになると、そのことば使いに関する世間一般の認識が変化するまでは、時間がかかるかもしれない。言語学というのは、記述的・客観的に分析する分野であるので、「この言い方は崩れた言い方だ」というような世間一般的な捉え方とは異なる姿勢で言語現象を捉えた方がよいのではないかと考えられる。こうした「何を述べているのか」という命題内容と「ス」という言語形式の出現との関係性については、また機会を改めて詳しく論じることにする。

5. 丁寧語形式の社会的運用能力

　4節で検討したように、準敬体の「ス」の実現においては、ある発話状況における意図的言語形式の調整という解釈が可能である。つまり、丁寧度の観点からすると、丁寧さの価値が違う3つの有標形式「ス」「デス／マス」「デゴザイマス」が対立しており、その連続性を持つ3つのスタイル内部で何らかの発話効果を狙った意図的調整を行うわけである。ここで留意すべき点は、こうした言語形式の調整を行うためには、「社会的言語運用能力の発達」(wording)、つまり、ある言語形式の選択に伴う社会的発話効果を狙ってストラテジーを発揮させるためには、（3つのスタイルにおける）発話効果の調整が可能な言語の社会的運用能力が発達していることが必須条件として要求されるという点である[9]。

(20) 【取引先の幹部達との食事会で、職場の部長に向かって仕事関係のことを言う】
　　「部長、このまま処理しましょうか？」
(21) 【会社の上司と仕事帰りのプライベートな飲み会で】
　　「部長、連休にどこか行かない<u>っす</u>か？」

　まず、(20)においては、聞き手である「上司」が話し手「部下」の敬体使用によって敬語待遇され、距離が置かれている。これは、「上司」と「部下」という同一タテ社会内部での地位の上下による規範的待遇行動で、社会的距離が丁寧語のマークによって映し出されている発話文であると言うことができる。
　次に、(21)においては、「ス」（丁寧語の機能を持つ準敬体）という待遇表現形式のマークによって、聞き手が敬語待遇され、話し手との社会的距離が置かれていることが分かる。前でも触れたように、この「ス」という待遇形式の「待遇度合」の問題について、しばしば指摘されるが、確かに「デス

と「ス」の間に響く「待遇度合」の差は多少あるかもしれない。これは、聞き手が話し手にどういう待遇意図で言語形式を用いるか、また、聞き手は、その待遇行動をどう受け止めるか、という話し手の使用意識と聞き手の解釈との間に生じるずれの問題であると思われる。

　さて、(20)の「デス」と(21)の「ス」における発話効果について考えてみよう。両者ともに敬語的待遇の意味が付与された有標形式という点では共通している。しかし、ここで留意しなければならないのは、これらの形式の間には、文体レベル、すなわち、丁寧さの度合いの相違が生じるという点である。つまり、これは、有標形式「ス」「デス／マス」「デゴザイマス」の使い分けが可能な人であれば、何らかの発話効果を狙って意図的にスタイルを可変的に調整することが可能になるということを示唆するものであると言えるだろう。

　前で触れたように、こうした丁寧度の調整が可能であるのは、発話場面とことば使いにおけるマッチングに起因する。(20)のような場面形成の要求度が高い場合においては、規範性を重視した品位の確保が要求されるが、(21)のようなくだけた場面では、場面形成の要求度が低いため、相対的に丁寧度のレベルの調整が行いやすくなる。つまり、「ス」と「マス」の丁寧さの度合いは、語用論的要素と組み合わさることで、その色彩がより濃くなると言えそうである。

6.　「ス」の使用動機

　ここでは、「ス」の使用・選択において、ワーディング(wording)の観点から、社会言語運用能力が発達しているかどうかによって、使用動機・選択動機にどのような違いが生じるのかについて検討する。また、「ス」の使用動機に関わってくると予想される他の要因についても少し触れておきたい。

6.1 社会的言語運用能力の発達と「ス」の使用

　前で既に検討したように、社会的言語運用能力が発達している話者における「ス」の使用においては、「ス」が使えるのであれば「デス」も使えるということになり、「デス」が使えないという理由で「ス」を使用するわけではない。すなわち、「デス」「ス」とも使える話者が「デス」ではなく、意図的に「ス」を選択しているという点を、語用論的調整が現れる重要な問題として考えるべきである。形式の面からすると、複雑な尊敬語や謙譲語の使用とは違って、「デス」を使うか「ス」を使うかというのは、「デ」が現れるかどうかという単純な違いであって、どちらを選択するかという話者の使用意思、選択の動機が重要なわけであり、わざわざ「デス」ではなくて「ス」を使っているというところに着目する必要がある。

　こうした「ス」について、本稿では、社会的距離（敬避的機能）を示しつつ、個人間における心理的距離を動的に調整し、「親近感」といったプラスの発話効果を導き出すということを示唆するものであると主張している。これは、親密さが感じられる関係を形成しようとする話し手の潜在的意図が「ス」の使用によって引き出されると捉えることができる。要するに、社会的言語運用能力が発達しているのであれば、「ポライトネスをコントロールする言語的ふるまい」を指向する待遇表現形式「ス」を選択することで、どういう発話効果が生み出されるのかを見通して発話を行うことが可能なわけである。このことを踏まえると、社会的言語運用能力が発達している場合の「ス」の選択・使用動機において、次のようなストラテジーが発動すると考えられる。

(22)　丁寧度を下げて相手との距離を縮めたい

　「ス」と「デス」のうち、どちらの形式を選択するかという調整は、「常体」と「敬体」のうちどちらを使うか、つまり、距離を置くか置かないかという離散的調整とは異なり、(22)のような「ス」の選択・使用動機による

品位や丁寧度を下げるというある種の段階的調整である。このように、社会言語運用能力が発達している場合における「デス→ス」という調整は、丁寧度を下げることによる効果として捉えるべきである。さらに、ネオ敬語「ス」は、「意図的」「積極的」に活用したポライトネスをコントロールする待遇表現形式として捉えるべきであって、基本的にはくだけた言い方としてネオ敬語「ス」が存在するわけではないという点に注意を払うべきである。

6.2 社会的言語運用能力の未発達と「ス」の使用

　丁寧度合いの異なる有標形式「ス」「デス／マス」「デゴザイマス」を意図的に調整するためには、それぞれ言語形式の選択に伴う発話効果の調整が可能な社会的言語運用能力が発達していることが要求される。ワーディング（wording）というのは、「人間は、そもそも学齢期までに一定の文法能力や語彙力を身につけるが、発話状況に応じて適切かつ的確に運用するための能力は、社会性が発達するにつれて発達する」という考えである。

　ここで、社会的言語能力が発達していない場合での「ス」の使用は、そもそも「選択肢がないから」という消極的な理由が１つの選択要因として考えられる。例えば、10代の場合は、どうしても使える使用語彙が限られており、知っていて理解できるけど、使わない場合もある。すなわち、理解語彙の中に使用語彙が含まれており、使用語彙は能動的に使うことができるが、理解語彙は受動的なもので、受け取るだけで自分から発信することはあまりないわけである。大人が使うような言い方を若者が聞いたとき、「意味は分かるけど、それは使わない」というものがあるわけであり、大人になり社会性が発達していくにつれて、その差が徐々に埋まっていくのである。敬語というものもそのような性質のもので、離れていた使用語彙と理解語彙の間が、段々使用語彙が大きくなって理解語彙に近いところまで、そのギャップが少なくなっていくわけである。こうした敬語の特徴は、Jacob L. Mey (1985) の言う「wording」のプロセスの１つとして当てはまるのではないだろうか。

さらに、若年層による「ス」の使用において、丁寧語形式を細かく運用できる能力が低いため、使い分けができない、つまり、発話効果の調整ができないという理由とともに、そもそも使い分ける必要がない可能性も考えられる。例えば、中学生や高校生などの10代の場合は、言語使用環境において、親・親戚・先生・友達・先輩など、心理的距離の近い身近な人との接触が多いため、一般的な日常生活の中での言語運用上、細かい調整が求められる場面が少ないわけである。そのため、若年層においての「ス」の使用理由として、「丁寧語形式を細かく使い分ける必要ない」という点が想定されると言えるだろう。

　また、ある言語形式を選択する際、言語形式を使用・選択する話者の心理、つまり、「どちらの形式を選択すると、どのような効果があるか」というストラテジーがはっきりしている場合もあるが、常に目的や狙いまで見通して発話を行っているとは限らない。例えば、「…でございます」という言い方は、「ちょっと固くて古いから使いたくない」という理由で「…です」という形式を選択するなど、別の形式に置き換える言語的操作もあるわけである。これは、加藤（2002）で言う「正の動機」と「負の動機」という「言語使用者における動機」で説明できる。加藤（2002）では、こうした言語使用者が特定の表現を用いる動機について、相反する2つの概念で説明できることを示し、説明原理を以下のように提案した。

　　新たな語形が生じるといった変化を引き起こす動機は、原則として、**正の動機**（positive motivation）と**負の動機**（negative motivation）とに二分して考えることができる。ここでいう、正の動機とは、《新しい形式（語形や用法）が必要とされているという判断によって、旧来の形式を用いず、新しい形式を用いる意思》のことであり、負の動機とは《旧来の形式（語形や用法）では不適切、あるいは、不十分だという判断によって、旧来の形式を用いることを回避するために、新しい形式を用いるという意思》のことであると説明できる。前者は、新たな形式に積極

的に移行したいという動機であるが、後者は、旧来の形式から離れたいという動機であり、新たな形式に積極的に移行しようという動機ではなく、その点で消極的な動機だとも言えるだろう。　　　（加藤 2002: 43）

　前でも触れたように、「ス」の使用は、全般的に高年齢層と比べて社会的言語運用能力が低いと考えられる若年層に偏りがあることから、「大人ぶった言い方に抵抗を感じる」という理由で「ス」を選択する可能性が考えられる。これは、加藤（2002）の「言語使用者における動機」という観点からすると、「負の動機」の発動による選択であると捉えることができる。例えば、高校生が部活の先輩、担任の先生に対して「うまいですね」のようにすれば、これは「品位が高く、落ち着き払っていて、大人ぶった感じを与える」という判断があり、それを親しい先輩や先生に用いるのは違和感があり、相応しくないという判断があれば、そこで「負の動機」が発動することになり、「うまいすね」という形式に置き換えが行われるようになる。このように、価値の異なる言語形式が2つ以上存在する場合、「こちらを選択するとこういう効果があるだろう」という目的や狙いが歴然としているストラテジーとは違って、「片方が使いたくないから片方を使う」というような単純な選択もあるわけである。ことば使いの運用能力が発達していない若者の場合は、こうした感覚的な判断による選択を行う可能性も想定される。
　以上のことから、「意図的」に「ス」を使用する（社会運用能力が発達している）大人に対し、社会言語運用能力があまり発達していない若年層における「ス」の使用理由・動機について、次のようにまとめることができる。

(23)　丁寧語形式を細かく調整する能力が低い
(24)　丁寧語形式を細かく調整する必要がないと感じている
(25)　品位が高くて大人ぶった感じがする言い方を避けたいという「負の動機」の発動

このように、言語形式を細かく調整できる社会運用能力の低い若年層においては、「ス」を能動的かつ積極的に活用する大人の場合とは違って、「他に適切な表現を知らない」「大人ぶった言い方に抵抗を感じる」など、受動的で消極的な使用理由・動機で「ス」を使用していると捉えることができるだろう。

6.3 陳述性と「ス」の使用

「ス」の使用動機との関連で、6.1 節と 6.2 節で検討した社会語用論的要因以外に、もう1つの要因として「陳述性」との関係が挙げられる。

(26)　「俺も行きたいです！」
(27)　「俺も行きたいっす！」

例(27)は、今まで検討してきた「ポライトネスをコントロールする言語的ふるまい」という語用論的観点からすると、「ス」を使用することで丁寧すぎる言い方を避けて、少し丁寧度を落とした言い方であると言うことができる。こうした語用論的動機以外に、もう1つ考えられるのは、「デス」が持つ「陳述性」という特徴である。というのは、規範的な形式である「デス」は陳述性が強く出ているため、断定的な言い方になりやすい。しかし、丁寧さを少し落とした言い方である「ス」を用いることで、(語用論的にその使用の許容度が高い発話状況に限って)形式的で陳述性の強い「デス」(例(26))と比べて相手との距離を縮めやすい言い方ということもあり、固くて断定的な言い方が緩和されるようになる。つまり、「ス」を用いることで「デス」の持つ強い陳述性が少しは緩和されるのではないかと考えられる。また、これは、加藤(2002)で言う「言語使用者における動機」からすれば、「断定的な言い方になることに対して抵抗を感じ、形式的で断定的な言い方になりやすい表現を使わずに、その効果が緩和される言い方を使う」という「負の動機」の発動によるものであると見ることができる。このことから、

陳述性という特徴は、言語形式の使用動機に少なからず関与していることが言えそうである。

7. 「ス」の中間話体としての位置づけ及び社会言語学的解釈可能性

　前でも述べたように、社会的言語運用能力が発達している話者が「デス」ではなく、意図的に「ス」を選択しているという点は語用論的調整が現れる重要な問題として考えるべきである。これまで行ってきた考察を踏まえると、「丁寧すぎる言い方よりは、少し丁寧度を落とした方が相手との距離を縮めやすい」が「ス」という聞き手待遇形式に対する１つの選択動機として考えられる。つまり、「ス」の選択は、「丁寧さの連続的尺度における待遇レベルの動的調整」「ポライトネスをコントロールする言語的ふるまい」を指向する常体と敬体の中間話体として位置づけることができると考えられる。以上の考察を踏まえて、敬語的意味を持つ有標形式「ス」を、「ダ」のような単純で中立的な常体の使い方と、敬語的待遇の意味が付与される有標の丁寧語形式「デス」という標準的な丁寧表現の中間的なスタイル、丁寧な中間話体という意味で**ネオ敬語**（neo-honorifics）[10]として位置づけたい。

　付言すると、ここで、ネオ敬語「ス」の使用に関して、社会言語学的に見てどのようなことが言えるのか、その解釈可能性について簡単に触れておきたい。まず、社会言語学的観点からすると、「ス」の使用は、全般的に女性より男性が使用する比率が高くて、年齢が高い人よりも若年層によく見られる、つまり、年齢層が若くてかつ女性より男性に偏りがある。このように年齢とジェンダーで偏りが見られるが、こうした点も「ス」の選択の理由になり得ると考えられる。ジェンダーで言えば、やや男性的な言い方というイメージが強い。また、年齢に関しては、年齢が低い人に偏りがあることから、大人のような言い方に対する抵抗を感じて意図的に「ス」を選択するかも知れない。

さらに、もう1つ興味深いのは、（共通語における）ネオ敬語「ス」と北海道方言「(ッ)ショ」の「形態的システム」や「中間話体としての位置づけ」において類似性が見られるという点である。というのは、北海道方言に見られる「〜ベ」、「〜ショ」、「〜デショ」という3つの形式において、文体レベルの対立が生じていることから分かる。

(28)　いい<u>でしょ</u>。
(29)　いい<u>(っ)しょ</u>。
(30)　いい<u>ベ</u>。

　上記の例のように、北海道方言においては、「いいでしょ」より「いい(っ)しょ」の方が丁寧度や品位の度合いが低くなり、それよりくだけた言い方として「いいべ」（共通語で言うと「いいだろー」に当たる言い方）が対立している。形態的システムからすると、「デショ」から「デ」が落ちて「ショ[11]」に転じられたと見られる点や、ネオ敬語「ス」と同じように、「デ」が落ちたと見られる位置に促音「ッ」が出現するという点で、ネオ敬語「ス」と北海道方言「ショ」との類似性が見られる。また、中間話体としての位置づけからすると、「ショ」が「デショ」と「ベ」の中間的な話体として位置づけられており、これは、ネオ敬語「ス」に対する評価と比較的に近い評価の仕方になると捉えられる。このことから分かるように、北海道方言には「ショ」という言い方があるので、ネオ敬語「ス」を「ショ」の拡張的なものとして捉えることが可能であるかも知れない。さらに、「形態的システム」や「中間話体としての位置づけ」という類似点があることから、他の地域と比べれば、ネオ敬語「ス」が普及しやすい素地があると考えられる。これは、地域方言との比較で言うと、ネオ敬語「ス」の形式的システムにおいて、それに相当する言語形式がある地域と相当する言語形式がない地域との評価はかなり違うかも知れないということを示唆するものであると言えるだろう。

8. ネオ敬語の役割語的要素

　前節で触れたように、ネオ敬語「ス」の使用において、「全般的に年齢層が若くてかつ女性より男性」という偏りが見られる形式である。こうした「ス」の使用に見られる「年齢」や「ジェンダー」における偏りは、ネオ敬語「ス」という有標形式が持つイメージにつながるものと考えられる。

(31)　【若者がよく訪れる服屋さんで、女性店員が若い男性客に対して】
　　　「お客さん、めちゃカッコいいっすね！」

　(31)のような場面形成の要求度が高い場面での「ス」の使用は、「デス」「マス」と比べて言語上の待遇価値が比較的に低いため、待遇上、決して好ましいことば使いとは言えない。しかし、近年、上記のような発話場面以外にも、ドラマや映画、エンターテイメント番組などで、若い女性による「ス」の使用が見られるようになった。これは、「デス」を使うことによる堅苦しさや近づき難い人というイメージと対立する「ス」を使用することで、新規感や気楽なイメージを与えることで、プラスの発話効果を導き出そうとする話者の意図によるものであると見ることができる。(31)の例からすると、女性の店員が男性の客に対して、型にはまった女性的な言い方で接するよりは、「あまり敬語にこだわらない」「ノリのいい若い男性」というイメージの強い「ス」を使用した方が若い男性客にとって（女性の店員に）近づきやすいという効果が得られると考えられる。また、「近づきやすい」と思わせるのは、お世辞ではなく本音で語っていると理解させる意図もあるだろう。つまり、これは、相手との心理的距離を縮めようとする意図的調整であると解釈することができるわけである。

　さらに、(31)のようなネオ敬語「ス」の使用は、金水(2003)で言う「役割語[12]」的機能を利用しているものと考えることができる。むろん、ネオ敬語「ス」は実際に使用される言語形式であるため、「ス」の使用そのもの

を「役割語」と見るのは無理がある。しかし、ネオ敬語「ス」の持つ「若い」「ノリのいい男子」「敬語にこだわらない」といったイメージを利用しているという点からすると、「ス」の使用は、1つのキャラクター、性格付けを行うようなものであると見ることができる。

(32) 【洋服屋で女性の店員が若い男性の客に対して】
 #「お客さん、スーツ姿めちゃカッコいいっすね！」

　もっとも、「ス」の使用は場面の制約を強く受けるため、(31)のような若い男性をターゲットにした服屋と比べれば、(32)のような洋服屋は、比較的にフォーマルで固いイメージが強いため、店の性格を考慮すると「ス」の使用はやや不自然で不適切な言い方という感じを与えるようになる。これは、役割語的機能からすると、比較的に場面形成の要求度が低い(31)のような発話場面においては、「若い男性をターゲットにした服屋」という店のキャラクターとして「ス」を利用していると捉えることができる。その一方で、(32)のような場面形成の要求度が高い場面においては、ネオ敬語形式「ス」の持つイメージを利用したキャラクター、つまり、役割語的機能を利用することに制約がかかると見ることができる。

ネオ敬語「ス」という形式が持つイメージ
⇕
「若い」「ノリのいい男子」「敬語にこだわらない」
⇕
"役割語的要素"

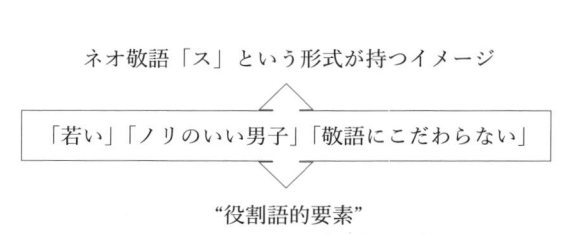

図1　ネオ敬語「ス」の役割語的要素

　前でも触れたように、ネオ敬語「ス」は、実際使用される言語形式であるため、「役割語」と捉えることはできないが、図1に示しているように、「ス」が持つイメージによる役割語的要素を利用して、キャラクターを作

り、性格付けを行うことで、ある種の役割を任せていると見ることができるだろう。

(33) 【40代の男女の会話において】
　　　女性：「なん<u>す</u>かなん<u>す</u>か！」
　　　男性：「なんすかなんすかって、なんでヤンキー口調になってるんですか？」　　　　　　　（フジテレビドラマ「最後から二番目の恋」2012年）

　例 (33) の女性の発話においても、「敬語にこだわらない若くてノリのいい男の子」という「ス」の持つイメージをキャラクターとして利用した一種の役割語的機能を持つものであると見ることができる。例えば、ネオ敬語「ス」を使用することで、さばさばしていて本音で語り、男性にこびる感じがない女性という印象を形成することができる。このように、ネオ敬語「ス」は、その形式の使用そのものを「役割語」とまでは言えないものの、「ス」の持つ役割語的要素が1つの使用動機として機能することもあると言えそうである。

9. 丁寧語形式の運用上の無標性

　これまで述べてきたように、ネオ敬語「ス」は、全般的に女性より男性が使用する比率が高くて、年齢が高い人より若年層によく見られる有標形式である。つまり、「年齢層が若くてかつ女性より男性」という年齢とジェンダーで偏りが見られる。また、特別敬体「デゴザイマス」は、場面形成の要求性が高い発話状況でよく見られる有標形式で、「ス」や「デス」「マス」と比べれば、「丁寧度・品位が非常に高い」「古い」「固い」「堅苦しい」といったイメージが強い。さらに、この「デゴザイマス」は、年齢に関して言えば、年配者がよく用いるというイメージが強いため、若年層がよく用いるというイメージが強いネオ敬語「ス」とは対照的である。こうした年齢やジェ

ンダー、丁寧の度合い、その有標形式の持つイメージなどに偏りが見られる「ス」と「デゴザイマス」に対して、「デス」「マス」は比較的にノーマルな丁寧語形式であると見ることができる。こうした3つの丁寧語形式を図に示すと以下のようになる。

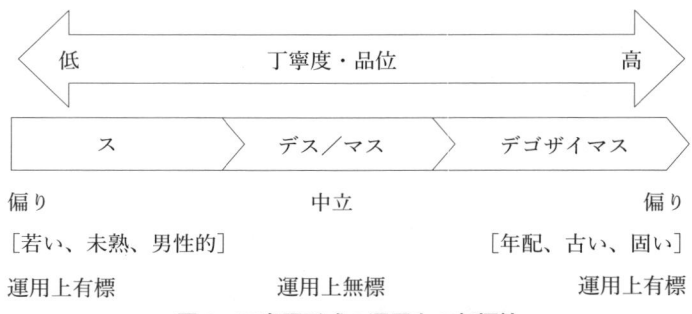

```
          低      丁寧度・品位      高
      ←─────────────────────────→

         ス    デス／マス    デゴザイマス

        偏り        中立          偏り
     [若い、未熟、男性的]      [年配、古い、固い]

      運用上有標    運用上無標    運用上有標
```

図2　丁寧語形式の運用上の無標性

つまり、「聞き手に対する配慮」を表す丁寧語形式の使用が「無標状態」である発話状況においては、丁寧語形式としてノーマルな「デス」「マス」の使用は、言語形式の運用上、無標性を帯びると捉えることができる。その一方で「ス」と「デゴザイマス」の使用においては、丁寧さの価値、言語形式の持つイメージ、使用者の年齢やジェンダーといったレジスター（register）に偏りが見られることから、無標性を帯びる「デス」「マス」と比べると、丁寧語形式の運用上、有標性を帯びると捉えることができる。こうした丁寧語形式が持つ運用上の有標性は、ある発話意図による有標的発話効果を導き出すためのきっかけとなり、また、これは具体的な場面で語用論的発話効果を生み出す重要なカギとなると言えるだろう。

10.　おわりに

本稿では、「デス」から転じて生じた「ス」の統語的特徴及び語用論的解

釈について検討を行った。「デス」の機能を継承した敬語的意味を敬語的待遇の意味を持つ有標形式「ス」は、形式の面からすると、複雑な尊敬語や謙譲語の使用とは違って、「デス」を使うか「ス」を使うかというのは、「デ」が現れるどうかという単純な違いであって、どちらを選択するかという話者の使用意思、選択の動機が重要なわけである。本稿での考察を踏まえると、「ス」という聞き手待遇表現形式に対する使用動機として、「丁寧すぎる言い方よりは、少し丁寧度を落とした方が相手との距離を縮めやすい」が考えられる。こうした「ス」の選択は、「丁寧さの連続的尺度における待遇レベルの動的調整」「ポライトネスをコントロールする言語的ふるまい」を指向する常体と敬体の中間話体として位置づけることができる。つまり、敬語的意味を持つ有標形式「ス」は、「ダ」のような単純で中立的な常体の使い方と、敬語的待遇の意味が付与される有標の丁寧語形式「デス」という標準的な丁寧表現の中間的なスタイルとして、丁寧な中間話体という意味で**ネオ敬語（neo-honorifics）**と位置づけることができる形式であり、また、1つのスピーチスタイルとして語用論的制約をかなり受ける聞き手待遇表現形式である。

　本稿では、社会言語学的観点については詳しく言及していないが、「ス」という言語形式の運用に関して、世代別、性別、社会集団の特徴などによる認識の差が当然予想される。このような点に関しては、調査などを通して再び論じる機会があれば幸いである。また、ネオ敬語形式「ス」の待遇価値が問われる原因として、「下からの言語変化」が考えられる。最初は若者を中心としてかなり限定された集団で使われていたため、上からの認識はかなり厳しかったかもしれない。こうした世代間の認識のずれを解消するのはなかなか容易なことではないが、言語形式の単純化による中間形の発生は、言語運用上の合理性を追求する発話者の意識の反映によるものではないかと思われる。今後、このような言語形式や運用における変化に注目するのは有意義なことではないだろうか。

注

1 実際の発話の中で「(ッ)ス」のように促音「ッ」が出現することがあり、促音が入った方が勢いやリズム感がある。しかし、促音が入らないことで意味・機能に変化を与えることはないことから、促音「ッ」は任意の要素ではないかと考えられる。本稿では、こうした促音「ッ」を任意の要素と見て、今回は分析対象外とする。もし、この促音「ッ」があった方が違和感を覚えないと感じるのなら、「デ」が「ッ」に置き換わったという捉え方が可能になるのではないかと考えられる。例えば、「大変スよ」のように、促音が脱落して「ス」だけ残ったという捉え方をすると、まだ「(ッ)ス」が文法的にそこまで拡張していないので、話者によってはやや違和感を覚える人もいるかも知れない。こうした「(ッ)ス」の促音に関しては、まだ議論の残るところではあるが、本稿では、促音表示を取り除いた形式「ス」を用いることにする。以上のような「ッ」の出現に関しては、本稿では、これ以上立ち入らないことにするが、これは、まだ検討の余地がある重要な問題であるため、また詳しく述べる機会があれば幸いである。

2 『口語法・同別記』(勉誠社復刊 1980)を参看したものである。

3 ただ「寒い」ではダ体になってしまうし、「寒いのです」などに言い換えても意味が違うし、苦労がつきまとったが、その後「寒いです」のような「形容詞＋デス」が進出し、名詞・形容詞にもデス、動詞にマスが付くようになり、デスマスが名実ともに整備されたことになる (井上 1995: 155)。

4 「デス」の進出傾向に関して、本稿に挙げられた現象以外にも、「カ抜き」の出現、男性も使う「でしょ」、「なるほどですね」の出現、地方共通語としての「アツイでした」、(ラ)レル敬語の東進、北海道起原の「っしょ」の拡大など、様々な傾向が見られるが、これらの詳細については、井上 (1995)、井上 (1998) を参照されたい。

5 「ス」に関する言及については、井上 (1995, 2011, 2012)、菊地 (1997: 361) を参照のこと。

6 こうした「ス」は、「活用しない」という出現の形からすると、「デス」とは違って形式の上で助動詞としての機能を失っており、形態論的に考えるとむしろ終助詞や接尾辞に近いと見ることができる。付け加えて言うと、動詞に接続する場合において統語的対立を持つ(本稿の例(5)での指摘、「マス」との分担)「デス」は、連用形を要求する語尾的性質の強い「マス」と比べると、自立性がより強いものであると見ることができる。さらに、「マス」より自立性の強い「デス」と、準敬体「ス」の比較においては、終助詞や接尾辞に近い機能をしている点からすると「ス」の方が「デス」より自立性が強くなると見ることができる。つまり、「マス」＜「デス」＜「ス」の順で自立性が強くなると言えるだろう。

7 呉・加藤（2011）では、ある待遇表現形式に伴って生み出される発話効果の向かう先が特定の聞き手ではなく、その場面を構成している不特定多数あるいは二次的聞き手に拡散すること、つまり、その発話効果を場面に持たせるという言語的システムのことを「聞き手待遇上の場面形成」と呼んでいる。
8 心理的スタンスを動的に更新するということは、言い換えると、「聞き手とどう関わるか」という心理的スタンスを「連続的」に更新するということを意味する。
9 呉（2010）では、聞き手に対する話し手の発話意図のことをストラテジーと呼んでおり、「ある発話状況において、何らかの発話効果を狙い、社会規範的・慣習的言語使用の背景に基づく無標状態から意図的に逸脱しようとする話し手の心理的操作、言語的戦略」と捉えている。また、ストラテジーが成立するためには、(i) 価値の違う2つ以上の言語表現が対立し、いずれか選択可能であること、(ii) 発話効果の調整が可能な言語の社会的運用能力が発達していること、(iii) 何らかの発話効果を狙って意図的に言語形式を調整すること、といった3つの条件を満さなければならないと主張している。丁寧体選択におけるストラテジーの関与の詳細は、呉（2010）を参照されたい。
10 ネオ敬語（neo-honorifics）は、あくまでも丁寧語形式「デス」の変形として「デス」の機能を継承した敬語的待遇の意味を持つ有標形式である点、つまり、形式上、敬語形式（honorifics）であるという点に着目して付けられた（形態論的観点からの）ネーミングである。もっとも、ここで看過してはならないのは、このネオ敬語「ス」は、機能（運用）上、文体に関わる言語的調整を行うものであり、中間的標示を行うものであるという点である。また、本稿の2節で言う「準敬体」という用語の混在について付け加えて言うと、文体として扱う際には「**準敬体**」、言語的調整を行う現象として扱う際には「**ネオ敬語**」という、見方の違いによる便宜的な使い分けである。
11 この「(ッ)ショ」というくだけた言い方としての形式は、ここ10年、関東地方でもよく見られるようになったが、より厳密的な分析のためには、社会言語学的調査が必要である。こうした「(ッ)ショ」に関して、井上（2012: 18）では、最近の敬語変化で、注目すべき一現象、若者新表現における「ッショ」を「新敬語」と位置づけて取り上げている。この「ッショ」は、北海道で使われていたもので、本来は方言起原と考えられるもので、東京圏で観察されるようになったと指摘している。また、東京圏に入るには、北海道から（千葉県君津へ）の転勤者（の子弟）の影響があったと推定している（井上史雄（2008）『社会方言学論考』明治書院）。さらに、東京圏では男が確認表現・推量表現として「でしょ」を頻用するようになったことによる（敬意低減の法則、またポライトネスへの配慮による）と指摘している。

12 金水 (2003) では、特定の人物像を想像させる、特徴ある話し方を「役割語」と呼んでいる。

参考文献

井上史雄 (1995)「丁寧表現の現在—デス・マスの行方」『国文学解釈と教材の研究』40 (14): pp. 54–61．学燈社

井上史雄 (1998)『日本語ウォッチング』(岩波新書) 岩波書店

井上史雄 (2011)『経済言語学論考』明治書院

井上史雄 (2012)「日本語敬語の変化とアジアの敬語」三宅和子・野田尚史・生越直樹編『配慮はどのように示されるか』(シリーズ社会言語学 1) pp. 3–27．ひつじ書房

呉泰均 (2010)「聞き手待遇表現の語用論的機能—丁寧体選択におけるストラテジーの関与」『北海道大学大学院・研究論集』10: pp. 135–159．北海道大学大学院文学研究科

呉泰均・加藤重広 (2011)「丁寧体選択における聞き手待遇性と場面性の関係」『日本語学会 2011 年度春季大会予稿集』pp. 107–114、日本語学会 (2011 年 5 月、於神戸大学)

呉泰均 (2012)「ネオ敬語『ス』の語用論的機能」『日本言語学会第 144 大会予稿集』、pp. 300–305、日本言語学会 (2012 年 6 月、於東京外国語大学)

加藤重広 (2002)「言語使用者における動機のあり方について」『富山大学人文学部紀要』36: pp. 43–49．富山大学

菊地康人 (1997)『敬語』(講談社学術文庫) 講談社

金水敏 (2003)『ヴァーチャル日本語　役割語の謎』岩波書店

国会調査委員会 (1917)『国語法別記』國定教科書共同販賣所

滝浦真人 (2005)『日本の敬語論—ポライトネス理論からの再検討』大修館書店

滝浦真人 (2008)『ポライトネス入門』研究社

Mey, Jacob L. (1985) *Whose Language?: a Study in Linguistic Pragmatics*. Amsterdam: John Benjamin.

付記　本稿の執筆にあたり、本書の編集者の加藤重広先生に貴重なご意見・ご教示をいただきました。深く感謝申し上げます。

接続詞「なので」の成立について

尾谷昌則

1. はじめに

　2011年に小学4年生の学習発表会を参観して驚いたことがある。小グループで環境問題について調べた成果を大きな模造紙にまとめ、保護者の前で発表するというものであったが、ほぼ全てのグループが最後に次のような発言をしていたのだ。

（1）　a.　<u>なので</u>、これからは、私も節水しようと思いました。
　　　b.　<u>なので</u>、これからはゴミを分別しようと思います。

　原因・理由を表す「ので」の伝統的な用法は、(2)aのように節末に付加する接続助詞（従属接続詞）なのだが、近年では「なので」の形で文頭に置き、先行文を承ける(2)bのような接続詞の用例が増えてきている。

（2）　a.　水資源は大切<u>なので</u>、自分も節水に協力しようと思った。
　　　b.　水資源は大切だ。<u>なので</u>、自分も節水に協力しようと思った。

付属語である接続助詞から自立語である接続詞へと変化する例は、同じ原因・理由の接続詞だけでも「だから」「ですから」「ですので」があり、他にも名詞や動詞から派生した「ゆえに」「したがって」などがある。これだけ

の接続詞がありながら、今さら何故「なので」までもが接続詞へと変化したのだろうか。そもそもいつ頃から使用されるようになったのだろうか。様々な疑問が生じるため、本稿で考察する[1]。

2. 「なので」に関する指摘と文体的特徴

2.1 話し言葉としての「なので」

　接続詞化した「なので」は、比較的新しい表現として認識されている。例えば、『読売新聞』では2004年から2005年にかけて、「なので」に新用法が生まれつつあるという内容の記事が3件も見られる（東京版2件、大阪版1件、いずれも夕刊）。この時期にこれだけ集中して取り上げられているということは、「なので」の文頭使用が世間一般に注目され始めたのもこの時期と見てよいのだろう（以下の中略は全て筆者による）[2]。

（3）　a.　目新しい言い回しも登場してきた。「なので」と文末の「し」だ。「なので」は接続詞ではないのに、「頭が痛かった。なので昨日は学校を休んだ」というふうに使う方法が流行している。（中略）
　　　　　「なので」は「だから」より語感が柔らかい。文末の「し」には断定的な言い方を避ける意図もうかがえる。先生の一人は「一種の婉曲(えんきょく)表現を多用するのは、人との距離の取り方、関係のあり方などの生活体験に乏しいためではないか」と感想を書き添えている。
　　　　　　　　　　　　（2004年1月5日『読売新聞』（東京夕刊）p.22［新日本語の現場］
　　　　　　　　　　　　　　　　　　　　　番外編（上）「「なので」「し」に新用法？」）
　　　b.　若い女性が文頭にいきなり「なのでー」と言うのを聞いたことがないだろうか。私は学生たちの発表でよく耳にする。気になる言葉の一つだ。先日もアナウンサーでイベントの司会などもしている三十歳代前半の女性が、短い説明の中で三回も「なのでー」を

使っていた。(中略)
　ところで、新用法の「なので」が口頭ばかりでなく、レポートの文章にも使われ出したのには驚いた。「それゆえに」「したがって」などと書くのではなく、「なので」と書く。これを読むと、説得力に欠ける、軽い文章に思えてくる。さすがにレポートまでは「なのでー」と語尾を伸ばして書く者はいない。それにしても、気持ち悪い。(2004年4月19日『読売新聞』(大阪夕刊) p.10 [もの知り百科]
「ことばのこばこ　なのでー」米川明彦(寄稿)」)[3]

c. 「雨なので」「好きなので」など、言葉の後に続けるのが本来の使い方だ。ところが、「なので延期になった」「なのでたくさん食べた」と、文頭に用いる例が増えている。話し言葉だけでなく、書き言葉にも広がっているようだ。
　「雨だ」「好きだ」の「だ」が活用して「な」になったものだから、「なので」だけ独立させて使うのは少々違和感がある。
　ただ、今では一語として意識されている「だから」も、元は「だ」+「から」で、同じ構造。やがては「なので」も一人前の接続詞として認められるかもしれない。
(2005年6月10日『読売新聞』(東京夕刊) p.37 [日本語・日めくり]
「なので　新しい接続詞!?」)

　これ以後、一般書でも「なので」の接続詞用法への言及が見られるようになる。以下に引用したもののうち、(4)aは口癖としてよろしくないとの指摘であるが、(4)b、cは書き言葉としてふさわしくないとの指摘がされている。

(4) a. 「なんか」や「なので」を連発するのはまだご愛敬なのですが、相手を不愉快にさせる口癖が最近目立つような気がします。その代表選手が、「逆に」「ていうか」「私的には」です。

(渡辺由佳著『かっこいい大人の女になる！　話し方レッスン』2006 年、すばる舎、Chapter4)
b. この頃は、会話の中で因果関係を表す接続詞は「なので」がデファクト・スタンダードになっている。でも、正式な文章で使ったらおかしい。
(吉岡友治著『いい文章には型がある』2013 年、PHP 研究所、p. 61)
c. 「日本は高齢社会なので」というような助詞としての「なので」ならよいのですが、「……進む。なので」というような接続詞としての「なので」は書き言葉にはなっていません。
(樋口裕一著『小論文これだけ！　書き方超基礎編—短大・推薦入試から難関校受験まで』2013 年、東洋経済新報社、p. 33)

　書き言葉としてふさわしくないとの指摘は、就職活動の際に企業へ提出するエントリーシートの書き方について指南している一般書にも見られる。例えば、菊地 (2012: 85) では、「接続詞の「なので〜」「そういうわけで〜」といった表現は話し言葉そのもの」として、使用すべきではないとしている。北原編 (2004: 44) も、「インターネットで検索すると、(中略)用例がヒットしますが、小説や新聞のデータで検索すると、ほとんどヒットしません。話し言葉では、徐々に使われてきているが、文章語としては、まだ定着していないことがわかります」と指摘している。『現代日本語書き言葉均衡コーパス』(Balanced Corpus of Contemporary Written Japanese、以下 BCCWJ)[4] を使用して「なので」の文体的特徴を調査した宮内 (2013: 95) でも、「ほとんどが話し言葉的性質を持つ文章内にしか現われない」と報告されている。話し言葉での浸透度とは裏腹に、書き言葉としては未だに定着していないことが分かる。
　接続詞化した「なので」に関する研究は少なく、一般書を含めても、北原編 (2004)、米川 (2006)、土井 (2010)、梅林 (2010)、尾谷・二枝 (2011)、山田 (2013)、宮内 (2013) など最近のものばかりだが、言語学系の文献で最

初に取り上げたのは意外に早く、接続詞の文体的特徴について言及している田中 (1984) である（梅林 2010）。田中 (1984) は、原因・理由などを表す 8 つの接続詞を取り上げた節で (5) のような例文を挙げ、「「ダカラ」「ナノデ」「ダモンデ」はくだけた言い方であり、改まった場面では、「デスカラ」「デスノデ」「ダモノデスカラ」といった敬体が用いられる」と述べている。「なので」の文体的特徴が、「くだけた言い方」「話し言葉」であるという点は、30 年経った現在でも変っていないようである。

（5）a. もう時間がない。ダカラ早くしろ。
　　　b. 父親が病気なんです。ナノデ生活が苦しいようです。
　　　c. 夕立が来てね。ダモンデ、タクシーが捕まらなかったの。

2.2　書き言葉へ進出する「なので」

　北原 (2004) の指摘をさらに発展させた梅林 (2010: 81) は、学生達が「なので」を書き言葉でも使用するようになった理由について、「単に言葉の乱れというだけでなく、文体的制約からくる苦渋の選択なのかもしれないといった斟酌もなされてくる」と前置きした上で、以下のように述べている。

　　「それゆえ」はもちろん、「したがって」も堅い印象のする語で、日常の会話ではなかなか見聞きされない語である。したがって、文章を書き慣れていない学生においては、初めから、「ですから」「なので」「だから」ぐらいに使用語彙が限定されてしまっているのではないだろうか。そして、レポート執筆法などの書で、「文体は「です、ます」は避ける。」「文末は「のである、である、のだ、だ、た、い」などにする。」（ともに石原千秋（二〇〇六）、三五頁）と示されることによって、手持ちの接続詞からデス体の「ですから」がさらに消去され、「なので」「だから」が残ることになる。この時点で、「だから」は話しことばであるという見識が働くと、残るは「なので」のみとなってしまい、結果とし

てそれを使用せざるをえないという苦渋の選択が完成してしまうと推察してみるのである。
(梅林 2010: 81–82)

　この指摘は的を射たものである。付言するならば、これはレポートを執筆する大学生に限ったことではないと思われる。冒頭でも示したように、「なので」の接続詞用法は小学生(私の経験上は、小学4年生)にまで及んでいるため、幼児・児童の頃からの語彙発達も考慮しなければならない。4・5・6歳児の幼児(計102名)の語彙の発達実態を調査した藤友(1980)によれば、4・5・6歳児にとっては「～して、そしたら、そして、それから、それで、だから、だけど、でも」の8語が接続詞の基本語彙であるという。この中で、原因・理由をハッキリと表すものは「だから」のみであり、理由の意味が少々曖昧になる「それで」を含めても2語しかない。幼児が書き言葉を使用しないのは当然としても、その傾向は小学生になってもしばらくは受け継がれるものと考えられるため、「だから」「それで」の次に習得される原因・理由の接続詞が何なのかが問題になる。

　それに関しては、40年前の調査結果ではあるが、市川(1977)が参考になる。小学2・4・6年生および中学3年生が昭和49～50年(1974～75年)に書いた作文(計146編)における使用語彙を調査した市川(1977)によれば、小2・小4は順接の「それで」や添加の「それから」を多用するなど共通点が多く、小6と中3は客観的、論理的なニュアンスを持った接続詞を使用するなどの共通点が見られるとのことである。その中から、「なので」と同じ意味類である順接の接続詞の調査結果のみを以下に抜粋する。

表1　児童作文に見られた接続詞の推移(市川1977)

小2	小4	小6	中3
だから(54.5%)	それで(35.7%)	だから(52.6%)	だから(61.9%)
それで(36.4%)	だから(14.3%)	そ(う)したら(26.3%)	そこで(14.3%)
	ですから(28.6%)	そこで(10.5%)	したがって(14.3%)
	すると(14.3%)		

市川 (1977: 1050) に示されている一覧表では、使用率10％未満の接続詞が省略されているため、完全な議論はできないが、大まかな傾向をさぐることはできる。全学年に渡って、「だから」が比較的多く使用されており、書き言葉的な接続詞としては小学4年生で現われる「すると」、小学6年生の「そこで」、中学3年生の「したがって」などが見られる。

　注目すべきは、小学4年生でのみ「ですから」(28.6%) が見られ、同じ意味を表すと考えられる「だから」(14.3%) の使用率がこの学年だけ著しく低くなっている点である。「ですから」が「だから」の丁寧形として、つまり競合する存在として認識されているためと考えられるが、同時に、先生＝大人に読まれることを意識し始めるためか、「作文は、普段使用している話し言葉ではなく、丁寧な言葉で書かなければならない」という意識が芽ばえ始める時期であろうとも推察される。従って、普段の会話で使用している「だから」よりもフォーマルな、大人らしい響きのある表現ということで「ですから」が選ばれたものと考えられる。

　ただし、「ですから」はやや丁寧過ぎる。例えば、小学生が (6) a のように使用するのはいささか違和感がある。普通なら (6) b のように書くのではないだろうか[5]。

(6)　a. 今日は良い天気ですから、外でサッカーをしました。
　　　b. 今日は良い天気なので、外でサッカーをしました。

いくらデス・マス調の文体であっても、(6) a のような「ですから」は丁寧過ぎるため、これを違和感なく使用する小学生はまずいないであろう。そのため、作文で接続詞を選ぶ際にも、「ですので」や「ですから」が丁寧な表現であることは承知しつつも、現代の児童は敢えてそれらを回避し、「だから」よりも少々丁寧さを増したものとして「なので」を使用するに至ったものと考えられる。冒頭でも紹介したように、小学4年生が学習発表会で「なので」を多用していた事実を考え合わせても、「作文や発表の場面では、普

段とは少し違う、丁寧な言葉を使わねばならない」という意識が芽ばえ始めるのはちょうどこの年齢あたりなのであろう[6]。

　このことは、『毎日新聞』に掲載されていた小学生の作文からもうかがえる。「なので」の事例を収集するために新聞データ・ベースを検索していたところ、他の年には見られなかったのだが、1994年の地方版にだけ集中して4件の使用例が見られた。いずれも小学5年生の作文であることから、この年にだけそのような企画が一斉に組まれたのかもしれない。うち2件のみを以下に示す（下線は筆者）。

（7）　a.　二十一世紀になるころは、洋服のデザイナーになっていればいいと思います。いろいろな服をデザインしてみんなに着てもらいたいです。なので、二十一世紀になっているときが楽しみです。
　　　　　　（1994年7月15日『毎日新聞』地方版／長野［私の21世紀］小学5年生）
　　　b.　ぼくの将来の夢は、サッカー選手です。うまいパスや、シュートをやっているサッカー選手の、そんな所にあこがれました。でもサッカー選手になるには、たくさんの練習が必要です。なので毎日練習をがんばってやりたいです。
　　　　　　（1994年11月26日『毎日新聞』地方版／静岡［私のゆめ］小学5年生）

これらは全てデス・マス体で書かれているため、「なので」が丁寧な文体で使用される接続詞として意識されているものと考えられる。

2.3　「なので」の語用論的特徴

　文体的な特徴からもう一歩踏み込んで、語用論的な特徴はどうであろうか。(3)aに引用した2004年の新聞記事には「「なので」は「だから」より語感が柔らかい。（中略）先生の一人は「一種の婉曲表現を多用するのは、人との距離の取り方、関係のあり方などの生活体験に乏しいためではないか」と感想を書き添えている」とあり、対人関係を円滑にするための婉曲表

現の一種とされている。北原編 (2004: 45) は、「「だから」では、理由をごり押しする感じがするが、「ですから」では、畏まり過ぎるか気取り過ぎる、というので、「なので」の出番となったのでしょう」と指摘しており、やはり対人関係に配慮した表現であることが指摘されている。ポライトネス (Brown and Levinson 1987) の観点から考察した尾谷・二枝 (2011: 266) は、「人と人の関係は、ウチとソトの二分法で容易に分類しうるものではない。例えばサークルの先輩などは、決して対等な立場とは言えないが、かといってソトの人間でもない。そういった親疎の境界線が曖昧な間柄では、相手を遠ざけるネガティブ・ポライトネスと同時に、親近感を表すポジティブ・ポライトネスの要素も必要となる。そこで、両者を同時に実現しうる言語表現として、「なので」が創発したと考えられる」と指摘し、「なので」が丁寧さに関して「だから」と「ですから」の中間に位置するものとしている。

表2 「なので」の創発について (尾谷・二枝 2011: 267)

	丁寧 ←		→ 非丁寧
カラ系	ですから		だから
ノデ系	ですので →	なので	

2.4 まとめ

以上、「なので」に関する様々な指摘を紹介してきたが、それらをまとめると次のようになる。

① 1984年ごろには、すでに「なので」の接続詞用法が存在していた。
② しかし、一般的に広く意識され始めたのは2004年ごろ。
③ 話し言葉として主に用いられており、丁寧度という点からすると、「だから」よりも丁寧な表現として位置づけられている。
④ 最近では大学生のレポートなどにも散見されるが、書き言葉としての使用は小学生の頃から始まっている。

⑤ただし、まだ書き言葉としては正式に認められていないため、公的文
　書での使用を控えるよう指摘する一般書が多い。

上記の①に関しては、どの文献にも具体的な使用例が紹介されていないが、本研究で得られた事例を次節で紹介したい。②については、いわゆる「日本語の乱れ」として世間一般で騒がれ始めた時期でしかなく、実際に使用率が増加し始めた時期はもう少し先であったことを次節にて示す。さらに、「なので」が出現した背景には、指示詞との共起による接続詞化が関与していた可能性があることを論じる。

3.　「なので」の成立について

3.1　コーパスにおける「なので」の初出時期

　前節でも見たように、最も早く接続詞「なので」に言及しているのは田中 (1984) である。つまり、少なくとも 1984 年には既に口語でそれなりに定着していたものと考えられるが、その発生時期については特定できていない。田中 (1984: 108) は、「「ダカラ」は、幕末期の江戸語に現れ、……（中略）……「ナノデ」「ダモンデ」は近代以降の成立とみられる」としていた。しかし、ほぼ同じ内容を掲載している田中 (2001: 268) では、「「ナノデ」「ダモンデ」は明治以降の成立とみられる」と修正されているため、大正期から使用されていた可能性があるのかもしれない[7]。

　宮内 (2013) は、BCCWJ や『国会会議録検索システム』[8]を用いて、接続詞「なので」の文体的特徴に関する調査を行っており、前者での初出は 1995 年、後者での初出は 1999 年ということであった（下線は筆者）。

(8)　あたしはー　なんて言おう？　なんて言ったらいいだろう？　あたふ
　　　たと考えて、うまい言葉が見つからなくて。　なので、よけいに、な
　　　にを言ったらいいか、わからなくなった。

（BCCWJ ID: LBj9_00117『婚約時代・18歳』1995 講談社　小川夏野著

著者生年代：1960）

　小説や新聞などは、新しい表現をあまり積極的には用いない傾向があるため、使用事例が少ないのも無理はない。しかし、ライトノベルであれば若者言葉や新規表現も見つかる可能性があるので、計406冊をスキャン・OCR処理したもので接続詞の「なので」を検索してみたところ、25例が見つかった。

表3　ライトノベルおける接続詞「なので」の使用件数

年代（作品数）	件数
1985–92（7）	0
1993（21）	0
1994（28）	0
1995（41）	3
1996（33）	0
1997（40）	1
1998（83）	10
1999（73）	8
2000（80）	3

資料自体が少ないためか、1994年以前の用例は見つからなかった。1995年に見つかった3件も、全て1冊の小説（本沢みなみ著『東京 ANGEL ——少年たちの真夜中を撃て！』集英社）からであった。

　新聞・雑誌記事データ・ベースで検索したところでは、雑誌での初出は1994年の『アエラ』、新聞での初出は1992年にタレントの藤田朋子が書いたエッセイであった（下線は筆者）。

（9）　昔の自分は上司夫人がパーティーを開くと聞けば、早めに行って準備を手伝った。夫が上司となった今は下に頼んでも忙しい、とあっさり

断られる。<u>なので</u>ケータリングサービスかレストラン利用がもっぱら（航空会社関係者） 　　　　　　　　（1994年06月20日『アエラ』p. 58）

(10) 　この刑事課のシーンでは、女性は私一人です。<u>なので</u>私以外の男性陣を、まとめて呼ぶ時、スタッフさんは「ヤローズ（野郎の複数形です）の皆さん、お願いします！」となります。
　　　　　　　　　　　　　（1992年6月18日『読売新聞』東京夕刊、p. 9）

　さらに古い使用例は、『国会会議録検索システム』で見つかった。新聞初出の1992年よりも遙かに早い、1966年である。（下線は筆者）

(11) 　ちょっと計算さしていただきたく時間がほしいのですが、三十八年を一〇〇とした資料がございませんので、年度別にいたしますと、三十九年が前年に対して四・八、四十年が前年に対して七・五程度だと思いますが、<u>なので</u>、少し時間をいただいて、計算をすぐにいたしますから。　　（1966年3月19日、第51回国会、予算委員会、中西一郎議員）

国会会議録では、初出が1966年にもかかわらず、次に見られたのは12年後の1978年（1件）で、その次は5年後の1983年（1件）であった。連続して出現し始めるのは1999年からであり、使用例が10件を超えるのは2003年である。この直後に、北原編（2004）や米川（2006）が「なので」の接続使用法を比較的新しいものとして紹介していることから、一般的に普及し始めたのも2000年頃からと見てよい[9]。

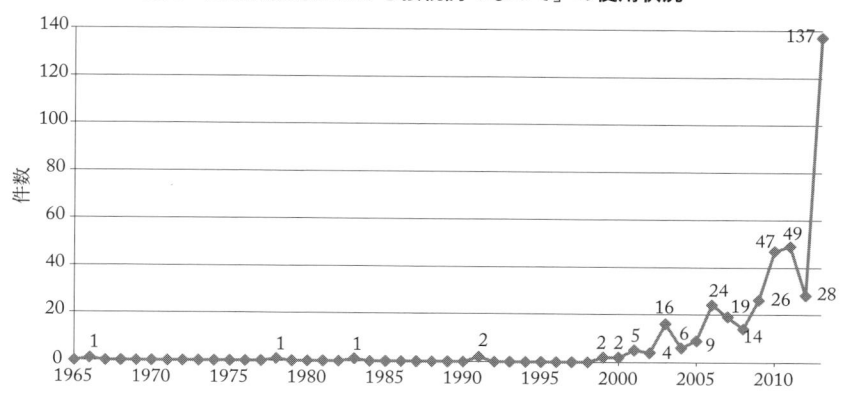

表4　国会会議録における接続詞「なので」の使用状況[10]

今回の調査で発見された使用事例で最も古い(11)は1966年であるため、田中(1984)が刊行された当時には既に「なので」の接続詞用法が存在していたことが裏付けられた。ただし、田中(2001)が指摘するように、「なので」の接続詞用法の成立が明治以降、つまり1912年以後であるとするならば、その成立時期は(11)よりもさらに半世紀ほど早い可能性がある。その可能性の一例として、『近代女性雑誌コーパス』[11]で見つかった以下の事例を示す。読者から投稿された短い文章（作品）が雑誌編集者の寸評付きで紹介されているコーナーに、「郵便」と題する以下のような文章が掲載されていた。

(12) 「郵便」
　　　『姉ちゃん書けた？』『えゝ書いたわ、さあ持つてゆきませう』パツと燃える様な緋紅絹を膝に置いて、うつとりと頸をたれてゐる、その人の後から、抜き足しながら姉弟は入つた。『姉さん、郵便を』つや〳〵しい島田の上から四つに折つた紙を膝に落すと、そのまゝバタバタ駆け出して行つた。
　　　今彼女は、一日々々と近づき迫つて來る日と、それ迄に縫ふべき

物とを数へ乍ら、軽い不安を感じて居た矢先、なので、びつくりして顔を上げた。

ねえさん、およめにいらつしやるつて、ほんとですか。私達の一とう好きな姉さん、どこへもゆかないで下さい。みよ子ヨシヲ。

『まあいやな』耳朶の根まで赤くなつた彼女は、四邊を見廻してほつとした。襖の蔭から又しても出て來た二人は、姉の肩に膝に縋りついた。暖い春の陽は抱き合つた三人の上にさん〜〜と照つてゐた。

（評）可愛い文章だ。

（『婦人倶楽部』1925年06号、NDC913、P359A006〜P359B005）

ここで使用されている「なので」は、直前の読点を削除しても文が成立するため、明確に接続詞化している事例とは言えない。しかし、直前に読点が打たれているということは、少なくともそこに何らかの切れ目が意識されていることの現われであり、文頭に配置される接続詞用法の萌芽と見ることも可能である。とすれば、接続詞「なので」の成立は1925年以降と推察することもできるが、これ以上の考察は新たな資料の調査を待たねばならない。

3.2　接続助詞から接続詞化へ

　本節では、「なので」が独立して文頭に立つようになったプロセスについて、文法化（Lehman 1985, Heine and Hünnemeyer 1991, Hopper and Traugott 1993）の観点から考える。京極・松井（1973）でも指摘されているように、日本語には固有の接続詞がない。和語系接続詞の本格的な発展は中世以降であり、その多くは動詞からの転成や指示代名詞と助詞などが結びついた複合形式が変化したものである。

　例えば、山梨（1995: 69）は、古代語の順接の接続詞「さらば」が先行文脈との照応的な機能を果たす「さあれば」から変化したものであるという『日本国語大辞典』（第九巻：158）を引用した上で、接続助詞が先行文と照応する指示詞を伴うことで従属節から切り離され、独立した接続詞もしくは談話

標識へと変化した事例を指摘しており、類例は黒田（1994）にも見られる。

(13) a. 花子がパーティに行くなら、僕も行く。
　　 b. Ａ．花子がパーティに行くよ。
　　　　 Ｂ：それなら、僕も行く。
　　 c. Ａ．花子がパーティに行くよ。
　　　　 Ｂ：なら、僕も行く。　　　　　　　　　　　　（山梨 1995）
(14) a. ガリレオの主張は正しかったのに、彼は糾弾された。
　　 b. ガリレオの主張は正しかった。それなのに、彼は糾弾された。
　　 c. ガリレオの主張は正しかった。なのに、彼は糾弾された。
　　　　　　　　　　　　　　　　　　　　　　　　　　（黒田 1994）

例文（13）a では、「花子がパーティに行く」という前文に「なら」が付いて条件の従属節を成し、後続する主節と結びつけているため、「なら」は接続助詞とされる。しかし、（13）b では A の先行発言を承ける指示代名詞「それ」に「なら」を付けて、別人 B が発話している。「それ」という体言に接続しているため、やはり接続助詞（＝付属語）と見ることも可能ではあるが、前文から独立して文頭に立っているという点で、「それなら」を 1 つの接続詞と見ることもできる。さらに、（13）c では指示詞「それ」が脱落し、「なら」が単独で文頭に立っている。付属語であるはずの「なら」が、自立語を伴わずに単独で使用されていることから、（13）c の「なら」は 1 つの独立した接続詞になっていると考えられる。類例としては、（14）以外にも「（それ）では、」「（そう）だけど」「（それ）ゆえに」などが考えられる。このように、接続助詞が従属節から独立し、接続詞へと変化するプロセスでは、従属節になるはずであった先行文を承ける指示代名詞の存在が、変化のつなぎ役として重要な役割を果たしている[12]。

　しかし、中には代名詞によるリンキングが存在しないと思われる事例もある（Matsumoto 1998: 342）。例えば、逆接の接続詞「が」には、指示代名詞

と共起する事例は考えにくい。

(15) a. 太郎は若いが、よくやるよ。
　　 b. 太郎は若い。が、よくやるよ。
(16) 太郎は若い。{*それ／*そう}だが、よくやるよ。

このタイプでは、指示詞を介さずに、単に文の切れ目が変化しただけと見なすべきかもしれない。逆接とは、前件とは何らかの矛盾を含んだ後件を導くものであるため、聞き手の驚きを引き出すなどの効果を狙って、あえて前件でポーズを置き、一旦文が終了したかのように認識させた後で、その予想を裏切るような発言を続ける場合がよくある。例えば、以下の通りである。

(17) ソース＆しょうゆが醸し出す、筆舌に尽くし難い禁断の香辛味。どう考えても、「ソース＆しょうゆ」はおかしい､､､のに、ありです。
　　　　　　　　　　（BCCWJ　Yahoo!ブログ　2008 ID: OY14_19661）

　従属節の末尾にある接続助詞が文頭に立ち、接続詞へと変化したのは、こうした発話が繰り返されることで、複文構造の再分析（reanalysis）が起こったためと考えられる（以下の「｜」はポーズを表す）。

(18) a. 太郎は若いが｜よくやるよ。
　　　　　　↓再分析
　　 b. 太郎は若い｜がよくやるよ。

実際の発話では、後続節により聞き手の注意を向けるために、逆接の「が」の前だけではなく直後にもポーズを入れて「太郎は若い｜が｜よくやるよ」と発話する場合もあるだろうが、「が」の直後にポーズを置かず、「が」と後続節をあたかも一塊のように「がよくやるよ」と発話する場合も多い。

さて、以上の議論を「なので」に当てはめるとどうなるだろうか。接続詞化の中間段階として、指示代名詞と共起した「それなので」や「そうなので」のような表現が接続詞化のリンキングを果たしたと考えられるだろうか。論理的には、(19) a から (19) c への変化の中間段階として (19) b のようなものを考えられなくもないが、筆者の内省ではやや不自然に感じられる。実際に、前述のライトノベル・コーパスで調べてみたが、「それなので」や「そうなので」といった用例は一件もヒットしなかった。

(19) a. 太郎は<u>若いので</u>、まだ頼りなく見える。
　　 b. 太郎は若い。?<u>それ(そう)なので</u>、まだ頼りなく見える。
　　 c. 太郎は若い。<u>なので</u>、まだ頼りなく見える。

しかし、BCCWJ では 12 件、『男性のことば・職場編』(ひつじ書房)では音便化した「それなんで」が 1 件ヒットした。

(20) a. 治療所は出町に近い。<u>それなので</u>、歩いて通う毎日だ……(下略)
　　　　　　　(BCCWJ ID: LBf9_00210　書籍　水上勉『在所の桜』1991 年)
　　 b. 自分で思ったようにはいかないものだ。<u>それなので</u>、結局はただわが身を正して振るまい、人を責めないことだ。
　　　　　　　(BCCWJ ID: PM51_00812　雑誌『ウォーキングマガジン』2005 年)
　　 c. 私は吹奏楽部に所属していたので、ちゃんとどういうものかは分かります。<u>それなので</u>、確かにこの本はその特徴とマイナー性を捉えているなあという印象を受けました。
　　　　　　　(BCCWJ ID: OY14_04281Yahoo! ブログ　2008 年)
(21) ……新人さんにとって部分一致ってゆうのはー、新浦安とかー、オリエンタル、そのことを部分一致ってゆう、ってゆうぐらいにしかー、ほんとは捉えてないんですねー。<u>それなんで</u>ー、このへんーもーまた、フォローしてかなきゃいけないってゆうのでー、でー、いろんな

項目を見て……　　　　　　　　　　　　　（『男性のことば・職場編』より）

接続詞としての「それなので」が最も多く見つかったのは、計53例もヒットした国会会議録検索システムであった[13]（下線は筆者）。

(22) a. ただいまみな必要な機構として、必要な人員を持っておるのでありますが、今回の整理におきましては、出先現業機関については、これこれの基準をもって整理するということになっておりますので、先ほどの井上さんの質問は、実は出先農地局が非常な大幅な切られ方をしておって、その上に本省における企画事務も非常に減っておるというお話でありました。<u>それなので</u>、私は一般整理でやっておるのでありまして、そういうような激減はしていないということを申しただけでございます。
　　　　（1951年11月9日、第12回国会、内閣・地方行政・農林・人事・運輸・
　　　　　労働・経済安定委員会連合審査会、根本龍太郎議員）
　　b. 私の聞いたのは、一両年前までの家賃というものは、他の官庁その他と比べて均衡がとれたものであったかどうか、こう聞いたのです。そうしたらあなたは、そこに入っている人は移動が多いということを答えられた。<u>それなので</u>、移動の多い人が借りる家の家賃というものは、大体日本の慣例では安くなっているのか、こう聞いたのです。
　　　　（1951年11月13日、第12回国会、行政監察特別委員会、山口武秀議員）

国会会議録での初出は意外に早く、1951年に2件見られるのだが、その後は0件もしくは1件という年が46年間も続き、1998年に初めて3件の使用が見られる。しかし、表4で示した「なので」の爆発的な増加とは裏腹に、「それなので」は2001年の9件をピークに、その後は減少する（表5を参照）[14,15]。

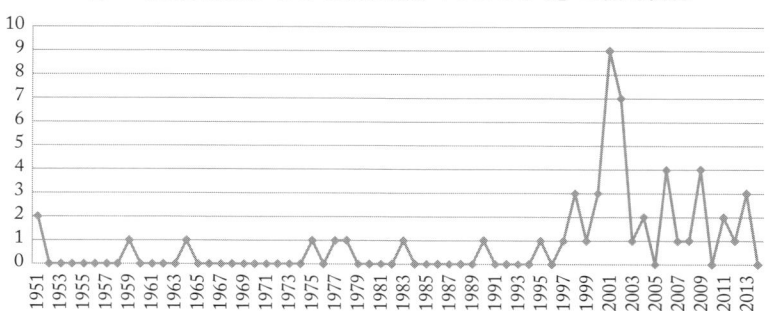

表 5　国会会議録における接続詞的「それなので」の使用状況

　ここで、奇妙な一致に気づく。「それなので」の使用が増え始めた時期（表5）が、「なので」の使用数が増え始めた時期（表4）とほぼ一致するのである。共に2000年前後から使用事例が増えている状況は、両方の表を重ねてみるとよく分かる（表6）。

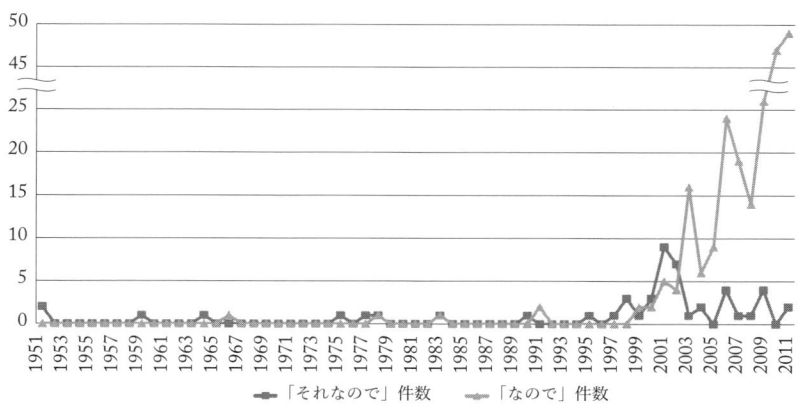

表 6　「それなので」と「なので」の使用状況比較

　ここで注目したいのは、次の2点である。まず、「それなので」と「なので」の使用数が増え始める時期のずれである。「それなので」は1997年からほぼ毎年出現するようになるが、「なので」はその2年後の1999年から

毎年出現するようになる。つまり、わずか2年の違いではあるが、指示詞付きの「それなので」が先行して使用数を伸ばしはじめ、その後に、「それ」が脱落した「なので」の使用数が増え始めるのである。

　もう1つ注目すべき点は、「それなので」と「なので」の使用頻度の逆転である。「それなので」は1997年から使用数を伸ばすが、わずか4年後の2001年（9件）をピークに、その後は減少してしまう。それと入れ替わるように、2003年から「なので」の使用数が著しく増加する。これは決して偶然ではなく、むしろ「それなので」の衰退と「なので」の増加が連動していると見るべきであろう。「それ」が省略された「なので」が定着したことで、相対的に古い表現である「それなので」が衰退したのだと考えられる。

　以上のことから、「なので」の出現には、前文を承ける指示詞「それ」を伴った「それなので」が何らかの形で貢献していたと考えられる。このことは、「なので」も(13)や(14)で見た例と同様のプロセスで接続詞化したことを示唆するものである。

　ただし、このような事実はあくまでも近年の「なので」が定着したプロセスを示すものであり、(15)〜(18)で見たような、指示詞を介さないプロセスが「なので」の初出に関与した可能性を否定することはできない。例えば、1925年の『婦人倶楽部』に見られた(12)の例は、「なので」の直前に読点が打たれており、そこに文の「切れ目」が意識されていると考えられる。とすれば、指示詞との共起を介さずに、再分析によって接続詞化した可能性も無いわけでは無い。紙幅の都合もあるため、この点については稿を改めることにする。

4.　まとめ

　本稿では、接続詞化した「なので」の使用状況を調査し、1966年にまでその使用例を遡ることができた。しかし、田中（1984）が指摘するように、その成立時期がもう少し早い可能性があるため、それは今後の課題としたい。

「なので」の出現要因としては、大人による使用例だけでなく、小学生の作文における使用例などから見ても、尾谷・二枝（2011）によるポライトネスを考慮した動機が有力であることが改めて確認された。「「だから」は主張をごり押しする感がある」ために避けられたという側面も、大人が発話する場合にはあるかもしれないが、小学生の作文にはそのような側面は見られず、むしろ他者へ伝えることを意識した、一種の丁寧表現として「なので」が選択されたと考えられる。いずれにせよ、他者との関係を意識した言語使用であることには間違いないため、さらに深く語用論的な使用動機について考察する必要があろう。

　最後に、国会会議録における「それなので」と「なので」の使用状況の推移に基づいて、「それなので」から指示詞が脱落し、「なので」が独立した接続詞として定着したと主張した。それほど大量の使用例が見つかったわけではないため、使用実態の推移を完全に把握したとは言い難いが、まとまったデータ量があり、しかも経年変化を見ることができるコーパスは他にない上、同様の接続詞化プロセスが先行研究でも指摘されている。なので、本稿での主張はそれなりに妥当性があるものと思われる。

注
1　本稿では、従属節を導く場合の「なので」は接続助詞、文頭に現われる「なので」は接続詞と呼ぶことにする。後者に関しては、接続詞という品詞を独立して認めるか（山田 1908, 1936、橋本 1948, 1969）、それとも副詞の一種として扱うか（松下 1930、時枝 1950、芳賀 1961, 1982、渡辺 1971）で議論が分かれるが、本稿で扱う文頭の「なので」について触れた北原編（2004）、梅林（2010）、宮内（2013）などが接続詞と呼んでいるため、それに倣って接続詞と呼ぶことにする。
2　次節でも触れるが、北原編（2004）、米川（2006）などの一般向け書籍でも「なので」が取り上げられているため、文頭での接続詞用法が広く意識され始めた時期はやはり 2004 年頃であったと考えられる。
3　米川明彦氏によるこの寄稿は、そのまま米川（2006）に踏襲されている。

4 『現代日本語書き言葉均衡コーパス』(http://www.ninjal.ac.jp/corpus_center/bccwj/) は、書き言葉の全体像を把握するために書籍・雑誌・新聞・白書・ブログ・掲示板・教科書・法律・議事録などのジャンルから収集された、総語数1億を超える巨大コーパスである。その設計概要については、山崎誠氏による以下の文書を参照されたい。
「第2章 『現代日本語書き言葉均衡コーパス』の設計」http://www.ninjal.ac.jp/corpus_center/bccwj/doc/manual/BCCWJ_Manual_02.pdf

5 「ですから」が丁寧な表現なのは勿論であるが、「なので」も比較的丁寧な表現であることは疑いない。山本(2001)は「から」と「ので」の違いについてポライトネスの観点から分析し、「ので」の方が丁寧な表現であると主張しており、同様の見解は谷部(2002)にも見られる。

6 児童の作文における接続詞の使用状況に関する研究は他にもある。小学5年生(計28名)が1年間に書いた全ての作文における接続詞の使用状況を調査した原(2006: 76)は、接続詞の使用総数に占める出現頻度がもっとも高いのが「でも」(32%)、「だから」(14%)、「そして」(13%)であったと報告している。この3つはいずれも話し言葉的な接続詞であり、これだけで全体の6割弱を占める。中には、「しかし」や「また」といった書き言葉的な接続詞もわずかに見られるが、収集された全ての接続詞とその使用頻度が開示されているわけではないので、全容は分からない。しかし、少なくとも小学5年生の作文が、書き言葉的よりも話し言葉中心に構成されている様子がうかがえ、市川(1977)で報告されている40年前の児童作文よりも、やや話し言葉が増えていることが分かる。

7 青木(1973)は、上代から近現代に至るまでの「接続詞および接続詞的語彙一覧」として計849の接続詞的語彙を挙げているが、その中に「なので」は見られない。ただし、語彙の採取に使用した資料は各時代の文学作品が中心であり、しかも明治・大正期のものは計14作品、昭和期はわずか3作品のみであるため、当時は比較的新しい口語表現であったと思われる「なので」が採取されていないのも無理はない。

8 『国会会議録検索システム』(http://kokkai.ndl.go.jp/)は、昭和22(1947)年の第1回国会からの本会議および委員会の会議録全文を検索できるようにしたデータ・ベースである。

9 同じ会議内で同一人物が「なので」を2度使用したケースが2例あったが、それぞれ1回の使用としてカウントした。

10 1966年〜2001年までの計14件の使用者は以下の通りである(ただし、一般人の氏名はアルファベットにしてある)。初出の使用者は40歳であるが、その後の使用者を見ると、決して若者言葉とは言えないことが分かる。

使用年	使用者	生年	出身	発言時年齢	備考
1966	中西一郎	1915	兵庫県	40歳	自由民主党
1978	志苫裕	1927	新潟県	51歳	日本社会党
1983	下田京子	1940	福島県	43歳	日本共産党
1991	神谷信之助	1924	京都府	63歳	日本共産党
1991	上原康助	1932	沖縄県	59歳	日本社会党・護憲共同
1999	Aさん	1961	東京都	38歳	（参考人）企業取締役
1999	保坂展人	1955	宮城県	44歳	社会民主党・市民連合
2000	Bさん	1965	──	35歳	（参考人）テレビ局ディレクター
2000	西山登紀子	1943	──	57歳	日本共産党
2001	Cさん	──	──	──	（参考人）大学助教授
2001	今野東	1947	宮城県	54歳	民主党・無所属クラブ
2001	上田勇	1958	神奈川県	43歳	公明党
2001	鈴木寛	1964	兵庫県	37歳	民主党・新緑風会
2001	Dさん	──	──	──	（公述人）大学生

　また、出身地を見ても、東西に分布しており、特定の方言でもなさそうである。同様のことは、2014年上半期までに「なので」を10回以上使用した議員を見ても言える。やや東日本出身者に偏っている感はあるが、そもそも議員の任期がそれぞれ異なるため、軽々には判断できない。

順位	使用者	使用数	生年、出身地
1	高橋千鶴子	32	1959年、秋田生まれ
2	椎名毅	26	1975年、東京生まれ
3	赤澤亮正	23	1960年、東京生まれ
4	新藤義孝	21	1958年、埼玉生まれ
5	福井照	16	1953年、大阪生まれ
6	小西洋之	15	1872年、徳島生まれ
7	田沼隆志	13	1975年、千葉生まれ
8	林宙紀	11	1977年、宮城生まれ
9	島尻安伊子	10	1965年、宮城生まれ

11 『近代女性雑誌コーパス』(http://www.ninjal.ac.jp/corpus_center/cmj/woman-mag/)は、明治後期～大正期の女性雑誌3種、計40冊の全文を収めたコーパスである。概要については田中牧郎氏による以下の文書を参照されたい。
　「『近代女性雑誌コーパス』の概要」http://www.ninjal.ac.jp/corpus_center/cmj/doc/19w-mag-summary.pdf

12 一般的に、文法化 (grammaticalization) は内容語（自立語）から機能語（付属語）へ

と変化するものとされている。しかし、Onodera (1995)、小野寺 (1996) では、日本語の接続詞の中には付属語である助詞が接続助詞となり、やがて自立的な接続詞へと変化したものが多く、一般的な文法化とは逆の傾向を示すとの指摘がなされている。

13 BCCWJ でヒットした 12 件の内訳は、Yahoo ブログが 3 件、Yahoo 知恵袋が 2 件、書籍が 1 件、雑誌が 2 件、国会会議録が 4 件であった。国会会議録の 4 件は、国会会議録検索システムでヒットした 53 件でもヒットしている。

14 ダウンロードした青空文庫の小説ファイル (1890 年代から 1960 年代の小説および講演約 650 ファイル) を調べた限りでは、接続詞化した「それなので」は小栗虫太郎の「黒死館殺人事件」(1934 年) に 8 件も見られた。しかし、それ以外の使用例が他の作家はおろか、他の小栗作品にも全く見られないことから、接続詞化した「それなので」が当時すでに定着していたかどうかは判断できない。むしろ、作家個人の癖、もしくは新規表現を意図的かつ試験的に小栗が用いただけと見るのが穏当かもしれない。

15 接続詞化した「そうなので」の用例は極めて少ない。BCCWJ で 1 件のみ (Yahoo! ブログ 2008 年)、国会会議録検索システムでもわずか 3 件 (1985 年、2010 年、2012 年) であった。そのため、本稿では「そうなので」を除外して考察することとした。

参考文献

青木伶子 (1973)「接続詞および接続詞的語彙一覧」鈴木一彦・林巨樹編『品詞別日本文法講座 6 巻　接続詞・感動詞』pp. 201–253．明治書院

石原千秋 (2006)『大学生の論文執筆法』(ちくま新書) 筑摩書房

市川孝 (1977)「小中学生の作文の表現」『国語学と国語史―松村明教授還暦記念』pp. 1039–1058．明治書院

梅林博人 (2010)「接続詞「なので」についての覚え書き」『相模国文』37: pp. 79–83．相模女子大学国文研究会

尾谷昌則・二枝美津子 (2011)『構文ネットワークと文法―認知文法のアプローチ』研究社

小野寺典子 (1996)「動詞から接続詞へ―日本語における grammaticalization と subjectification の一事例」『言語学林 1995–1996』pp. 456–474．三省堂

菊地信一 (2012)「Part4 How To 編　エントリーシート対策徹底講座「読んでもらう」ことを念頭に」『週刊東洋経済臨時増刊　会社四季報業界地図シリーズ　就活に勝つ！』6432: pp. 84–89．東洋経済新報社

北原保雄編 (2004)『問題な日本語―どこがおかしい？　何がおかしい？』大修館書店

京極興一・松井栄一 (1973)「接続詞の変遷」鈴木一彦・林巨樹編『品詞別日本文法講座 6 巻　接続詞・感動詞』pp. 90–135．明治書院
黒田航 (1994)「接続表現の諸相―言語のアルゴリズム論的な理解に向けて」京都大学大学院人間・環境学研究科修士論文
田中章夫 (1984)「接続詞の諸問題―その成立と機能―」『研究資料日本文法第 4 巻』pp. 81–123．明治書院
田中章夫 (2001)『近代日本語の文法と表現』明治書院
土井清史 (2010)「なので、私は「なので」を集めてみました―耳目に入った新語の全記録」『ことばとくらし』22: pp. 38–45．新潟県ことばの会
時枝誠記 (1950)『日本文法　口語篇』岩波書店
芳賀綏 (1961)『日本文法教室』東京堂
芳賀綏 (1982)『新訂日本文法教室』教育出版
橋本進吉 (1948)『国語法研究』岩波書店
橋本進吉 (1969)『助詞・助動詞の研究』岩波書店
原輝智 (2006)「児童の作文における接続詞の実態について」『国語国文研究と教育』43: pp. 73–82．熊本大学教育学部国文学会
藤友雄暉 (1980)「幼児における語彙の発達的研究」『北海道教育大学紀要　第 1 部 C』31 (1): pp. 71–79.
松下大三郎 (1930)『標準日本口語法』中文館 (1977 年勉誠社から復刊)
三尾砂 (1958)『話しことばの文法』法政大学出版局
湊吉正 (1970)「接続詞の境界」『月刊文法』2 (12): pp. 96–103．明治書院
宮内佐夜香 (2013)「接続詞「なので」の書き言葉における使用について―『現代日本語書き言葉均衡コーパス』を資料として」『中京国文学』32: pp. 106–93．中京大学文学会
谷部弘子 (2002)「「から」と「ので」の使用にみる職場の男性の言語行動」現代日本語研究会編『男性のことば・職場編』pp. 133–148．ひつじ書房
山田孝雄 (1908)『日本文法論』宝文館
山田孝雄 (1936)『日本文法学概論』宝文館
山田敏弘 (2013)『その一言が余計です。―日本語の「正しさ」を問う』(ちくま新書) 筑摩書房
山梨正明 (1995)『認知文法論』ひつじ書房
山本もと子 (2001)「接続助詞「から」と「ので」の違い―「丁寧さ」による分析」『信州大学留学生センター紀要』2: pp. 9–21.
米川明彦 (2006)『これも日本語！　あれもニホン語？』日本放送出版協会
渡辺実 (1971)『国語構文論』塙書房

Brown, Penelope and Levinson, Stephen C. (1987) *Politeness: Some Universals in Language Usage*. Cambridge: Cambridge University Press.（ブラウン・ペネロピ　スティーヴン・C・レヴィンソン　田中典子監訳（2011）『ポライトネス―言語使用における、ある普遍現象』研究社）

Heine, Bernd, Ulrike Claudi and Friederike Hünnemeyer. (1991) *Grammaticalization: A Conceptual Framework*. Chicago and London: The University of Chicago Press.

Hopper, Paul J. and Elizabeth C. Traugott. (1993) *Grammaticalization*. Cambridge: Cambridge University Press.

Lehman, Christian. (1985) Grammaticalization: Synchronic Variation and Diachronic Change. *Lingua e Style*. 20 (3): pp. 303–318.

Matsumoto, Yo. (1988) From Bound Grammatical Markers to Free Discourse Markers. *Proceedings of the 14th Annual Meeting of the Berkeley Linguistics Society*. pp. 340–351. Berkeley: University of California, Berkeley.

Onodera, Noriko O. (1995) Diachronic Analysis of Japanese Discourse Markers. In Andreas Jucker (ed.) *Historical Pragmatics*, pp. 393–437.

Trougott, Elizabeth C. (1982) From Propositional to Textual and Expressive Meanings: Some Semantic-Pragmatic Aspects of Grammaticalization. In Winfred P. Lehman and Yakov Malkiel (eds.) *Perspectives on Historical Linguistics*. pp. 245–271. Philadelphia: Benjamins.

「残念な」の客観化にみる語用論的制約操作とポライトネスの希薄化現象

首藤佐智子

1. はじめに

　日本語には、ある対象に対する話し手[1]の主観的な感情を表す表現がある。「残念な」という語はその1つで、少なくとも近年までは、「メダルをとれなかったのは残念でした」のように、事態に対する話し手の遺憾の念を表す使われ方が主流であった。しかしながら、この数年で、話し手の主観的な感情を伴わない「残念な人」のような使用が急速に広まった。この現象は、「残念な」の主観的な語用論的制約が失われ、意味が客観化した、あるいはその途上にあるとみなすことができる。本稿では、「残念な」の客観化が起きたのは、ポライトネス効果を意図した語用論的制約操作による新用法が発生し、この使用が浸透されると当初意図されたポライトネス効果が希薄化し、主観的な感情を伴うという意味が形骸化したためであるという説明を試みる。
　客観的表現が主観的意味を獲得していくプロセスは偏在し、そのプロセスを認知的に説明する研究は多い（例えば Sweetser (1990) や Traugott (1995)）が、筆者が知る限りではその逆の方向性のプロセスに関して社会言語学的要因を考慮にいれた研究は見受けられない。本稿において、1つの特殊な表現に過ぎない「残念な」の意味の変遷に焦点を当てるのは、客観化のプロセスが少なくとも可能であり、その背景にポライトネス効果を狙った語用論的制約の操作使用が考えられることを1つのモデルとして示すためである。こ

れは、語の使用において、ポライトネスが意図された語用論的制約操作が行われた場合に、その意図が形骸化するという社会言語学的パラドックスが存在する可能性を示唆するものでもある。

「残念な」という語の使用形態の変遷に関して、『現代日本語書き言葉均衡コーパス』を利用し、伝統的用法と新用法に関する簡単な考察を添えた。これは、「残念な」という語に関する通時的な調査としての役割を担うことを狙いとしたものではなく、語の意味の変遷に関して、母語話者の直感に頼るだけではなく、ある程度の客観的な裏付けを提供することのみを目的としたものである。

2. 語用論的制約操作

言語形式には、使用に際して発話時点のコンテクストに制約を課すものがある。このコンテクストに対する語用論的制約の多くは「前提（presupposition）」という概念で研究されてきた。Grice (1975) が「conventional implicature（慣習的推意）」と呼んだものも、特定の言語形式の使用によって推意が喚起される現象を対象としていたのであるから、同様の現象を意図していたと考えられる。Potts (2005) は、前提 (presupposition) として扱われていたもののうち、話者志向ではなく (not speaker oriented)、かつバックグラウンドに依存するもの (backgrounded) を前提 (presupposition) とし、これを会話に依存する (conversationally-triggered) ものと、慣習的なもの (conventional) に分類している。これまで、presupposition と conventional implicature の 2 語が混在し、特定の現象に対して 2 語が使われていたわけだが、Potts は presupposition は話し手と聞き手が共有する情報に依存し、conventional implicature は依存しない、という明確な境界線を提示している。本稿で題材として扱う「残念な」の伝統的使用法における語用論的制約によって伝達される意味は、話し手と聞き手が共有する情報に依存しないという点で、Potts が「conventional implicature（慣習的推意）」とするものである。これまで「前

提」という用語を用いて研究された内容には、話し手が前提とするものを指す広義の前提（以下「前提（広）」）に関するものもあり、Pottsが示すような狭義の前提（以下「前提（狭）」）に関するものもある。本稿では、可能な限りこれを分けて示す。

　語用論的制約を伴う言語形式が使用されると、その語用論的制約の条件は文の意味の一部として伝達される。このような言語形式はコンテクストが語用論的制約を満たさない場合にも使用されることがある。Stalnaker (1974) は、話し手がある情報を間接的に伝達することを望む際に、前提（狭）によって伝達されることを考慮に入れ、聞き手に推論させることを意図した場合には、条件が満たされないコンテクストにおいても前提（狭）を喚起する表現が使用されることがあることを指摘している。前提（狭）の操作に関するものは、「前提操作」と呼ばれ、これまでも研究の対象とされてきた（ケネラー1999, 首藤 2007, 2011）が、本稿で扱う「残念な」の制約は、話し手と聞き手が共有する情報に依存せず、前提（狭）を導くものではない。「前提操作」の定義を拡大し、本事案に適用するというアプローチも可能ではあったが、本稿では、「残念な」の語用論的制約の操作を「語用論的制約操作」と呼ぶ。当然ながら、前提（狭）も語用論的制約によるものであるので、前提操作は語用論的制約操作の1タイプということになる。

　前提を伴う表現が制約を満たしていないコンテクストで使用された場合、聞き手は前提とされた情報をコンテクストに付け加える。Lewis (1979) は、このような現象に着目し、「accommodation for presupposition（前提のための調整、以下「前提調整」）」という概念を用いて説明した。しかしながら、Lewis は、前提調整は「ある程度の制限範囲」で起こるとのみ限定し、その制限範囲に関しては明らかにされていない。前提を喚起する表現というものの本質に鑑みれば、制限がないのでは、前提条件が意味を聞き手に伝達するシステム自体が成り立たないはずだが、前提調整を意図した前提操作に関する研究は少ない。首藤（2011）では、この「ある程度の制限範囲」が、「ポライトネス誘因が明示的に伝達される範囲である」可能性を示唆したが、本稿

で扱う言語現象も、ポライトネス誘因の非明示性が前提調整に影響をもたらす可能性を示す。

　Lewis (1979) の presupposition が、本稿の前提（広）に対応するかに関しては議論が分かれるところであるが、本稿では、Lewis の accommodation for presupposition の概念が前提（広）に適用されるものとみなして議論をすすめる。Lewis が想定していた presupposition が前提（狭）であったならば、本稿における議論は、Lewis の理論が前提（広）にも適用可能であることを示す1つの論拠となる。

　前提操作には様々な理由が考えられるが、Brown and Levinson (1978, 1987) は、ポライトネス方略の1つとして、話し手と聞き手の間で共有されていない情報があたかも共有されているかのように提示されることがあることを指摘している。

（1）　The manipulation of such presuppositions where something is not really mutually assumed to be the case, but S speaks as if it were mutually assumed, can be turned to positive-face redress, ...

(Brown and Levinson 1987: 122)

Brown and Levinson（以下「B & L」）が使用した「presupposition」の概念は、前提（狭）であり、以下は、上記を示す B & L による例である。

（2）　Wouldn't you like a drink?
（3）　Don't you want some dinner now?

上記では、聞き手の欲求に関する話し手の知識が前提（狭）とされている。否定疑問形で尋ねる修辞疑問の形態をとることによって、(2) では聞き手が飲み物を欲するという命題、(3) では聞き手が夕飯を欲するという命題を話し手が想定していることが伝達される。このような修辞疑問はその肯定を前

提とするが、実際には、純粋に以下を尋ねる疑問文としての機能も担う。

（4） Would you like a drink?
（5） Do you want to have some dinner now?

他者に対する社会言語学的配慮として示される「ポライトネス」の概念は、Goffman (1967) が、人の社会的行動は他者から好かれたいという欲求（ポジティブフェイス）と他者に自分の行動を邪魔されたくないという欲求（ネガティブフェイス）によって説明することができるとしたことを受けて、そのフェイスを威嚇すること（＝「フェイス威嚇行為（Face Threatening Acts、以下「FTA」）」）を緩和しようとする努力として説明される。B&Lは、このように、話し手が聞き手の欲求を知っていると伝達することによって、聞き手が話し手に飲み物や食べ物を要求するというプロセスにおける FTA を緩和することができるとしている。

　本稿で題材とする「残念な」に課された語用論的制約は、話し手と聞き手に共有される情報ではなく、話し手がある事態に対してもつ情動的態度にかかわるものである。したがって、B&Lが例 (2)(3) を用いて (1) で叙述したようなポライトネスへの配慮にもとづく前提（狭）操作としては説明できない。この点に関しては、伝統的用法の語用論的制約条件を明らかにした上で、新用法の例を用いて説明する。

3. 「残念な」の伝統的使用

3.1 話し手の情動的態度

　「残念（な）」という表現は、少し前までは、以下のような場合にのみ使われていた。

（6）　試合を楽しみにしていたが、雨で中止になり残念だ。

(6)のような伝統的用法においては、「残念」に感じた主体は話し手であり、ある事態が「残念」であるという命題を提示することによって、事態が異なるものであることを望んでいたという話し手の情動的態度を示す。

　このような情動的態度を言語表現の制約として表すことは容易ではない。そもそも言語表現における主観性と客観性を正確に記述するのは、不可能でないにしても極めて困難である。日常的に言語を使用している際に、言語使用者は言語表現の主観性や客観性という属性を考えることなく言語を使用している。数値のようにすべての言語使用者がその対象とするところを共有する表現は別として、言語表現を使用するということはそこに主観が多少なりとも反映されている。しかしながら、表現を比べた場合に、客観的要素が強い表現、主観的要素が強い表現というものは明らかに存在する。

　日本語には、主観的要素を言語学的制約として同定できる言語表現が存在し、これまでも研究の対象とされてきた。日本語の形容詞使用における主語に対する人称制限はその1つである。西尾(1972)は、「楽しい」「悲しい」のような主観的な感覚・感情を示す形容詞を「感情形容詞」と呼び、客観的な性質・状態を示す「属性形容詞」と区別した。前者の特徴は、感情の主体としての主語が話し手でなければならないという点である。

(7)　a. 悲しい。
　　　b. 私は悲しい。
　　　c.??鈴木先生は悲しい。
　　　d. 鈴木先生は悲しいらしい。
　　　e. 鈴木先生は悲しそうだ。

　(7c)は鈴木先生が悲しい思いをしていることを表す文としては容認されない。そのような内容を示すためには、(7d)のように伝聞として示すか、(7e)のように様態として示す必要がある。(7c)が容認され得るのは、鈴木先生という個人が何らかの悲しさを示すような風情をまとっていて、それを

やや詩的な表現として表すような場合である。この場合は、「悲しい」という表現がここでは鈴木先生の内的状態を示すのではなく、鈴木先生という個人の存在が話し手に「悲しい」という気持ちを喚起させることを示す。従って、(7c) が容認される解釈では、「悲しい」は鈴木先生の属性とみなされ、より客観的意味をもつ。これは、1つの修飾表現に対して、話し手を主体として感情を示す使われ方と、話し手ではない主語の属性を示す使われ方が共存するという点で、本稿が扱う「残念な」の伝統的用法と新用法の対立と通じるところがある。

　感情形容詞は主観性述語として、これまでにも多くの研究の対象となってきた (Kuroda 1973、Kuno 1973、澤田 1993、Iwasaki 1993、Uehara 1998、池上 1999、樋口 2001)。Iwasaki (1993) は、このような形容詞の存在が、話し手が自己の内的状態 (internal state) を叙述する内容を文の情報とすることを可能にしていると指摘している。

　これに対して、より客観的な「属性形容詞」は、対象の性質や状態を述べるものである。例えば、特定の人の容態に関して「美しい」という形容詞は、その人の属性を示す。しかしながら、対象の性質や状態を述べるということは、完全に客観的なわけではなく、話し手が主観的に判断している。樋口 (2001) は、話し手が「何らかの基準との比較」を用いて対象の特性をさししめすことを「評価」という概念で説明し、「評価」を行なっている文は、「評価をおこなう主体」と「評価がむけられる対象」との間の「価値的な関係」を示すとした。すなわち、ある人に関して「美しい」と述べる発話は、評価を行なった話し手と対象である人との価値的な関係を表す。

　「残念な」の伝統的用法は、「感情形容詞」に近く、「属性形容詞」のように「何らかの基準との比較」を用いて「評価」を行なうのではない。「残念な」の伝統的用法にも、上述の感情形容詞と同様に感情の主体が話し手でなければならないという制約がある。

(8)　a.　試合が中止になったことは残念だ。

b. 私は試合が中止になったことが残念だ。
　　　c.??私の父は試合が中止になったことが残念だ。
　　　d. 私の父は試合が中止になったことを残念に思っている。

(8a)は(6)とほぼ同内容である。これの「残念」の主体を「私」と明示した(8b)は容認できるが、「私の父」を「残念」の主体とする(8c)は容認できない。試合が中止になったことに対して、「私の父」が事態が異なるものであったことを望んでいた主体であることを示すためには、(8d)に示すように「残念に思っている」のような形態をとらなければならない。(8a)のように主体が明示されない場合には、「残念」の主体は話し手であるとみなされる。

　「残念な」の使用においては、感情形容詞と異なり、話し手が当該の情動的態度に至った事態の存在が不可欠であるが、この望まれない事態は、発話の段階で話し手と聞き手に共有されていれば、省略されることも可能である。

(9)　a. 私は残念だ。
　　　b.??私の父は残念だ。
　　　c. 私の父は残念に思っている。

(9b)は、望まれない事態を省略した文においても、主体が話し手でなければならないという制約を受けることを示す。(8d)と同様に、(9c)が示すような副詞的な使用においてはこの制約は適用されない。

3.2　「残念な」の伝統的用法の語用論的制約条件

　Stalnaker(1974)は、「語用論的前提(pragmatic presupposition)」の概念を用いて、語用論的制約は使用されることによってその条件が発話時に満たされていたことを聞き手に伝達することを示した。本稿では、「残念な」の使

用によって話し手の情動的態度が示されるのは、話し手の内的状態に関する条件が「残念な」の語用論的制約に組み込まれていることによるものであるとみなす。

　言語表現に付随する語用論的制約を同定するために、様々な使用例を全て容認し、同時に不適切な使用例を排除するような条件を帰納的に推論する必要がある。このプロセスの問題点は、語用論的制約を操作した使用をデータとして活用してしまうと、実際に機能する語用論的制約の条件よりも弱い条件が導かれることである (Shudo 1998, 2002, 首藤 2011)。したがって、操作された使用であると仮定して、その要因を社会言語学的に説明できる場合は、制約を割り出すためのデータからは排除した。また、本稿の議論を進める上で必要な新用法の割り出しのために、新用法と見なされるものを容認しない条件を伝統的用法の語用論的制約として推論する。

　話し手がある事態に関して「残念」であることを表すことは、1つの言語行為と考えることができる。Searle (1969) は、特定の言語行為を説明するために、その言語行為が成立するための「条件」を示すという方式を使用した。本稿では、この方式に倣い、話し手が「残念」という表現を用いて遺憾であることを表すことを「遺憾表明」の言語行為と呼び、以下の条件を同定した。

(10) [「残念」という言語表現を用いて、遺憾表明の言語行為を行う際の条件]
　　a. 近い過去にSの内的状態に影響を与える事態 (e_1) が発生した。(準備条件)
　　b. Sは、e_1 とは異なる事態 (e_2) の発生が十分可能であると信じていた。(誠実性条件)
　　c. Sは、e_2 の発生を望んでいた。(誠実性条件)
　　d. Sは、e_1 の発生がSの内的状態に影響を与えたことを表明する。(本質行為)

上記のうちの(10a)(10b)(10c)は「残念」という言語表現を使用する際の語用論的制約として考えることができる。ここでは、「残念な」の伝統的用法を容認し、新用法を排除する条件を示すことを目指すものである。上記の誠実性条件は、当然のことだが話し手に実際に誠実であるものを要求するものではない。この表現を使用することにより、(10b)(10c)が真であると聞き手が解釈することが十分に予測でき、それにもかかわらず使用するということは、その条件が満たされていたと聞き手は解釈する。これは、Grice が「conventional implicature（慣習的推意）」の概念で説明を試みたものと極めて近い性質の情報を伝達する仕組みと考えられる。(10b)は、「残念」の語彙的意味としてあげられる「①心残りなこと。未練のあること。②くちおしいこと。無念。（広辞苑第六版）」に対応するものとして設定した条件である。

(8)のような事態が発生したコンテクストで、以下のように連体形「残念な」に名詞を接続する用法が可能である。

(11) 残念なお知らせです。試合は雨で中止になりました。

(11)を上述の伝統的用法としてとらえると、「残念な」は「お知らせ」の客観的な属性ではなく、それらが伝達する事態に対する話し手の情動的態度を表していると考えられる。すなわち、(11)においては、お知らせに表された事態(e)に対して、話し手が事態が異なるものであったことを望んでいたことを示す。

しかしながら、(11)のような「残念な＋名詞」の形態においては、「残念な」が意味するところを客観的にとらえることも可能である。知らせという事象は、コンテクストにおいて期待されている内容を基準に「良いか否か」という単純化された価値で評価することができる。当然のことだが、通常、話し手にとって「残念な」お知らせは、客観的に「悪い」知らせである。すなわち、「残念なお知らせ」という表現においては「残念な」は客観的な修飾表現としても成立する。話し手が自己の情動的態度を示す修飾表現を「お

知らせ」という名詞に使うことにより、そこに否定的な価値を表すという客観的な意味が派生する。

3.3 伝統的用法における語用論的制約の操作

　伝統的用法においても、語用論的制約は必ず遵守されるわけではない。以下のような例では、書き手（書類の発信者）が文字通り「残念」に思っていることを想定することは難しい。

(12)　［企業からの不採用通知の文面において］
　　　a. 残念ながら、今回は貴意に添うことができませんでした。
　　　b. 残念ですが、今回は採用を見送らせていただきます。
　　　c. 今回は残念な結果となりましたことをお知らせいたします。

(12)の通知している内容は、書き手（企業）が読み手である応募者を採用しないことを決定したことであるから、(10)の条件に照らして考察すると、この事態は「話し手(S)の内的状態に影響を与える事態」ではなく、「聞き手の内的状態に影響を与える事態」である。誠実性条件が本当に満たされていたかに関しては、(12)の文面から判断することはできないが、(12)のような例において、誠実性条件は全く別の機能をもつ。話し手が聞き手による応募を拒絶するという行為は、聞き手のポジティブフェイスとネガティブフェイス双方を傷つけるものであり、前述のB & L(1978, 1987)のフェイス威嚇行為にあたる。これを緩和する努力は、ポライトネス方略として位置付けることができる。したがって、(12)における語用論的制約条件からの逸脱は、ポライトネス効果を意図した語用論的制約操作であると考えられる。首藤(2011)は、「よろしかったでしょうか」の伝統的用法における前提操作と新用法における前提操作を比較して、前者が聞き手に許容されることの説明として、ポライトネスの意図が聞き手にとって明白であることとした。(12)においても、ポライトネスの意図は明白であり、ネガティブな印象は

与えない。(12)において話し手が行っている言語行為は、聞き手の要望の拒絶であり、その本質はどのような言語表現を用いても変えることはできないが、ポライトネス方略を用いようとしているという意図によってポライトネス効果は達成されている。Sperber and Wilson (1986) は、コミュニケーションにおいて、伝える側は何かを伝達するだけではなく、伝えたいことがあるという意図を表わすことによって、受け手の注意をひくことを指摘した。このようなコミュニケーションの基本的な構造は、ポライトネスの概念にも適用されると考えるべきである。すなわち、ポライトネスを生み出そうとしているという意図を示すことによってポライトネスは伝達される。

4. 「残念な」の新用法

4.1 新用法の出現

ここ数年になって、これまでの伝統的用法とは異なる使用例が頻出し始めた。伝統的用法と異なるのは、話し手が事態が異なるものであることを望んでいたという情動的態度をもつにいたるような「事態」の存在が明確でないことである。以下は、ビジネス書の題名と節の見出しである。

(13)　a.　［ビジネス書の題名］『残念な人の思考法』
　　　b.　［同書の節の見出し］能力も、やる気もある「残念な人」
　　　c.　［同書の節の見出し］論理思考力があるのになぜ「残念」になるのか

(13a) (13b) (13c) がビジネス書の題名や節の見出しであるという事実は、伝統的な用法のコンテクストに課されていた以下の制約を遵守しているとはいえないことを如実に示す。

(14)　「残念だ」の伝統的用法の語用論的制約 ((10a) (10b) (10c) として既

出)
a. 近い過去にSの内的状態に影響を与える事態（e_1）が発生した。（準備条件）
b. Sは、e_1とは異なる事態（e_2）の発生が十分可能であると信じていた。（誠実性条件）
c. Sは、e_2の発生を望んでいた。（誠実性条件）

(13a) (13b)における「残念な人」とは、ある特定の人物を指すのではない。(13c)においては、「残念」は「論理思考力がある」人が「なる」状態を指す表現として使われている。そこには(14a)を満たす特定の文脈は存在しない。書き手が異なる事態の発生を望んでいたという制約は満たされていない。

(13)における「残念な人」の使用は、伝統的用法の以下の例と比較するとより明らかである。

(15) ［Xの死に接して］残念な人を亡くしました。

(15)では、Xが亡くなったという事態が発生し、話し手が残念に感じているのはその事態である。(15)における「残念な」と「人」は、修飾構造の上で複雑な関係をもつ。

加藤(2003)は、日本語の関係節構造に関して、寺村(1977)の「装定(＝「節や用言が連体修飾で用いられている」)」と「述定(＝「用言や節が述語となっている場合」)」の概念を用いて、その対応が統語論だけでは説明できず、関係節構造の成立には語用論的要因が深く関わっていることを示した。加藤は、連体修飾の構造の成立においても、同様であることを指摘している。(15)における「残念な」と「人」の関係は複雑で、単純に述定の表現(＊その「人」は残念だ)に転換することは出来ない。(15)における「残念な人」という表現の使用は、Xの死去という事態とそれを残念に感じている話

し手の存在がなければ説明がつかない。話し手がXの死に対して「遺憾表明」の言語行為を行うとすれば、以下の(16a)(16b)のような文が最も標準的な形態であろう。

(16) ［Xの死に接して］
    a. Xが亡くなったことは残念だ。
    b. Xを亡くしたのは残念だ。
    c. Xは亡くすには残念な人である。
    d. （亡くすには）残念な人を亡くしました。
    e. *Xは残念な人である。
    f. *Xは残念である。

(15)における「残念な人」は(16b)(16c)から導かれ、(16d)の括弧の部分は冗長で省略されたと考えることができる。(16c)が容認できるにもかかわらず、(16e)が不適切であることは、「残念な」と「人」との結びつきは、伝統的な用法においては、(14)を満足させるコンテクストが必要であり、また文においてもそれを明らかにするような構造のみが適格となることを示唆している。加藤(2003)は、連体修飾の成立に関して、統語論的な要因と言語外世界に関する知識を要する語用論的な要因が混在すると指摘しているが、これは双方の要因が複雑に絡んだケースと考えられる。

  これに対して、(13)では、「残念な」と「人」との関係は、コンテクストによる説明を必要としない。インターネット上には、(13)のような使用を規範的な観点から批判するコメントが多く存在するが、「間違った使い方」であることを指摘しながらも、「残念な」が否定的な意味をもつことは直ちに理解されている。(13c)において、逆接表現の「のに」が肯定的要素をもつ命題を表す前件に続いて使用され、後件に「残念」が表われていることも、「残念」のより客観的な否定的意味を有することを裏付ける。当然だが、そこには、評価をした主体である著者の主観は存在する。(13)におけ

る「残念な」の使用は、評価主体と評価対象との「価値的な関係」(樋口2001)を示し、「残念な」は「人」の属性を示す修飾表現として使用されたと考えられる。

　しかしながら、(13)における「残念な」の使用において、(14)の条件が全く意味をもたないとするのは早計である。前述したように、聞き手は、語用論的制約条件をもつ語がその条件を満たさないコンテクストで使用された場合にも満たされていたかのように読み取ろうとする。これは、Lewis(1979)が「前提のための調整(accommodation for presupposition)」の概念で示した現象と一致する。

　(13)においては、特定のコンテクストが存在しないので、(14a)が満たされていないことになるが、「調整」によって「伝達」される内容の可能性としては、(13)の著者(S)が、不特定の人々(以下「Yたち」)が「能力を発揮できず」にいることを「残念」に思っていて、その事態(e_1)がSの内的状態に影響を与えたという仮想の状況と想定することは可能である。このような不特定多数を主体とする事態は、伝統的用法の語用論的制約における事態(e_1)としての条件は満たさないが、それに近いものであり、本稿ではこのような事態を「擬似事態」と呼ぶ。(14a)を擬似事態が満たしていたと考えると、それに準じて(14b)のe_2は「Yたちが能力を発揮できている」事態であると仮想することが可能である。

　(13b)(13c)において、「残念な人」に関して「能力もやる気もある」「論理思考力がある」という肯定的要素があげられていることは(14b)の条件に関わりをもつ。(13)の著書では、Yたちが肯定的要素を多分に持ち合わせているにもかかわらず、その「思考法」に問題があるために、能力が発揮できずにいることが示されている。このように肯定的要素を提示することは、(14b)の成立に影響する。(14b)の成立は、書き手が「Yたちは、条件が少し異なれば(＝思考法を改善すれば)、能力を発揮できる」ことを信じていることを示し、ポライトネス方略として機能する。(13)の書き手は、不特定多数のYたちに共通する思考法のパターンに対して批判的であるのだが、

「残念な」という表現を使用することは、対象とされた人たちに対して、好意的であることを示す機能をもつ。

　(13)が(12)のケースと大きく異なるのは、読み手が不特定であるために、FTAの存在が不明瞭であることである。(12)においては、聞き手の要望の拒絶という明確なFTAが存在する。しかしながら、(13)はビジネス書であり、不特定多数の読者に向けて書かれている。その内容が「残念な」と定義された人たち(＝Yたち)への啓蒙であるものの、(13a)(13b)(13c)はいずれもYたちに向けて発話されたという形式をとっていない。当然のことだが、著者が「残念な人」と呼ぶ層に属さない読者もいる。フェイスの概念は、基本的に対人関係におけるコミュニケーションに適用されるものである。(12)においては、FTAが明確であり、ポライトネス方略が形式的であったとしても、その意図によってポライトネス効果をもつことができたが、(13)では、そのような明白なFTAは不在である。それでは、上述した「書き手が好意的であるかのように示す」機能は何に働きかけるものであろうか。(13)においては、書き手が「残念な」と定義する人たちに低い評価を与えることが、書き手自身のポジティブフェイスを脅かすと考えることができる。したがって、(13)でポライトネス方略として「残念な」の語用論的制約が操作されているのは、読み手のフェイスに対する直接的な配慮ではなく、不特定な対象へのポライトネスという意図を示すことによって、書き手のポジティブフェイスの維持を狙いにしている可能性が高い。

5.　コーパス(BCCWJ)が示すもの

　ここまでは、新用法に関して、1つの例を精査して説明してきたが、新用法が特殊な使用例ではなく、言語現象として遍在することを示すために、この節では、国立国語研究所によって開発された『現代日本語書き言葉均衡コーパス(Balanced Corpus of Contemporary Written Japanese、以下「BCCWJ」)』を用いて、「残念」の使用形態を考察した結果を報告する。

5.1 基礎的データ

　BCCWJ コーパスは、11 種のデータからなり、合計約 1 億 490 万語から構成されている。形態素解析済データ検索用のインターフェースである『中納言』を用いて、「残念」をキーワードに検索した。すべての媒体のコーパスを用いて検索したところ、その換算頻度は、表 1 が示すように、近年になってやや頻度が上がってきているが、変化はゆるやかである。

表 1　BCCWJ における「残念」の年代別頻度

	租頻度	総語数	換算頻度（PMW）
1970 年代	85	2,227,099	38.2
1980 年代	340	8,636,299	39.4
1990 年代	890	20,949,096	42.5
2000 年代	4,287	73,098,970	58.6
計	5,602	104,911,464	53.4

　BCCWJ は、媒体によってデータにとりこまれた年代にばらつきがあるので、年代ごとに比べることが難しい。1 つの媒体で長期にわたるデータとしては、「特定目的・白書」「特定目的・法律」「特定目的・ベストセラー」があるが、前者 2 媒体は、「残念」の租頻度が極めて低く、変遷を示す数値としては使用できなかった。「特定目的・ベストセラー」における 5 年ごとの変遷を表 2 に示したが、変化はゆるやかである。

表2 BCCWJ「ベストセラー」における「残念」の年代別頻度

特定目的・ベストセラー	租頻度	総語数	PMW
1971–1975	2	55,682	35.9
1976–1980	30	650,320	46.1
1981–1985	37	726,149	51.0
1986–1990	39	622,348	62.7
1991–1995	31	615,617	50.4
1996–2000	35	641,200	54.6
2001–2005	27	430,945	62.7
合計	201	3,742,261	53.7

5.2 新用法の割り出し

インターネット上における情報からは、「残念」の新しい用法は、若い話し手・書き手によるものであることが指摘されていることから、BCCWJのコーパスのうち、新用法を反映させるデータとして、「特定目的・Yahoo!知恵袋（2005年、91,445件、約1,026万語）」と「特定目的・Yahoo!ブログ（2008年、52,680件、約1,019万語）」を利用した。これに対して、伝統的な用法が主流であった時期を反映させるデータとしては、「図書館・書籍（1986年〜1995年までに限定、約883万語）」、「特定目的・ベストセラー（1971年〜1995年までに限定、約331万語）」、「特定目的・国会会議録（1976年〜1995年までに限定、約415万語）の3種をあわせたものを利用した（詳細は表3）。以下、便宜のために、Yahoo!知恵袋とYahoo!ブログからのデータをあわせたものを「インターネット型書き言葉」データ、1995年までの3種のデータをあわせたものを「伝統的書き言葉」データと呼ぶ。

表3　BCCWJ「伝統的書き言葉」「インターネット型書き言葉」における「残念」の頻度

	媒体	租頻度	総語数	PMW
1986〜1995年	図書館・書籍	517	12,416,890	41.6
1971〜1995年	ベストセラー	139	3,311,316	42.0
1976〜1995年	国会会議録	243	4,150,930	58.5
	上記3種の合計	899	19,879,136	45.2
2005年	Yahoo! 知恵袋	825	10,256,877	80.4
2008年	Yahoo! ブログ	1454	10,194,143	142.6
	上記2種の合計	2279	20,451,020	111.4

　上記のデータから、近年になって、「残念」の出現頻度が高くなっていることは明らかだが、対象としている媒体が異なるため、厳密な意味で変遷を示しているとは言えず、また当然のことだが、単に伝統的用法が増加していたとしても同様の数値が示される。

　次に、各データを田野村忠温氏（大阪大学）が作成した分析ソフトウェア『BNAnalyzer』と『sortKWIC』を用いて、検索語の後方環境を考察した。『BNAnalyzer』は『中納言』を用いて得た検索結果を再分析して、検索語の前後にどのような語が現れるかを示す。表4は、検索語「残念」に続くN個の短単位の連続形の上位10件を示したものである。伝統的書き言葉データにおける「残念」の総出現数899件のうち、43％に当たる390件が「ながら」に続く。

表4　BCCWJ「伝統的書き言葉」における「残念」後方共起上位10件

1-gram	2-gram	3-gram	4-gram
ながら (390)	ながら、(104)	なことに (48)	なことに、(29)
な (133)	なこと (94)	に思って (18)	である。(8)
だ (84)	だった (28)	なことで (15)	に思っており (7)
で (77)	に思っ (21)	だが、(12)	なことでござい (6)
に (52)	そうに (20)	でございます(12)	であります。(5)
そう (34)	である (20)	である。(11)	なのは、(5)
です (33)	だが (14)	ですが、(10)	に思います。(5)
だっ (28)	でござい (13)	なことだ (10)	に思っておる (5)
でし (12)	だと (12)	なのは (10)	そうに言った (4)
。(7)	であり (12)	だった。(8)	でございます。(4)

　インターネット型書き言葉データでも、「残念」に「ながら」が続くケースは、総出現数のうちの34%にあたる776件であった（表5）。

表5　BCCWJ「インターネット型書き言葉」における「残念」後方共起上位10件

1-gram	2-gram	3-gram	4-gram
ながら (776)	ながら、(177)	ですが、(60)	でなりません (17)
です (375)	です。(165)	でした。(49)	でしたが、(14)
な (254)	でした (138)	なことに (48)	なことに、(14)
。(160)	ですが (123)	でしたが (28)	です…(12)
でし (138)	なこと (73)	ですね。(24)	ながらありません (12)
だ (99)	だった (62)	な事に (19)	でしたね。(10)
! (93)	!! (42)	でなりませ (17)	なのは、(10)
だっ (62)	だけど (34)	なのは (17)	です…(9)
で (51)	ですね (29)	だけど、(16)	でした‥(8)
に (34)	なの (29)	だったの (16)	ですが‥(8)

　伝統的書き言葉データとインターネット型書き言葉データにおいて、「残念」に「ながら」が続くケースの文脈をそれぞれ100件ずつ考察してみたが、双方のデータにおいて、新用法と言われるような傾向は全く見られず、

全てのケースにおいて、(14)に示した制約が遵守されていた。

　次に、『中納言』で、キーは「残念」のまま、後方共起に「な」と名詞が続く2条件を追加し、「伝統的書き言葉データ」と「インターネット型書き言葉データ」を対象データとして検索を行った。「伝統的書き言葉データにおける「残念な＋名詞」の租頻度は118件で、換算頻度は5.9であった。一方、インターネット型書き言葉データにおける租頻度は208件で、換算頻度は10.2であった。明らかに「残念な」と名詞を組み合わせる用法は、後者において顕著である。

表6　BCCWJ「伝統的書き言葉」「インターネット型書き言葉」における「残念＋な＋名詞」の頻度

残念な＋名詞	租頻度	総語数	PMW
伝統的書き言葉データ	118（100.0%）	19,879,136	5.9
残念なこと（事）	97（ 82.2%）	19,879,136	4.9
「残念なこと（事）」を除いた場合	21（ 17.8%）	19,879,136	1.1
インターネット型書き言葉データ	208（100.0%）	20,451,020	10.2
残念なこと（事）	101（ 48.6%）	20,451,020	4.9
「残念なこと（事）」を除いた場合	107（ 51.4%）	20,451,020	5.2

　上記の検索で得られた各データを『BNAnalyzer』と『sortKWIC』を用いて、検索語の後方環境を考察した結果を表6と表7に示した。伝統的書き言葉データにおける「残念な＋NP」の総出現数118件のうち、94件が「こと」、3件が「事」に続き、合わせると97件で全体の82.2%を占める。インターネット型書き言葉データにおいては、73件が「こと」、28件が「事」に続き、合わせると101件で全体の48.6%である。

表7 BCCWJ「伝統的書き言葉」「インターネット型書き言葉」における「残念＋な」の後方共起名詞

伝統的書き言葉データ		インターネット型書き言葉データ	
こと	94	こと	73
事	3	事	28
噂	2	結果	27
思い	2	気	8
気	2	気持ち	7
次第	2	気分	5
状況	2	限り	4
わけ	2	感じ	4
気持、気分、結果、限り、合意、姿、事態、点、話	各1	ところ	4
		三毛猫	4
		思い	2
		気持	2
		とき	2
		ニュース	2
		コト、話、点、所、映画、人間、容姿、子、出来事、胸、カミジュン、事件、カンジ、結末、解任劇、記事、コロンビア、留学、休み、キモチ、経験、人物像、報告、欠陥、キジトラ、チーム、天気、敗戦、出来、ポイント、処、他、想い、作品、防御、理由	各1
計	118	計	208

　「残念な」が「こと」「事」に続くケースのコンテクストを考察したところ、伝統的書き言葉データの96件とインターネット型書き言葉データの95件においては、「こと（事）」は、以下の例が示すように、機能語として使われていた。

(17) ［在宅医療を受けることができた状況の記述で］
　　　ところが、この先生が、残念なことには小児科の先生でしたから、酸

素ボンベを使っているときのマスクなんて子供用のマスクで、こんなに小さいんですよ（笑）。　　　　　（遠藤周作「在宅ケアを考える」(1994)）

(18) 先日、中国の知り合いに手紙を出したところ、残念なことに、宛先不明で戻ってきてしまいました（涙）　　　　　　（Yahoo! ブログ (2008)）

　残りの 7 件では、「こと」「事」は繋辞に接続するなど、事態を指示することがコンテクストから明確に読み取れた。いずれの場合においても、発話よりも前の時点に、話し手（S）にとって好ましくない事態（e_1）が発生し、S が異なる事態（e_2）が起こる可能性が十分あるとみなし、それを望んでいたという制約を満たす伝統的用法であった。双方のデータにおいて、「残念なこと」の使われ方が伝統的であり、換算頻度は、伝統的データとインターネット型データの双方で 4.9 であるという事実は、「残念なこと」は、慣習的表現としての要素が強く、伝統的用法の意味を顕著に残しているといえよう。

　伝統的書き言葉データにおける「残念な＋名詞」の 118 件のうち、「残念なこと／事」を除くと残りは 21 件のみであり、わずか 17.8％である。一方、インターネット型書き言葉データにおける「残念な＋名詞」208 件のうち、「残念なこと」以外の件数は 107 件で、51.4％を占める。慣習的な用法を除くと、「残念な」と名詞を組み合わせる用法が、インターネット型データにおいて顕著であることがより鮮明になる。

　各データにおける「残念な＋名詞」の各々の使用例について、コンテクストを考察した。伝統的用法における「話し手の内的状態に影響を与える事態が発生している」という制約が遵守されているかについて、名詞の指示対象に焦点をおいて、その傾向を分析したところ、以下のような 8 つのタイプが見られた。

タイプ 1　話し手の内的状態に影響を与える事態 e_1 の発生があり、特定の指示対象をもたない名詞が機能語として「残念な」に修飾され、話し手の事態に対する感情を示す。

(19) ［ロッキード事件をめぐる国会討論で］…派閥の親分にそういう話をしておって国会で全然答えが出ないというのはまことに残念なわけですが、…
(国会議事録(1976))

タイプ2 話し手の内的状態に影響を与える事態 e_1 の発生があり、その事態そのものを指す名詞が「残念な」に修飾され、話し手の事態に対する感情を示す。

(20) ［貿易の完全自由化を目指していたが、交渉において部分自由化に終わったことを受けて］…そういう今日までの国会決議を背景にした政府や各政党の努力の足跡を振り返りましても、大変残念な合意ではありますけれども、…
(国会会議録(1994))

タイプ3 話し手の内的状態に影響を与える事態 e_1 の発生があり、その事態に対する話し手の感情を指す名詞が「残念な」に修飾され、話し手の事態に対する感情を示す。

(21) ［前日太宰治を読んでいた路上生活者が今日は大江健三郎を読んでいると答えたことを受けて］…、実を言えば再び「ダザイ」という答えが返ってくることを期待していたため、少し残念な気分にもなる。
(森川直樹『あなたがホームレスになる日』(1994))

タイプ4 話し手の内的状態に影響を与える事態 e_1 の発生があり、その事態を伝達する媒体を指す名詞が「残念な」に修飾され、話し手の事態に対する感情を示す。

(22) ［映画評論家水野晴男氏の死去に関するブログのタイトル］残念なニュース
(Yahoo!ブログ(2008))

タイプ5 話し手の内的状態に影響を与える事態 e_1 の発生があり、その事態から生じた事物 o を指す名詞が「残念な」に修飾され、話し手の事態に対する感情を示す。

(23) ［コロンビア産のコーヒー豆を焙煎したが、成功しなかったことを報告するブログで］な〜〜〜んだか果てしないな〜〜〜焼きたての残念なコロンビアたち。　　　　　　　　　　　　　　(Yahoo! ブログ (2008))

タイプ6 情報伝達媒体を通した事象の記述(＝テレビドラマなど)があり、話し手が低い評価を与えた「部分」を指す名詞が「残念な」に修飾されている。

(24) … 原作の … という台詞が生きてくるわけですが、ドラマでは、あまり効果的ではなかったですな … 時代背景が原作の時点とは違うので仕方がないのですが、残念なところでした。
　　　　　　　　　　　　　　　　　　　　　　　　　(Yahoo! ブログ (2008))

タイプ7 話し手が低い評価を与えた対象を指す名詞が「残念な」に接続している。

(25) ［パリーグの戦力分析をしているブログ記事のチームSに関する項目で］選手が全員ベストな状態でシーズンに望めばかなり上位にいけるはずなのに、今のところ残念なチーム。　　　(Yahoo! ブログ (2008))

タイプ8 メタ言語的使用で、「残念な」状態が発生している時間を表す

(26) ［舌打ちの音が「ちぇっ」と表記されることに関して］悲しいときに「ちぇっ」というかどうか、ちょっと問題がありそうですが、残念な

ときには使います。聞いたことがありませんか。（Yahoo! 知恵袋（2005））

　上記の 8 タイプをもとに、伝統的書き言葉データとインターネット型書き言葉データにおける「残念な」に名詞が続くケース 326 件（伝統的データ 118 件とインターネット用データ 208 件）を分類した。その結果を表 8 に示した。言及するまでもないことだが、この分類は何ら網羅的な性質を狙ったものではなく、限られた数のデータにおける傾向を把握することだけを目的にしたものである。前の節で「残念な人」の伝統的用法と新用法に関して詳述したが、前者は 8 つのタイプのいずれにも当てはまらない。仮に記述するのであれば、「話し手の内的状態に影響を与える事態 e_1 の発生があり、その事態における主体 p を指す名詞が「残念な」に修飾され、話し手の事態に対する感情を示す」となるが、そのような例は BCCWJ のデータには含まれていなかった。

　タイプ 1 からタイプ 3 までは明らかに伝統的用法の典型を構成する。タイプ 4 は、伝統的書き言葉データでは 2 件のみの出現で、共に太宰治の小説「新ハムレット」からの例であった。好ましくない事態が発生して、それを報告する際に「残念な」に「お知らせ」「ニュース」「報告」を続ける句の構成はそれほど新しい現象ではない。朝日新聞の「記事データベース」で 1984 年初頭から 1995 年年末に限定して、「残念なニュース」をキーワードに検索したところ 7 件が該当し、いずれも伝統的用法の制約（(14a–c)）を満たしていた。

　タイプ 1 からタイプ 4 までを伝統的用法であるとすれば、インターネット型書き言葉データにおいても、いずれのタイプの使用例も見受けられる。インターネットデータにおける「残念な＋名詞」の出現数 208 件のうちの 86％に当たる 179 件は伝統的であることから、少なくとも 2005 年 –2008 年の段階では、伝統的用法と新用法は共存し、前者の使用法が圧倒的に優勢であることを示している。

　タイプ 5 からタイプ 8 に属するとした使用例は全てインターネット型書

き言葉データからのものである。このうちタイプ8は、伝統的用法に関して述べたメタ言語的使用であるので、新用法としての分析対象からはずす。

　話し手の内的状態に影響を与えた事態の発生があるのは、タイプ5だけである。したがって、話し手の内的状態に影響を与えた事態が発生しているか否かを境界線にするのであれば、タイプ5は伝統的用法ということになる。タイプ5の事例は2件だけだが、話し手の内的状態に影響を与える事態 e_1 が発生して、その事態に関わった事物 o を「残念な」で修飾している。このような使用例は、本稿筆者が知る限りでは、最近までなかった。強いていえば、(15)の「残念な人を亡くしました」の使用例に近いのだが、前述したように、(16e)のように「亡くしました」のような述語がない文は不適格である。「残念な人」が伝統的用法として容認されるためには、(14)を満足されるコンテクストに加えて、「亡くしました」のように事態 e_1 を示す述語が必要である。タイプ5の(23)においては、「残念な」の名詞句は述部をもたず、文を構成していない。タイプ5の使用例とタイプ7の使用例を比べると、どちらも「残念な」が修飾する部分に低い評価を与えていることが示されている。タイプ5の事例においては、話し手の内的状態に影響を与える事態 e_1 が発生しているため、独立したカテゴリーを構成したが、タイプ5における「残念な」の使用はタイプ7と同一のものである可能性が高い。

　タイプ6とタイプ7は、共に、話し手の内的状態に影響を与えた事態の発生はないが、「残念な」が低い評価を与えた対象を修飾する。顕著な違いは、タイプ6においては、情報伝達媒体を通した事象の記述（＝テレビドラマなど）があり、「残念な」が修飾するのは、その「一部分」である。例えば、(24)においては、ドラマの評をしているブログ筆者が、原作と比較して、ドラマでは特定の台詞が効果的でなかったことが残念だと述べている。(24)において、仮にこの記述が「残念なことでした」となっていれば、タイプ2とみなすことができ、ドラマがそのように制作されたという「事態」に関して残念だと感じたという記述だとみなされる。しかしながら、(24)

では、「ところ」はテレビドラマの一部分を指しているので、修飾対象は「事態」ではなく、評価される対象である。

　タイプ7は、最も典型的な新用法と考えられる。タイプ7が、伝統的用法と決定的に異なるのは、話し手の内的状態に影響を与えたような事態がコンテクストに言及されていないことである。(25)は、ブログ筆者が野球チームそれぞれの現況を記述する記事で、特定のチームSに関して「今のところ残念なチーム」と評する。野球のチームはそれぞれが対抗し合う形態であり、全てのチームが好成績であることはあり得ないので、ブログ筆者が全てのチームが好調であることを望むということも現実ではない。(25)においては、「残念な」は、チームSの不調に対する書き手の情動的態度を示す表現としてではなく、チームSに対する低い評価を示す修飾語として使用されている。しかしながら、「選手が全員ベストな状態でシーズンに望めばかなり上位にいけるはずなのに」という逆接従属節の情報は、語用論的制約条件(14b)であるところの「Sは、事態 e_1 とは異なる事態 (e_2) の発生が十分可能であると信じていた」を満たす。(13)の『残念な人の思考法』と同様に、否定的な評価を提示しているが、書き手のポジティブフェイスが維持されるためのポライトネス効果が期待できる使用である。

表8　BCCWJデータにおける「残念な+名詞」の8タイプ

	話し手の内的状態に影響を与えた事態(e_1)の発生	「残念な+名詞」の指示対象	伝統的書き言葉データ	インターネット型書き言葉データ
1	あり	（機能語）	こと93、事3、わけ2、次第2、限り	こと71、事24、限り4、他
2	あり	事態e_1	状況2、こと、結果、事態、点、姿、合意、話	結果27、事4、こと2、解任劇、コト、事件、経験、結末、天気、出来、出来事、敗戦、話、ポイント
3	あり	e_1に対する感情	思い2、気2、気持、気分	気8、気持ち7、気分5、感じ4、思い2、気持2、カンジ、キモチ、想い
4	あり	e_1を伝える情報伝達媒体	噂2	ニュース2、記事、報告
5	あり	e_1から生じた事物oで、低い評価を与えた対象		コロンビアたち、休みの幕開け
6	なし	低い評価を与えた部分		ところ4、点、所、処
7	なし	低い評価を与えた対象		三毛猫4、映画、カミジュン［＝ブログ筆者］、子、作品、人物像、欠陥、キジトラ、チーム、人間、防御、胸、容姿、理由、留学
8	なし	（メタ言語的使用）		とき2
計			118	208

（数字が付与されていないものは全て出現数1を示す）

6. 「残念な」の進化系用法

6.1 進化系用法の出現

4 節と 5 節で示した「残念な」の新用法は、話し手の内的状態に影響を与えた具体的な事態の発生が欠如している点が伝統的な用法とは異なっていた。しかしながら、擬似的な事態を想定することは可能であり、「残念な＋名詞句」で表される対象に対して、書き手が異なる事態の発生の可能性を信じ、また望んでいたという情動的態度を想定することができるという点では、伝統的用法と共通した部分がある。これに対して、近年では、「残念な」という語はより否定的な意味で使われるようになっている。以下は 2013 年に出版されたビジネス書の題名と内容の一部である。

(27) a. ［ビジネス書の題名］『英語だけできる残念な人々』
b. ［インターネット書店の同書内容紹介］英語はぺらぺら、中身はうすっぺら。こんな人、あなたの周りにもいませんか？（中略）これから 10 年、英語ができなくたって生き残れる社員になるための方法が詰まった一冊。
c. ［同書本文から］…日本には「英語だけできる残念な人々」と「英語ができずになんとなく焦っている人々」が、あふれているのです。
d. ［同書本文から］英語がしゃべれないあなた、安心してください。

(13) の『残念な人の思考法』と (27) の『英語だけできる残念な人々』は、設定している読者が異なり、これはコンテクストに大きな違いをもたらす。前者は、読者として「残念な人」を包含しているが、後者が読者として対象にしているのは、(27d) の記述が示すように、(27c) の「英語ができずになんとなく焦っている人々」であり、「英語だけできる残念な人々」ではない。(13) に見る新用法では「残念な人」は多大な肯定的要素をもってい

るが思考法が悪いだけで、それを「残念だ」とみなしていたが、(27)では、「残念な人々」の肯定的要素は「英語だけ」と明確に言及されている。(13)のビジネス書の著者が不特定の対象へのポライトネスを配慮して「残念な」を使用して、「思考法」だけに欠点があるために成功していないと位置づけたのとは対照的に、(27)では、「残念な」が修飾する対象は英語だけが優れているために成功しているとされている。(27)では、「残念な人々」が主体となっているような伝統的な意味での「残念な」事態は発生していない。(27)における「残念な」は、伝統的用法の語用論的制約のいずれをも満たさず、話し手が対象に対してもつ低い評価を表す修飾表現として使われている。(27)が「残念な人々」を読者として設定せず、「残念な」の伝統的用法の語用論的制約条件のいずれも満たしていないことは、(27)における「残念な」の使用においては、ポライトネス効果は意図されていないことを示唆する。

　本稿では、上記のように、伝統的用法の語用論的制約条件を全く満たさない使用例を「進化系用法」と呼ぶ。伝統的用法、新用法、進化系用法の違いを、語用論的制約の3つの条件、話し手による対象の評価、ポライトネス誘因と効果を一覧にして表9に表した。

表9　「残念」の用法変種における語用論的条件とポライトネス条件

		伝統的用法	伝統的用法の語用論的制約操作例	新用法	進化系用法
語用論的制約	Sの内的状態に影響を与える事態（e_1）の発生	あり	操作	擬似事態ありあるいは操作	なし
	異なる事態（e_2）の発生が十分可能であるとSが信じていた	適合	操作	適合	不適合
	異なる事態（e_2）の発生をSが望んでいた	適合	操作	適合	不適合
対象への評価	「残念な」が修飾する対象へのSの評価	なし	なし	あり	あり
ポライトネス	ポライトネス誘因（FTA）	なし	あり（e_1の発生がHのネガティブフェイスを侵害する）	Hに対するFTAは不明瞭（低い評価の対象はHに含まれる不特定多数の他者）	対象に対するFTA（低い評価の対象はHに含まれない）
	ポライトネス効果	なし	Hのネガティブフェイスへの配慮	Sのポジティブフェイスの維持	形骸化

　インターネット検索エンジン Google を用いて、「残念な」をキーワードに検索し、トップ100件のコンテクストを分析したところ、伝統的な用法は20件だけであった。残りの80件のうち、コンテクストを欠いているために分析ができなかった6件を除くと、新用法は46件で、進化系用法は28件であった。データがインターネットという媒体という特殊性を有するため、この数字は実際の使用を反映するものではないが、新用法や進化系用法の使用は確実に増加している。以下、Google 検索に現れた進化系用法の例

である。

(28) ［動画サイトの見出し］世界一残念なスノーボーダーに世界中が大爆笑、…
(29) ［自動車の情報サイトでのオートショーの評］NYオートショーのワースト４！　残念な第１位は三菱「ミラージュ」

(28)では、「世界一」という表現が「残念な」を修飾し、「残念な」が客観的な評価を示す修飾表現として使用されていることが明らかである。動画には、スノーボーダーがスノーボードが出来ないだけでなく、リフトに乗ることさえもできない様子が示されているが、その事態が書き手の内的状態に影響を与えることはなく、書き手は異なる事態（スノーボーダーがスノーボーディングやリフト乗車に成功する）の可能性を信じてはおらず、望んでもいない。(29)では、「残念な第１位」は評のワースト１位を指す。ここでも、新車が発表され、その様子が書き手の内的状態に影響を与えることはなく、書き手が異なる事態の可能性を信じたり、望んだりしていることはコンテクストからは読み取れない。

　新用法から進化系用法を判別する際に、最も明確な基準は、ポライトネス誘因の有無である。新用法と判別された46件全てにおいて、「残念な」に修飾された対象を「残念」ではなくすることがテキストの内容の目的とされていた。

(30) ［ビジネス書出版社によるオンライン記事の見出し］"スルーされる人"に共通する残念な特徴

(30)では、書き手は「他者から無視される人」には共通の特徴があり、それを改善することによって職場における評価が高まることを説く。これは、(13)に表したビジネス書の例と同様であり、制約は操作され、その操作は

ポライトネス効果を生む。

6.2 進化系用法におけるポライトネスの希薄化

　進化系用法においても、話し手・書き手は、対象となる事物や人に関して否定的な評価を行なっている。なぜ、「残念な」を使用することによって、ポライトネス効果を期待することはできないのであろうか。この理由に関しては、新用法におけるポライトネス誘因とポライトネス効果が要因になっていると考えられる。前述したように、新用法においては、ポライトネス誘因のFTAは極めて不明瞭である。話し手は対象となる人を否定的に評価しているのであるから、そこには対象者のポジティブフェイスを脅かす可能性は存在する。しかし、(13)は書籍であり、(30)はインターネット上のウェブページであり、そこにはフェイスを伴うコミュニケーションは不在である。このような状況でポライトネス方略を使用することによって、話し手のポジティブフェイスは維持される。しかし、それは、あくまでも、話し手のポライトネスを考慮した「意図」の存在によってのみ維持されると考えるべきであろう。したがって、そのような使用例を数多く耳(目)にする聞き手(読み手)は、それが話し手自身のポジティブフェイスの維持を狙ったポライトネス方略であることを十分認識する。「残念な」の新用法によって伝達されるはずの「話し手は異なる事態の発生が十分可能であると信じ、それを望んでいた」という情報がもたらすポライトネス効果を差し引いて単に否定的な表現としてとらえる可能性が高い。

　また、3節で述べたように、伝統的用法においても、「残念な」が「ニュース」「お知らせ」「報告」などの聞き手(読み手)への告知を目的とする媒体に結び付いた場合は客観的評価を示す修飾表現になる。これは5節のタイプ4に当たるが、タイプ2の使用に関しても同様の客観的解釈が可能である。このような使用は、「残念な」が評価を示す修飾表現として使用される別な誘因でもある。「残念な」の進化系用法が浸透すれば、仮に話し手が伝統的用法として使用したとしても、タイプ2やタイプ4の使用は、進化系

用法として解釈されるであろう。また、進化系用法に接した経験をもつ言語使用者は次にポライトネス効果を意図した新用法に接しても、その意図をくみ取らない可能性が高い。

　このような現象は、日本語における丁寧語の形成を裏返しにしたような現象である。金水（2004）によれば、「候ふ」は古くは敬語的な意味をもたない「待ち受ける」という意味であったが、「貴人のもとでの伺候の意味に限定的に用いられるようになるとともに、その動作主の地位が貴人に比して低いものであるとの含意が生じ、語彙的意味に焼き付けられる」（金水 2004: 36）ようになり、「そのような謙譲語を用いる際の、かしこまった物言いをするという話し手の態度が語彙的意味と結び付けられ、丁寧語へと拡張され」（金水 2004: 36）たものである。「残念な」の新用法のように、FTA が明瞭でないまま、ポライトネス方略として使用するのは、ポライトネス効果を形骸化させるリスクを伴う。

　形容詞の「痛い」は、話し手の身体的な感覚をその意味に含むが、近年は特定の対象に対する話し手による評価を表す意味として使われるようになっている。「惜しい」は、話し手の情動的態度をその意味に含み、本稿の「残念な」の伝統的用法の意味と近似する意味をもつが、客観的な意味として使用されているケースがインターネット上に散見していた。このような語は本稿で「新用法」として示したようなポライトネス効果を意図した使用をされる可能性が高い。そのような使用が浸透すれば、「残念な」が辿った過程を経て、進化系用法における意味のような客観性を獲得する可能性をもつ。

　言語形式がもつ語用論的意味が変遷する仕組みは、通時的語用論研究の場で進められている。Iwasaki（2000）は、平安期に当時の連体形が文末で使われるようになり、古典日本語の終止形が 14 世紀ごろには消失し、現代日本語では連体形が終止形の役割をも担うようになったのは、連体形が断定する強さを抑止し、背景的知識として提示する語用論的機能をもつためであったとしている。これを受けて、堀江（2010）は、韓国語と日本語の比較を行い、韓国語では終止形と連体形が堅持されているのは、日本語においては「断定

の抑止・背景化」の優先度が高く、韓国語では「断定」の優先度が高いためであるとしている。Iwasaki (2000) や堀江 (2010) は「操作」という概念を用いてはいないが、「断定の背景化」が行われた当初は、古典語の終止形を使うべき箇所において連体形が使用されたことは「操作」されているとみなされていたと思われる。しかしながら、現代日本語においては、連体形（現代日本語で終止形とみなされている形式）がもっていたはずの、操作において意図された「断定の背景化」という機能は既に失われている。ある特定の意味を示すために語用論的制約操作が行われた結果として、その言語形式に当該の意味がコード化される可能性は十分にあるが、その意味が上述の「断定の背景化」のように語用論的機能を担ったものである場合、パラドックスが生じる。これは、すなわち、使用がある程度一般化した段階で、操作を意図した使用という論点が形骸化し、そのポライトネス効果は希薄化するためである。

7. 結び

「残念な」の新用法においては、伝統的用法の制約であった話し手の内的状態に影響を与える事態の発生、それとは異なる事態の発生の可能性に対する話し手の期待や希望が操作の対象となることを示した。聞き手はその背後にあるポライトネス効果を意図した操作を解読し、ポライトネスを差し引いた意味を解読する。そのようなプロセスが浸透した結果、進化系用法のように伝統的用法における語用論的制約を充足せず、操作によるポライトネス効果も意図しない使用が生まれる。

日常生活において調整を狙いとした語用論的制約を逸脱した使用は偏在しているはずだが、その限界を同定することは不可能に近い。言うまでもなく、われわれ言語使用者はその限界を暗黙知として認識し、通常は限界を超えるような使用はしない。しかしながら、「残念な」の新用法のような集団的な使用法が偶発的に社会言語現象として出現すると、それは制約に影響を

与え、語の意味に変化をもたらす可能性をもつ。語用論的制約条件が操作された場合に調整の限界はポライトネス理論によって説明されるような談話的側面によるものである可能性を示唆している。「残念な」に限って結論を急ぐのであれば、Lewis (1979) が「ある程度の制限範囲」としたものは、伝統的用法の操作のようにポライトネス誘因が明示的に伝達される範囲までであると考えられる。しかしながら、これが普遍的な言語現象を説明するというのはあまりに拙速である。語用論的制約の操作における調整の限界に関して、普遍的な結論を導くのは、言語形式の語用論的制約の多様な形態を体系的に把握し、より多くのデータの分析が進むのを待たなければならない。本稿では、ポライトネスに関与する操作が慣習化された場合は、ポライトネス効果は希薄化する可能性をもつというパラドックスが存在することを指摘するにとどめたい。

注

1　本稿においては、「話し手」は文の発信を行う行為者を指し、「書き手」を含むものとする。

参考文献

池上嘉彦 (1999)「日本語らしさの中の〈主観性〉」『月刊言語』28 (1): pp. 84–94. 大修館書店

加藤重広 (2003)『日本語の修飾構造の語用論的研究』ひつじ書房

ケネラー佐智子 (1999)「「じゃないですか」の使用にみる語用論的制約の遵守とポライトネスの関係」第 3 回社会言語科学会研究大会予稿集 pp. 13–18. 社会言語科学会

金水敏 (2004)「日本語の敬語の歴史と文法化」『月刊言語』33 (4): pp. 34–41. 大修館書店

澤田治美 (1993)『視点と主観性―日英語助動詞の分析』ひつじ書房

首藤佐智子 (2007)「前提条件操作の限界―「よろしかったでしょうか」の語用論分析」日本言語学会第 135 回大会予稿集 pp. 256–261. 日本言語学会

首藤佐智子 (2011)「前提条件における間主観的制約の多様性について」武黒麻紀子編『言語の間主観性―認知・文化の多様な姿を探る』早稲田大学出版会

首藤佐智子・原田康也 (2013)「残念な言語現象―ポライトネスの耐えられない矛盾」日本認知科学会第 30 回大会発表論文集 pp. 661–666. 日本認知科学会

宋文洲 (2013)『英語だけできる残念な人々』中経出版

寺村秀夫 (1977)「連体修飾のシンタクスと意味―その 2」『日本語・日本文化』5. 大阪外国語大学留学生別科 (寺村秀夫 (1993) pp. 209–260 に再録)

寺村秀夫 (1993)『寺村秀夫論文集 I ―日本文法編』くろしお出版

西尾寅弥 (1972)『形容詞の意味・用法の記述的研究』秀英出版

樋口文彦 (2001)「形容詞の評価的な意味」言語学研究会編『ことばの科学 10』むぎ書房

堀江薫 (2010)「文末形式と定形性―認知類型論と語用論の観点から」「場」の言語学 Colloquium、2010 年 1 月 22 日、早稲田大学

山崎将志 (2010)『残念な人の思考法』日本経済新聞出版社

Brown, Penelope and Stephen C. Levinson. (1987 [1st ed. 1978]) *Politeness: Some Universals in Language Usage.* Cambridge: Cambridge University Press.

Goffman, Ervin. (1967) *Interaction Ritual: Essays on Face Behavior.* New York: Pantheon Books.

Grice, H. P. (1975) Logic and Conversation. In Peter Cole and J. L. Morgan. (eds.) *Syntax and Semantics* 3: Speech Acts. pp. 41–58. New York: Academic Press.

Iwasaki, Shoichi. (1993) *Subjectivity in Grammar and Discourse: Theoretical Considerations and a Case Study of Japanese Spoken discourse.* Amsterdam: John Benjamins.

Iwasaki, Shoichi. (2000) Suppressed Assertion and the Functions of the Final-Attributive in Prose and Poetry of Heian Japanese. In Susan C. Herring, Pieter van Reenan and Lene Schøsler. (eds.) *Textual Parameters in Older Languages.* pp. 237–272. Amsterdam: John Benjamins.

Kuno, Susumu. (1973) *The Structure of the Japanese Language.* Cambridge, MA: MIT Press.

Kuroda, S.-Y. (1973) Where Epistemology, Style and Grammar Meet: A Case Study from Japanese. In Stephen R. Anderson and Paul Kiparsky (eds.) *A Festschrift for Morris Halle.* pp. 377–391. New York: Holt, Reinhart and Winston.

Lewis, David. (1979) Scorekeeping in a Language Game. *Journal of Philosophical Logic* 8: pp. 339–359.

Potts, Christopher. (2005) *Conversational Implicature.* New York: Oxford University Press.

Searle, John R. (1969) *Speech Acts, an Essay in the Philosophy of Language.* Cambridge:

Cambridge University Press.
Shudo, Sachiko (1998) *The Japanese Particle Mo: Its Presupposition and Discourse Functions. Doctoral Dissertation*. Department of Linguistics, Georgetown University. Washington, DC.
Shudo, Sachiko. (2002) *Presupposition and Discourse Functions of the Japanese Particle* Mo. London/New York: Routledge.
Shudo, Sachiko. (2013) Zannen? How sorry are you? a politeness dilemma in manipulated usages. The 14th Korea-Japan Workshop on Linguistics and Language Processing, Kyung Hee University.
Sperber, Dan and Deirdre Wilson. (1986) *Relevance: Communication and Cognition.* Cambridge, MA: Harvard University Press.
Stalnaker, Robert. (1974) Pragmatic Presuppositions. In Milton K. Munitz and Peter K. Unger. (eds.) *Semantics and Philosophy*. pp. 197–214. New York: New York University Press.
Sweeter, Eve E. (1990) *From Etymology to Pragmatics: Metaphorical and Cultural Aspects of Semantics Structure*. Cambridge: Cambridge University Press.
Traugott, Elizabeth C. (1995) Subjectification in grammaticalisation. In Dieter Stain and Susan Wright. (eds.) *Subjectivity and Subjectivisation: Linguistic Perspectives*. pp. 31–54. Cambridge: Cambridge University Press.
Uehara, Satoshi. (1998) Pronoun drop and perspective in Japanese. In Noriko Akatsuka et al. (eds.) *Japanese/Korean Linguistics* 7: pp. 275–289. Stanford: CSLI.

謝辞 本稿は、科学研究費補助金基盤研究C『前提研究の新アプローチ：前提条件操作の限界からの検証』（課題番号23520475）に基づく研究の成果の一部である。「残念な」の用法に関して、Shudo (2013) ならびに首藤・原田 (2013) で発表を行った際に貴重なコメントをいただいた。記して感謝する。

特定秘密保護法に関する記者会見記事の批判的談話分析

トピック・連鎖・構造を中心に

名嶋義直

1. 権力の維持や強化と語りとの関係

　特定秘密保護法案は 2013 年 12 月 6 日に参議院本会議で可決され成立した。この法案については日本だけではなく世界中のさまざまな団体や著名人・文化人・専門家・個人が、内容不備・憲法違反の疑い・審議時間不足等の問題を指摘して懸念を表明しており、大きな社会問題となっていた。それに加えて国会における採決手続きの妥当性も問題となった。法案の成立後、12 月 9 日午後 6 時頃から首相が記者会見を開いた。その中に特定秘密保護法案に関する談話があった。批判の多い法案を成立させた政権にとって、記者会見を行うことは自らの主義主張を再度述べることであり、各方面からの批判に耐えるだけの論陣を張ることに他ならない。したがって、そこでは権力の維持や強化が行われるはずである。その「権力の維持や強化」はどのような語りや論理で行われたのであろうか。それを明らかにしたい。

2. 新聞記事の批判的談話分析

　権力の維持や強化の実態を談話の分析を通して考察するにはどのような理論的枠組みがふさわしいであろうか。筆者はその答えを批判的談話分析 (Critical Discourse Analysis、以下、CDA) に求めた。
　テウン・A・ヴァン・デイク (2010) は、批判的談話分析について、「その

焦点は社会問題にあり、特に権力の濫用や支配の生産および再生産における談話の役割にある」もので「「姿勢を伴った」談話分析」であると述べ、「被支配グループ」と「テクストやトークを悪用して、自分たちが濫用する権力を確立し、強固にし、または、正当化する人たちに対する抵抗と不同意の態度とを結びつける」ものであると述べている（ヴァン・デイク 2010: 134）。CDA はまさに本稿の目的に合致した分析の枠組みであると言えよう。

　次に考えなければならないのは何を分析するかである。記者会見ではテレビ中継も行われたが、テレビは録画をしない限り視聴時間が限定・制約され保存性にも問題がある。一方、新聞はその限定・制約が緩く、保存性も良好で時間や空間を超越して当該談話にアクセスが可能である。加えて、紙媒体だけではなく Web 上でもアクセスが可能であり、影響を及ぼす範囲も広いと考えられる。新聞記事には、編集段階で情報が加工され、発話者でない第三者の意図が介在するおそれがあるが、本稿は記事自体の特徴や記事そのものが読者に与える影響を分析することを目的とするものであるため、新聞社や新聞記者の意図が介在したとしても、本質的に問題はないと判断した。とは言え、発話された内容に忠実なものの方が望ましいことには変わりがない。そこで最も発言内容が詳細であった朝日新聞の記事を分析候補とした[1]。

　当該記事は、首相談話、および記者との質疑応答を新聞社（および記者）が再構成したものである。首相官邸 HP で元の発言を確認すると、首相の単独談話が先にあり、その後で新聞記者との質疑応答があったことがわかる。朝日新聞の記事は、首相による談話の後に、毎日新聞と産経新聞の記者からの質問に対する首相の回答を後接させて再構成している。その点から言えば、一次資料である首相官邸 HP の談話を分析すべきであるとも言えるが、一方で、首相官邸 HP で当該談話を読む人と朝日新聞記事で読む人とどちらが多いかを考えると、新聞記事で読む人の方が多く、社会的な影響力がより大きいとも言える。そこで本稿では朝日新聞記事の分析を行うこととした。

　分析対象は、首相・質問をした毎日新聞と産経新聞の記者・そのやりとり

を再構成した朝日新聞の4者が複合した主体となって一般読者に対して展開している談話行動であり、その実践の結果産出された談話である。

記事は、Webサイト「朝日新聞DIGITAL」上に2013年12月10日0時31分に配信されたものである[2]。記事の中から特定秘密保護法案に関する談話を以下に抜粋する。体裁は本稿の筆者が話題や内容に着目して分析を行う過程で改行位置を変更しておりWebサイト上のものと少し異なるが、内容は元の記事のままである。各段落に付した番号は筆者が記したものである。元の記事の段落を複数の段落に分割したものもあるので、記事の段落構成と一致しているものもあれば一致していないものもある。これ以降は各段落に言及する際にはこの番号を用いて指し示す。ちなみに、(9) までが首相の単独談話、(10) 以降が質疑応答の談話である。(10) から (17) が毎日新聞からの質問に関する談話、(18) から (20) が産経新聞からの質問に関する談話である。

「通常の生活脅かされない」安倍首相会見の詳細

(1) 世界各国では国家秘密の指定、解除、保全などには明確なルールがある。そのため、我が国がこうした秘密情報の管理ルールを確立していなければ、そうした外国からの情報を得ることはできない。さらに、提供された情報は第三者に渡さないのが情報交換の前提だ。いわゆるサードパーティールールだ。

(2) その上でチェック機能をどう作るかが課題となった。日本を守っている航空機や艦船の情報が漏洩（ろうえい）してしまうという事態になれば、国民の安全が危機に瀕（ひん）することになる。また、人命を守るためには、なんとしてもテロリストへの漏洩を防止しなければならない。

(3) 国民の生命と財産を守るためには国家安全保障会議の設置とあわせて、一刻も早く特定秘密保護法を制定することが必要だった。

(4) 国会審議を通じて日本維新の会、みんなの党など与野党で幅広い議論

をいただいた結果、12の論点について法案修正がなされたことは大きな成果であり、良い法律にすることができたと考えている。

（5）　審議過程では、秘密が際限なく広がる、知る権利が奪われる、通常の生活が脅かされる、といった懸念の声もあった。

（6）　しかし、そのようなことは断じてあり得ない。今でも政府には秘密とされている情報があるが、今回の法律により今ある秘密の範囲が広がることはない。そして、一般の方が巻き込まれることも決してない。

（7）　報道などで友達から聞いた話をブログで書いたら民間人でも厳罰とか、映画などの自由な創作活動が制限される、といった話を耳にして不安を感じている方々もいるかもしれない。

（8）　しかし、そういうことは決してない。

（9）　むしろこれまでルールすらなかった特定秘密の取り扱いについて、この法律の下で透明性が増すことになる。そのことは明確にしておきたい。外交・安全保障政策を国民と情報を共有しながら透明性を確保した上で進めることは言うまでもない。

（10）　今後とも国民の懸念を払拭（ふっしょく）すべく、丁寧に説明をしていきたい。厳しい世論については、国民の皆様の叱正（しっせい）だと謙虚に真摯（しんし）に受け止めなければならないと思う。私自身がもっともっと丁寧に時間をとって説明すべきであったと反省もしている。

（11）　しかし、さきほど話をしたように、今まで秘密の指定、解除、保全、ルールがなかった。そこに問題がある。例えば、いわゆる日米安保についての密約の問題。私は官房長官や総理大臣を経験したが、その私も、あのいわゆる密約といわれた事柄について説明を受けなかった。

（12）　しかしこの法律ができたことによって、今後は変わる。総理大臣は今後、特定秘密について情報保全諮問会議に毎年毎年報告をしなければならない。当然、項目において特定秘密について説明を受ける。受けた説明をこの諮問会議に説明する。そして諮問会議はその意見を国会に報告する。これが大きな違いだ。

(13) だから、今までのように、総理大臣も知らないという秘密はありえない。そして誰がその秘密を決めたかも明らかになる。そういう意味において、まさにしっかりとルールができ、責任者も明確になるということは申し上げておきたい。

(14) また、例えば特別管理秘密は42万件ある。この42万件のうち、9割は衛星情報。おそらくこれ、皆さんもご存じなかったと思う。私も知らなかったわけだから、当たり前だ。そこに問題がある。これからはこういうカテゴリーが明らかになる。9割は衛星情報、そしてそのあと多くが暗号だ。そして、さらにはそれぞれの自衛隊の艦船等細かい性能は全部秘密になっている。そういうものがカテゴリーとして明らかになっていく。中身、どういうカテゴリーになっているかということについては、いわば透明性は増していくということになる。

(15) 42万件も総理が管理できるのかという批判もあったが、まさにそういうなかにおいて、9割は衛星写真だから、衛星写真というカテゴリーになる。この解像度自体がどれくらい精密に撮れているかは秘密だ。あとは暗号、武器の指定。そして残りについては、さらにカテゴリーが分かれていることになっている。それを総理大臣は把握する。格段に、そういう意味ではルールのもとで指定が行われ、解除が行われ、さらには誰が責任かも、責任をもっているかも明らかになっていくということははっきりと申し上げておきたい。

(16) 廃棄においてもルールができる。いままで4万件の廃棄されたもののうち、3万件が民主党政権時代に、たった3年間のうちに防衛秘密が廃棄された。どうして廃棄されたのか、誰が責任があったのか。それも明らかじゃない。つまり格段に透明性も責任もルールも明確になるということは、はっきり申し上げておきたい。こういう説明をしっかりしていけば、必ず私は国民の皆様のご理解をいただけると思う。

(17) そしていつ施行していくか、これはまず1年ありきということでもないが、しっかりとチェック機能も含めて、この制度設計を行ってい

く。今申しあげたみたいな説明をしっかりと行っていく。その上において、しかるべき時に施行していきたい。

(18) 菅政権が隠したあの漁船のテープはもちろん特定秘密にはあたらない。誰がその判断をしたのか、明らかではない。菅総理なのか仙谷官房長官なのか福山官房副長官なのか。だれが本来公開すべき、国民の皆様にも公開をし、世界に示すべき、日本の立場の正しさを示すテープを公開しなければならないのに公開しなかったか。間違った判断をしたのは誰か。このこともみなさんわからないじゃありませんか。

(19) しかし、今度の法律によって、そもそもこれは特定秘密にはならないが、もし特定秘密にしたのであれば、その責任も全て所在は明らかになる。5年ごとに指定が解除されるかどうかということについてもチェックされる。大切なことは、しっかりとルールを定めて保全をしていく。保全はきっちりしていくということではないかと思う。

(20) 当然そうした特定秘密もそうだが、秘密文書は、歴史の判断を受けなければならない。つまり国立公文書館にスムーズに移管される。そのルールも今度はちゃんとできあがるわけで、現在の状況よりもはるかに私は改善されると思っている。

3. マクロ的観点からの分析

3.1 主題から見た5つのまとまり

　記事のタイトルを見ると、前半部に直接引用の形で「通常の生活脅かされない」と述べられており、後半部分には「安倍首相会見の詳細」とある。ここから読者は「安倍首相が「通常の生活脅かされない」という趣旨のことを会見で述べた」と解釈するであろう。これがタイトルを見た段階で読み手に想起される主題である。しかし、記事を読み進めていくと、それは談話全体の主題ではないことが明らかになる。確かに「通常の生活は脅かされない」という趣旨のことも語られているが、むしろ主題は「法律の必要性と利点」

を述べることにあり、さらには談話の後半では「法を施行する」という一種の宣言も行われている。その点において、この記事のタイトルは「国民の不安を払拭し、法律の必要性と利点を理解させる」という権力側の意図に協力するものとなっている。段落ごとのトピックを整理すると以下のようになる。

（１）：世界各国における秘密情報の管理ルールがある。
　　　　ルールがないと国家間で情報提供を受けられない。
　　　　提供された情報は漏洩しないのがルールである。
（２）：情報のチェック機能が必要である。
　　　　漏洩が生じると国民の生命と財産が脅かされる。
　　　　テロリストへの漏洩を防がなければならない。
（３）：特定秘密保護法を緊急に制定する必要があった。
（４）：特定秘密保護法案は与野党で修正を経てよい法律になった。
（５）：秘密が広がり知る権利が奪われる、生活が脅かされるとの懸念。
（６）：そのようなことはない。
（７）：ブログや映画などでの表現が処罰されるという懸念。
（８）：そのようなことはない。
（９）：むしろ逆である。特定秘密保護法は情報の透明性を高める。
（10）：今後丁寧に説明をしていきたい。
　　　　もっと丁寧に時間をとって説明すべきであったと反省している。
（11）：秘密の指定、解除、保全のルールがないという問題があった。
（12）：この法律により問題は解決される。
（13）：法律により何がどう変わるか具体例１（秘密指定の透明性）
（14）：法律により何がどう変わるか具体例２（責任者の透明性）
（15）：法律により何がどう変わるか具体例３（カテゴリーの透明性）
（16）：法律により何がどう変わるか具体例４（秘密廃棄の透明性）
（17）：今後しっかりとチェック機能も含めて制度設計をする。

今後しっかり説明していきたい。
　　　しかるべきときに法を施行する。
(18)：前政権における問題点（秘密指定や責任者の不透明性）
(19)：この法律により何がどう変わるか具体例5（保全の透明性）
(20)：この法律により何がどう変わるか具体例6（保管の透明性）

　談話の中のトピックは大きく4つにまとめることができる。まず「法案の背景とその必要性」に関わるものである。(1)・(2)・(3)・(11)・(18)がそれに該当する。次は、「法の評価」に関わるもので(4)・(9)が該当する。(4)で立法過程に対する評価が述べられ、(9)では内容に対する評価が述べられる。3つ目は「この法律によって国民の生活が脅かされることはない」という記事タイトルにもなっている内容で、「懸念の払拭」とでも言うべき部分(5)から(8)である。4つ目のトピックは「施行後の変化」で(12)から(16)と(19)・(20)である。(11)の「法案の背景となった課題」の再提示を受け、(12)で「よい変化」が未来におこることが明示される。(13)から(16)では「何がどう変わるか」が複数の具体的な事例とともに語られる。その後は3度目の「法案の背景となった課題」が(18)で示され、(19)・(20)で「具体的に何がどう変わるか」が示される。
　そして、それらの固まりの中に挟まれるように配置されているのが(10)と(17)である。(10)と(17)の中には「今後しっかりと（または丁寧に）説明していきたい」という趣旨の発言が埋め草のように配置されている。これらの部分を全体のトピック構成の中にどのように位置づければよいであろうか。ここで時間的な視点を持ち込んでみると整合性のある説明が可能になる。(10)後半のトピックは過去の事象に対する反省である。その反省を踏まえてどうするべきか考えると、未来に取るべき行動として(10)前半の「今後しっかりと（または丁寧に）説明していきたい」が導き出されることになるであろう。この「過去の事象に対する反省を踏まえた未来に取るべき行動」は(17)前半でも繰り返し述べられる。そして(17)後半で「法律をしか

るべきときに施行する」という行動が述べられる。この点から、(10) と (17) は「国民の批判への配慮と未来に取るべき行動」という 1 つのトピックとしてまとめることができる。

つまり、この談話は以下の 5 つのトピックから構成されていることになる。

  トピック 1：法案が必要となった背景とその必要性
      (1)、(2)、(3)、(11)、(18)
  トピック 2：法律の評価・メリット
      (4)、(9)
  トピック 3：国民の懸念の払拭
      (5)、(6)、(7)、(8)
  トピック 4：法律施行後の変化
      (12)、(13)、(14)、(15)、(16)、(19)、(20)
  トピック 5：国民の批判への配慮と未来に向けての行動
      (10)、(17)

ここから分かるように、記事のタイトル「通常の生活脅かされない」は、トピック 3 の内容であるが、決してそれだけで談話の中心となる主題ではない。これから 3.2 節以降で確認していくように、この談話は読み手に対し、トピック 1 を背景にして法の必要性を前提として受け入れさせ、トピック 2 で肯定的な解釈を与え、トピック 3 で不安や懸念を払拭させ、トピック 4 で未来の変化を示して「いいように変わる」と思わせ、最終的にはトピック 5 の「そのような法律を施行する」という「宣言」を行うものである。トピック 3 は全体の中の一要素にすぎない。そのような、テクスト全体の主題と異なるトピックを記事の見出しに掲げたのは、おそらく新聞社（または記者）の意図あってのことであろう。国民の懸念に働きかけるタイトルの方が読者の興味に訴え、目に留まりやすく読まれやすいと考えてのこ

とかもしれない。しかし、国民の多くが「通常の生活が脅かされる」と声を上げて法案に懸念を示し反対の意思表明を行ったという事実を踏まえると、読者に「通常の生活脅かされない」という解釈を想起させてしまうタイトルは、権力側の主張を検証もせずに肯定的に広報していることになり、結果的に（または場合によっては意図的に）、権力の強化や再生産に加担していることになる。

3.2　段落の連鎖から見た 3 つのまとまり
3.2.1　「背景（課題）―未来の変化（解決）」の連鎖構造

　3.1 節ではテクストの中で述べられている話題に着目すると 5 つの固まりが取り出せることを示したが、段落間の連鎖構造に着目して談話を見てみると、本テクストは、大きく 3 つに分割することができ、それぞれに同質的な特徴が観察されることが明らかになった。つまり、このテクストは同じような構造が繰り返し 3 回提示されるという特徴的な構造を有している。

　最初の部分は(1)から(9)である。それらはすでに見たように「特定秘密保護法の必要性」を主張するために配置されている部分である。そこには「前提や価値観に関するスキーマを利用した推論による論理的な連鎖構造」と「論理・主体・内容のすり替えを行う連鎖構造」が観察される。(1)・(2)・(3)は「背景（課題）―未来の変化（解決）」の連鎖構造の「背景（課題）」に相当する部分を構成する。(1)・(2)から(3)への展開は接続詞を用いない無標の展開であり、「前提や価値観に関するスキーマを利用した推論による論理的な構造」、言い換えれば、「〜ならば、〜である」や「〜であるから、〜である」という論理命題（ヴォダック(2010)の言う「トポス」）を介した推論で展開していると考えられる[3]。種々のトポスを利用して「国家間の情報のやり取りは重要である。重要だから行わなければならない。しかし情報が漏れるのはよくない。よくない状況は避けるべきである。それを避けるには手だてが必要だ。手だてとしては法による規制が有効である。有効なら法律を作ればよい」というような推論を誘発させ、聞き手・読み手の解

釈を特定の方向に導くことで非明示的・暗示的主張を行っていると考えることができる。それは論理を明示しないという点で対話や議論を拒否した「一方的な主張」である。言質を取られないよう、明示的な主張を避け、聞き手・読み手の推論（責任）に帰した主張を意図しているためであろう。

　ここで重要なことは（1）が国家レベルにおける制度の話をしているのに対し、（2）は国民レベルの生命・財産の話をしていることである。この部分では一見すると何も問題はないように思われるが、談話の中で何度かこの法律が国民のためというよりは国家のために機能するものであることが露見する。たとえば（3）で突然出てくる「国家安全保障会議の設置とあわせて」という記述は、法案が、結果的に個人の生命や財産を守ることにつながることはあっても、第一義的には国家の安全保障のための法案であることを明確に示している。つまり、（1）から（2）への展開は「国民のため」と見せかけ「危機感を煽るため」の「すり替え」のための連鎖であると言える。

　（4）はすぐ後で触れるので、それに続く（5）から（8）の部分を見る。（2）と同じく国民レベルの話が展開する。ここは、「法案に反対する世論に一定の共感を示しつつそれを否定する」ために配置されている部分であり、「他者否定の連鎖」が「国民―政府・自民党」という対立軸で提示されている。そこに見られる、他者（国民）の意見を提示して否定する連鎖は、（1）・（2）・（3）の連鎖が無標であったのと対称的に、接続詞「しかし」を用いた有標で展開している。この展開が2回繰り返され、国民の懸念は強く否定される。この「他者否定の連鎖」部分は独立した固まりに思えるが、実は「法案に対する肯定的評価」を述べる「自己肯定」（4）と（9）とに前後から挟まれており、「自己肯定―他者否定―自己肯定」というより大きな連鎖の中に取り込まれて重層的に繰り返し否定されることでさらに肯定される。（8）から（9）への展開も接続詞「むしろ」を用いた有標の展開となっている。この「むしろ」という接続詞は単純な逆接を担っているものではない。「しかし」は前節で述べられた内容と相反する内容のものを後節として導くが、「むしろ」は「どちらかといえば後者」や「前に述べたことよりも後ろで述べること」

の方がより適切であるという意味関係の接続を担う。そのため読み手は、「国民は不安な面を多々挙げるけれど、本当のことを言うと事実は逆で、つまり、良いことが多いのだ」という解釈に導かれることになる。つまり、(4)と(9)が、国民の懸念を否定する(5)から(8)を内部要素として取り込み、それ全体で「よい方向」としての「未来の変化(解決)」を述べる連鎖を構成し、それが「背景(課題)」としての(1)・(2)・(3)を受けて展開する大きな連鎖であると言える。ここまでが第1の固まりである。これは記者会見において首相が単独で語った部分に相当する。

　第2の固まりは中間部に位置する(11)から(16)である。「特定秘密保護法の利点」を主張するために配置されている部分であり、ここにも「よい方向」を目指しての「背景(課題)―未来の変化(解決)」という連鎖構造が確認できる。背景(11)から未来の変化(12)への展開は接続詞「しかし」を用いた有標のものである。(11)では(1)と同じ背景が再提示され、(12)ではその負の課題を明確に打ち消し、それが解決できることを明示的に示している。それにより法の評価を国民に納得させたい意図があるものと思われる。(13)から(16)では、(12)で言及された「未来の変化」の具体例が列挙される。この部分の冒頭に(10)を、最後の部分に(17)を加えたものが毎日新聞記者からの質問に対する首相の回答に相当する。その(10)・(17)については3番目の固まりについて確認した後の次節において論じる。

　3番目の固まりは後半の(18)から(20)で、ここも先の2つの固まりと同じく「背景(課題)―未来の変化(解決)」の連鎖構造となっている。それに加え、3名の政治家の肩書き(当時)と個人名まで出した上で、旧民主党政権と現自民党政権という「敵対する他者―自己」の対立関係も重ねられている。ここでも背景(18)から未来の変化(19)への展開は接続詞「しかし」を用いた有標のものである。「敵対する他者―自己」という対立関係も重ね合わされていることを考えると、他者を明確に否定して「自己」の価値を高める意図的な狙いがあったと考えるべきであろう。

　このように、「背景(課題)―未来の変化(解決)」の連鎖構造はテクスト全

体を3分割する形で繰り返し3回出現する非常に強固なものである。

3.2.2　時間的な展開の連鎖構造

　ここまで確認してきたことを時間的な展開の連鎖という点から捉え直したい。「背景」や「前提」とされるものは「過去に存在していたもの」や「今存在しているもの」である。したがって、その存在を否定することはできず受け入れるしかない。本テクストではそれらが「解決すべき問題」として提示されている。一方で、その問題がこれから解決されることによって生じる変化は未来のものと位置づけられる。つまり、3回現れる「背景（課題）─未来の変化（解決）」という連鎖構造を時間的な観点から捉え直すと、「過去・現在─未来」という連鎖構造として位置づけることができる。その「過去・現在─未来」という1つ目の大きな固まりの最後の部分に(10)が、2つ目の大きな固まりの最後の部分に(17)が配置されていることになる。

　しかし、(17)は「施行宣言」なので話題としては具体的に「何がどう変わるか」ということを縷々数え上げている(13)から(16)までとは明らかに異なる。それは(10)から(17)までが毎日新聞記者との質疑応答部分であり、その質問も2つあり、(17)は、(10)から(16)までの答えとは異なる質問に対する答えだったためである。にもかかわらず、首相はその、それまでの質問とは異なる「施行時期はいつか」という質問に対する答えを、「未来に関すること」という時間的な共通点を利用して、(11)から(16)までの「過去・現在─未来」の連鎖にうまく組み込んでいる。(16)から接続詞「そして」を使用することで、意味の関連が稀薄なところを論理的な順接展開で支えて(17)を導入し、そこまで述べてきた未来の変化の延長線上で施行を宣言するという連鎖構造となっている点に注意したい。ここまでの考察で(13)から(16)を通して未来の変化が「よいこと（メリット）」として繰り返し提示されていることを確認した。その文脈上で施行を語られると、それも国民に「よいこと」をもたらすものとして受け入れやすくなるであろう。

　その他にも時間関係に着目すべき連鎖がある。たとえば、「国民の懸念」

を打ち消す連鎖が連続して2回提示される。(5)と(6)、(7)と(8)という組み合わせである。また、それぞれの「具体的な「よい解決」」を示す部分では「肯定的な内容を繰り返す」連鎖が観察される。それらの具体的事例は、「未来に向けた時間の流れ」にそって合計で6例も提示され、主張をより強固なものにしている。

当該テクストには、以上のようなマクロレベルにおける「繰り返しによる念押し」の連鎖だけではなく、局所的なミクロレベルにおいても種々の対称的な連鎖が観察される。主なものとして、さまざまな言語形式の使用によって達成される「主体非明示／主体明示」・「対象非明示／対象明示」・「抽象的／具体的」などの対立軸である。しかし、そのようなミクロ的分析は紙幅の都合上これ以上触れることができない。名嶋(2015)で詳しく論じているので参照願いたい。

3.2.3 記者会見時の談話と新聞記事として再構成された談話

既に述べた通り、本稿が分析の対象としている新聞記事の中の談話は記者会見時の談話を再構成したものである。記者会見時の口頭談話では、(10)は司会の発話を挟むことで(9)までの首相の単独談話とは明確に分断されている。(17)も(10)から(17)までの質疑応答の連鎖の内部要素に留まり、その後には次の質問を促す司会の発言が入るため後続の段落とは明確に分断されている。一方、朝日新聞記事では司会の発言は割愛され、(10)は(1)から(9)までの連鎖と(11)から(16)までの連鎖との間に無標の接続で配置されている。(17)は(11)から(16)までの連鎖と(18)から(20)までの連鎖の間に、(16)に対しては「そして」を用いた有標の順接接続で、(18)に対しては無標の接続で配置されている。つまり、口頭での談話とは異なり、前後のテクストとは分断されない形で再構成されている。その再構成は読み手にどのような影響を与えるのであろうか。

(10)は談話全体の中で2つの意味・機能を持っていると考えられる。(10)の前半は「今後丁寧に説明していきたい」という未来に向けた今後の方針で

あり「願望」である。後半は「もっともっと丁寧に時間をとって説明すべきであった」という国民に対する「反省」の弁である。この (10) は、先に説明をしたように、記者会見の質疑応答時に毎日新聞記者から出された質問に対する首相の回答の冒頭に現れるものである。つまり、首相は自らの回答を「反省に基づく改善とその反省」から始めている。それによって首相は「国民の叱正を真摯に受け止める謙虚な姿勢」を示すことができる。その謙虚な姿勢には「背景（課題）―未来の変化（解決）」の連鎖を繰り返すという強硬な談話行動を和らげる働きが期待できる。実際、(10) と (11) との接続は「しかし」である。つまり、「自分には至らない点があったが、しかし、問題はそれではない」ということを述べているわけである。

　(17) では、前半で国民への批判を受け止めた姿勢と今後の方針が示される。「今後チェック機能も含めた制度設計をする」という未来に向けた「意向」である。後半は「しかるべきときに施行する」という「宣言」である。「意向」は、制度設計が不充分であるという国民の批判に配慮する姿勢を示している。その一方で「宣言」は国民の批判に配慮しない姿勢を現している。(10) と (17) は内容こそ異なるが非常によく似た談話行動となっている。この (17) は「施行宣言」なので法案反対の世論に対する勝利宣言とも言えるものである。(10) の「謙虚な姿勢」はこの (17) の勝利宣言の持つ「世論の反対を考慮しない強硬さ」をも和らげる役目を担っていると考えることができる。

　ここで (10) と (17) の談話全体における意味・機能が明確になった。(10) は談話行動の姿勢を和らげる一種の「ヘッジ表現」（批判などを受け止め和らげる垣根のような機能を持つ表現）であり、そこで語られている「反省」は見せかけや自己防御のためのものにすぎず、(17) の「宣言」を受け入れやすくさせるためのものであると言える。これについては4.2節で再考察する。

　(10) も (17) も共に1つの段落が「国民への批判に配慮する姿勢」と「国民の批判を否定する、または考慮しない姿勢」とを表すという2つの意味・機能を持つものである。そして、それらが朝日新聞記事の中で再構成された

時に、(10)は(1)から(9)、(11)から(16)という2つの「背景（課題）―未来の変化（解決）」の構造を連鎖させる位置に出現し、(17)は(11)から(16)、(18)から(19)という2つの「背景（課題）―未来の変化（解決）」の構造を連鎖させる位置に出現している点に着目したい。

(10)の前半は「国民の叱責への反省、それを受けての改善」を述べているので、読者にとっては「未来の変化」であり、今よりよくなるであろうという点において「メリット」である。その点において国民の懸念を払拭してメリットを述べる(1)から(9)までの大きな固まりと同じ流れである。その一方で(10)は(11)において「しかし」でもって否定される対象としても存在している。つまり、(10)は(1)から(9)、(11)から(16)という大きな2つの固まりを、意味的にも論理的にも矛盾することなく巧妙に連鎖させているということである。

(17)にも同じことが言える。制度設計をよいものにしていくという「未来の変化」や「メリット」が語られる前半部分は(11)から(16)という大きな固まりで具体的に「何がどう変わってどういうメリットがあるか」を述べていた流れと合致する。しかし、後半ではこの法を施行するという揺るぎない信念を示し、(18)から(19)という「背景（課題）―未来の変化（解決）」の連鎖構造へ展開する。(17)も意味的にも論理的にも矛盾することなく2つの大きな固まりを無標の形で巧妙に連鎖させることに成功している。

当然ながら、これらの連鎖機能は記者会見時には顕在化していない。なぜなら、単独の談話と質疑応答という談話ジャンルが異なること、その間に司会者である内閣広報官の発言が介在すること、2つの質問の発話者が異なることなどを理由として、明確に3つの談話（首相の単独談話・第1質問者との質疑応答・第2質問者との質疑応答）に時間的・空間的に分割されているからである。しかし、1つの新聞記事として再構成されると、前後の段落との関係を新たに付与され、その結果、それぞれ2つの「背景（課題）―未来の変化（解決）」の構造をもつ大きな固まりを巧妙に連鎖するという機能を顕在化させるに至っている。再構成を通して、時間的・空間的に分断されて

いる談話をあたかも時間的に連続し空間的に同一空間で生じているかのように「見せる・読ませる」ことが可能になるということである。このことは、テクストがマスメディアによって再構成されるということにおいて潜在的に存在する大きな問題を如実に示していると言えるであろう。

　ここまで、当該談話が3つの大きな固まりから構成され、それらが(10)と(17)とによって巧妙に連鎖されていることを確認した。では、それぞれの固まりの中ではどのような構造でまとまりが保持されているのであろうか。4節では各段落間の関係を複数の観点からより詳しく考察する。

4. まとまりを生み出す種々の構造

4.1 論理構造

　このテクストは複数の点において論理的で説得力を持つ段落間関係を構成しているものとなっている。それはテクストが全体的に「抽象的内容から具体的内容へ」という展開になっている点、先に述べられた抽象的内容が後から述べられる具体的内容で論証されたり補強されたりする形になっており見かけ上は論理的な展開となっている点に起因する。

　(1)・(2)では法案が提出された背景情報が述べられ、(3)ではその課題に対処する方策としてこの法案が出てきたことが述べられており法律の必要性が提示される。その論理的な関係は接続詞などでは言語的に明示されていないが、人々の世界の知識の中に存在している種々の論理命題「トポス」を介してそれが読み取れることは3.2.1節で示した通りである。課題の解決策である当該法律には(4)において法案の審議過程とその内容に一定の肯定的な評価が与えられる。(5)・(7)では世論で懸念される負の側面について言及する。しかし、それはそれぞれ(6)・(8)で明確に否定され、法案に関して国民が抱いている不安は当たらないということが述べられる。その否定を受けて(9)ではいかに大きな問題が解決できるかというメリットを示し国民の不安を払拭する意気込みを示す。転じて(10)では丁寧に説明しなかったこ

とへの謝罪と反省を行うが、続く段落(11)で法案が必要だった背景・問題の再提示を行い、(12)で本法案によって問題が解決されるということが示される。この(12)では、法案の成立過程に多少問題はあったものの日本が置かれた状況を打開するためにはこの法案が必要であり、この法案によって日本は変わるのだという主張が暗示的に再度なされる。ここまでが相対的に見て抽象的に論が展開している部分である。その後で、その主張を裏付ける「これから変わる具体例」が(13)以下で複数挙げられる。そして、(13)以降でも上で指摘した形式的な論理展開は保持されている。

　以上見たように、本テクストの段落間の連鎖は、「背景―主張」・「主張―例示」・「例示―主張」というような論理的な展開構造を構成していることがわかる。それが本テクストが見かけ上の説得力を持つ理由の1つである。つまり、本テクストは、小さな論理関係で構成されているテクストを複数連鎖させつつ、より大きな論理関係を構築し、そのまとまりをさらに論理関係で結びつけ、「抽象的内容を具体的内容で納得させる」という、見かけ上の論理関係を全体を通して強固に構築していると言える[4]。

4.2　ヘッジ構造

　3.2.3節でも少し触れたが、読み手との共通点を挙げるという、いわゆるポジティブ・ポライトネス・ストラテジーが一種のヘッジ機能を担うものとして駆使されている。それが顕著なのは、(5)から(8)で国民の不安を挙げ否定する部分、それに続く形で(9)でメリットを挙げ、(10)で国民の批判を真摯に受け止める態度を取りつつ丁寧な説明をすべきであったと反省する部分である。これらの部分で述べられていることは権力者側にとっては批判や失敗を自らが認めるものである。それは分の悪いことであったり自己批判につながるものであり、非を認めればさらに批判される恐れもある。言及せずにすむのであればそれに越したことがない内容である。しかし、逆にうまく振る舞えば、あえてそれらに言及することで謙虚に国民の意見に耳を傾けている態度を演出することができる。つまり、相手への共感を示すことで肯定

的コンテクストを構築し、その文脈の中で自己の反省に言及する。その反省は肯定的なコンテクストに埋め込まれることで、否定性・批判性を減衰させられる。それによって自らへの批判を回避することを意図して行動しているわけである。

　マクロ的に見ても、これらの段落の存在がなければ本テクストは(1)から(9)まで肯定的主張一辺倒になるところであるが、(5)と(7)が全体の中間位置に組み込まれていることも含め、「自己の肯定的主張—他者の肯定的受け入れ—自己の肯定的主張」という連鎖を複層的に作り出し、それを繰り返し、それによって全体を通して異なる意見にも配慮した上で自制の効いた主張を展開する構成とすることに成功している。

　先にも述べたが、(10)においては「丁寧に説明して行きたい」という常套句が使用されている。この箇所は、先に本テクスト全体を「抽象—具体」という構造で捉えた時に述べたように、「抽象的内容」と「具体的内容」とを分ける分岐点であり、以後は、「肯定的主張」一辺倒になることに注意したい。また3節で述べたように、全体の段落構成を見ても、(10)が中間に位置することにも目を向けておきたい。この位置に「他者（国民の批判）の肯定的受け入れ」を配置することによって「自己の肯定的主張—他者の肯定的受け入れ—自己の肯定的主張」という構造を、テクスト全体においても実現しているからである。

　(13)以下の「未来の変化」の具体例を提示している部分においても(17)で「丁寧に説明して行きたい」という定型句が繰り返し使用されている。これも同様のポライトネス・ストラテジーとして見なすことが可能である。また、この(17)も、(11)から(16)までの大きな談話的まとまりの最後に「共に未来のことである」という共通点を利用して「施行宣言」を埋め込んでいる。国民からの批判の強い法律を施行すると宣言することは政治的リスクを伴うが、その施行宣言は、先に形成されている「未来の変化（メリット）」という肯定的なコンテクストの延長線上に埋め込まれることで、反発が弱められる。それによって自らへの批判を回避することを意図して行動してい

る。自分にとって分の悪い「施行宣言」の前に「迎合的発話」を置いて肯定的解釈を持たせることで、否定的評価を軽減しているわけである。ここでも、(10) と (17) とが同じような談話環境に配置され、同じような談話機能で働いていることがわかる。

　以上、局所的な部分において「自己の肯定的主張―他者の肯定的受け入れ―自己の肯定的主張」構造が観察されること、本テクスト全体においても同様のヘッジ構造を有した形で構成されていることが明らかになった。

4.3　意味構造
4.3.1　否定と肯定

　まず、ある種の二重否定的な意味構造の存在を指摘する。「否定的事象を導入し、その事象を肯定的主張により打ち消す」という構造が繰り返し使用されており、それが見かけ上の説得力を高めるために大きく寄与している。既に述べたように、(5) と (7) で「国民の不安」を挙げるが、それらをそれぞれ (6) と (8) において「そういうことは決してない」という「権力の肯定的主張」で否定し、続く (9) において、法のメリットや国民との情報共有をしていきたいという肯定的な姿勢でもう一度否定して大きな固まりとしてまとめあげている。内容は異なるが、同じ展開が (10) の「丁寧な説明をすべきであった」という反省と (11) の法案が必要だった背景・問題の再提示との間の意味関係にも確認できる。

　これらに見られる意味構造の型は、「負の面を持つ命題の提示」を先に行い、その後「正の面を持つ命題の提示」を行い、それによって「負の面を持つ命題の提示」を打ち消すという型である。その構造によって「問題は存在するが解決された」という形を作り出し、聞き手・読者に安心感を与えていると言える。そして、それは階層的に幾重にも行われている。

　そこからさらに視野を広げると、(5) の上には (1) から (4) がある。その中の (3) と (4) は法の必要性と立法過程の評価に関して肯定的主張を行っているものであった。つまり、(5) は「国民の不安」という批判者側に配慮し

た否定的内容を述べているものであるが、それはまず、法の必要性と質について肯定的主張を行う(3)・(4)を読むことで構築された肯定的文脈によって打ち消され、その上、後ろに続く(6)の肯定的主張によっても打ち消されている。つまり、二重の意味で肯定的主張の中に取り込まれている。

また同じく批判的内容を持つ(7)も同じことが言える。談話展開の線条性ゆえ、まず、否定的事象をその内部に取り込んで肯定的主張を行う(5)・(6)の連鎖から構築された肯定的文脈によって打ち消され、その上、その後ろに位置する(8)の肯定的主張によっても打ち消されている。やはり二重の意味で肯定的主張の中に取り込まれている形となっている。

さらに大きな連鎖に目を向けると、否定的事象をその内部に有する(5)・(6)の連鎖と(7)・(8)の連鎖は、その前後を肯定的内容を持つ(1)から(4)にかけての連鎖と、未来の変化を述べる(9)に挟まれていることで、肯定的主張を行う段落連鎖の大きな要素の内部に取り込まれている形となっている。(5)と(7)で提示されている「国民の不安」は幾重にもわたって「権力による肯定的主張」の中に取り込まれ繰り返し否定されている。

ここで、(5)から(8)の上に位置する(1)から(4)が「法の必要性と成立過程に関する肯定的評価」を示す内容であり、下に位置する(9)が「法のメリット」を主張するものであることを再度指摘しておく。これらは両者の間に結束性・一貫性が容易に認定できるものである。つまり、(5)から(8)は非常に強固な肯定的主張に組み込まれているということである。

同じことが(10)以降についても当てはまる。(10)は「もっともっと丁寧な説明をすべきであった」という反省を述べているもので、「説明不足であった」という国民側からの批判を認めているものであるが、続いて、法案が必要だった背景・問題の再提示を行っている(11)によってその批判力を弱化させられている。一方で、当該部分の上に位置する(9)も、上で述べたように、肯定的主張を行っているものであり、その文脈の中で読まれることになる。(10)は(9)と(11)に挟まれ肯定的主張の中に取り込まれている。(9)は法のメリットを主張するものであり、(11)・(12)の連鎖もまた法のメ

リットをより具体的に主張するものであった。(9)と(11)・(12)との意味関係はメリットとその具体例というもので、やはり両者の間に結束性・一貫性が容易に認定できるものであり、非常に強固なテクスト性を構築するものである。(10)で提示されている「国民の権力に対する批判的な声」も、(5)や(7)と同様、強固な「権力による肯定的主張」の中に取り込まれているわけである。後半でも同様に(18)が(19)に否定されている。

以上から、テクスト全体を通して、「肯定—否定」という意味関係が多層的で重層的な階層構造の中に観察できることが確かめられた。そして、それは「自己と対立する他者を一旦肯定し、それを否定することで、他者と対比された自己を肯定する」という巧妙に実践された意図的な談話行動である。

4.3.2　見せかけの「課題—解決」構造

さらに重要な意味関係として「課題と解決」という関係について2点指摘しておきたい。まず1点目は、(2)で提示された「情報の漏洩やテロによって生じる恐れがある国民の危機」が、この法律によってどのように解決されるのか、つまり「この法律で国民がいかに守られるのか」についてテクスト内では何も語られていないということである。

すでに指摘したように、テクスト全体が「抽象—具体」という構成になっており、前半の「抽象」部分で「背景」・「現在の課題」・「法の必要性」・「法のメリット」が提示されている。また、テクスト後半は「未来の変化（メリット）」の「具体的事例」を繰り返し提示する部分であり、そこではいくつのも事例が示されている。しかし、意味に着目して分析すると、後半で示されている複数の事例はどれも「制度がどう変わるか、運用がどう変わるか」という国家レベルの事象についての解答であり、「国民を守るために情報の漏洩を阻止する・テロを防止する」という国民レベルの効果については何も言及していないことがわかる。法律制定の「背景（課題）」としてテクストの早い段階で提示された(2)は、テクストの論理的・形式的な連鎖関係では(3)以降へとつながっているが、意味関係ではつながっておらず、その

課題は解決されないまま放置されていることになる。法の必要性は、本テクスト内では具体的には検証されていない。ここからも、(1)から(2)へと行われていた視点の切り替えが、国家から国民へという「すり替え」であったと言えるであろう。これは一種の「はぐらかし」である。

　2点目の指摘は、(5)と(7)とで提示された「国民の不安」についてである。それらも、すでに確認したように、(6)と(8)とで明示的に否定される。しかし、その不安や懸念が具体的にどのように解決されるのかについては、やはり何も述べられていない。(13)以降のテクスト後半部分で展開する「具体的な変化」も、先に述べたように国家レベルの制度や運用に関する内容であり、意味的な面に関して言えば、(5)・(7)で提示された「国民の不安」とは無関係の内容である。先にこのテクストは「抽象—具体」という構成になっていると述べたが、具体的な話の段落に入ってもその内容には「国民の不安」と意味的な対応関係が見られないということである。国民の不安が未来にどう担保されるのかは、本テクスト内では具体的には検証されていない。ここにも一種の「はぐらかし」が存在する。

　ここで指摘した2点をまとめると、(2)で提示された課題も(5)・(7)で提示された課題も、一見するとテクスト内に意味的に対応する解答が存在するかのように読めるが、実際にはそのような意味関係の対応を持つ段落は認められないということになる。テクスト中ではいくつもの具体的な「未来の変化」の例が挙げられていたが、「具体的なこれからの変化」こそ述べられているものの、「今より良くなる」とは言語的には明示的に語られてはいなかった。確かに、テクストでは、「これまでの課題」が提示され、続いて「これからの変化」が提示されていた。そして、それらが種々のトポスを活性させて聞き手・読み手に「悪い状況が変わる」という解釈を誘発していた。「悪い状況が変わる」ということはもっと悪くなる可能性を排除しないものであるが、普通は「悪い—良い」という反義関係に基づいて「悪い状況が変わる、イコール、状況が良くなる」と解釈する人が多いであろう。しかし、実際は「具体的なこれからの変化」を述べている箇所でもその「これか

らの変化」が良いことであるということは一切明示的には述べられていない。「改善される」と明示的に述べている箇所は一カ所のみで、それは最後に言及される「秘密に指定された公文書の保管」に関する変化のみである。しかし、そこでも「私はそう思う」という表現を用いて個人的な思考であることを表明し「脱当事者化」が行われているので、首相が責任をもって語っているとは思えない。

　以上を比喩的に言えば、「法律が必要だったのだ。私を信じて安心しろ」という空手形を切られているようなものである。「法の必要性」も「国民の不安」も「丁寧に説明すべきもの」であるにもかかわらず、それがなんら説明されていない。国民の生命や財産を危機から守るために一刻も早く必要だったと言いつつ、その必然性は論証されていない。一種の「すり替え」や「はぐらかし」が行われている形となっている。本テクストによって実践された談話行動が権力の意図的な談話行動だとすれば、それは「見せかけ」と「はぐらかし」の実践であり、「法の本質を隠し、国民を欺く」ものに他ならない。

5.　説得力と認知効果

　「法が施行されれば、問題が解決され、こういうふうに変化が生じる」とは言うものの、「良くなる」とは語らず、「何がどう変わるのか」ということだけを述べて明示的な評価を避けるということは、評価を読み手に委ねているとも言える。評価を聞き手・読み手に委ねているとすれば、当然そこに評価を誘導する意図が介在し、なんらかの語や文法等の選択が行われていると予想することができる。その方が誘導が確実になるからである。とはいえ、暗示的な主張や誘導はリスクを伴う。読み手がこちらの期待する通りの解釈を復元するとは限らないからである。それゆえ、そこには不確かさや主張の弱さを伴うものである。しかし、本テクストを読むと、この特定秘密保護法によって「悪い状況が変わる、イコール、状況が良くなる」と解釈する人は

多いように思われる。なぜであろうか。それは認知効果が高いからである。

　このテクストの認知効果は、語用論の有力な理論の１つである関連性理論の枠組みから見ても効果的なものであることが確かめられる。関連性理論は、ある情報がその情報を認知した人にとって有意味となる場合を３つに限っている。１つ目は、新しく認知した情報が自分の中にある既存の情報と組み合わさって「新しい認識を生み出す」場合、２つ目は、その新しく認知した情報が自分の中にある「既存の情報を打ち消す」場合、３つ目は、その新しく認知した情報が自分の中にある「既存の情報を強化する」場合である。

　この考え方でテクストを見てみると、先に指摘した３つの「背景（課題）―未来の変化（解決）」の連鎖構造がそれぞれ「既存の情報を打ち消す」場合・「新しい認識を生み出す」場合・「既存の情報を強化する」場合に該当することがわかる。単純に言えば、最初の(1)から(9)、および(10)では「国民の不安」という「既存の情報」が打ち消され、それに変わって、「法への肯定的理解」という新しい認識が抽象的な形で存在することになる。次の(11)から(17)では「これまでの状況」と「法の運用でそれがどう変わるか」がいくつも述べられる。読み手は、先に提示される「これまでの状況」と続いて提示される「法の運用でそれがどう変わるか」を組み合わせることで「具体的な望ましい変化」という「新しい認識を生み出す」ことになる。それと同時に、最初の(1)から(10)までのまとまりを理解した時に生じた「法への肯定的理解という新しい抽象的な認識」が具体例で補強されることによりさらに強固な認識に変わる。最後の(18)から(20)の連鎖は、既に確認したように、先の２つと同じように「背景（課題）―未来の変化（解決）」の構造を有している。そのため、ここで読み手は、その既に有している「新しい認識」を強化することになる。

　本テクストを関連性理論の枠組みを用いて分析すると、このテクストが「既存の情報を打ち消す」・「新しい認識を生み出す」・「既存の情報を強化する」という全ての認知効果を読み手に引き起こすものとなっており、そのた

め「見せかけ」があっても非常に強い説得力を期待できるものとなっていることが明らかになった。もし、そこに権力の意図が隠されていたとすれば、それは国民の解釈を権力の望む方向に誘導していくことを可能にする。つまり、メディアを介した国民の誘導と統制が行われうるということである。

6. 結論

6.1 まとめ

談話全体は以下の5つのトピックから構成されていると結論づけられた。

  トピック1：法案が必要となった背景とその必要性
     （1）、（2）、（3）、（11）、（18）
  トピック2：法律の評価・メリット
     （4）、（9）
  トピック3：国民の懸念の払拭
     （5）、（6）、（7）、（8）
  トピック4：法律施行後の変化
     （12）、（13）、（14）、（15）、（16）、（19）、（20）
  トピック5：国民の批判への配慮と未来に向けての行動
     （10）、（17）

先に述べたように、記事タイトルの「通常の生活脅かされない」はトピック3で述べられている内容であるが、それは決して談話の主題ではない。世論に一定の理解を示すポライトネス・ストラテジーとしては機能しているものの、それ以上のものではない。より中心的な主題は「法律の必要性と利点を理解させる」ことであり、最終的には「そのような法律を施行する」という「宣言」であると言える。以下では、各段落間の連鎖・論理構造・意味構造の特徴をまとめながら、なぜそう考えることができるのかを再確認する。

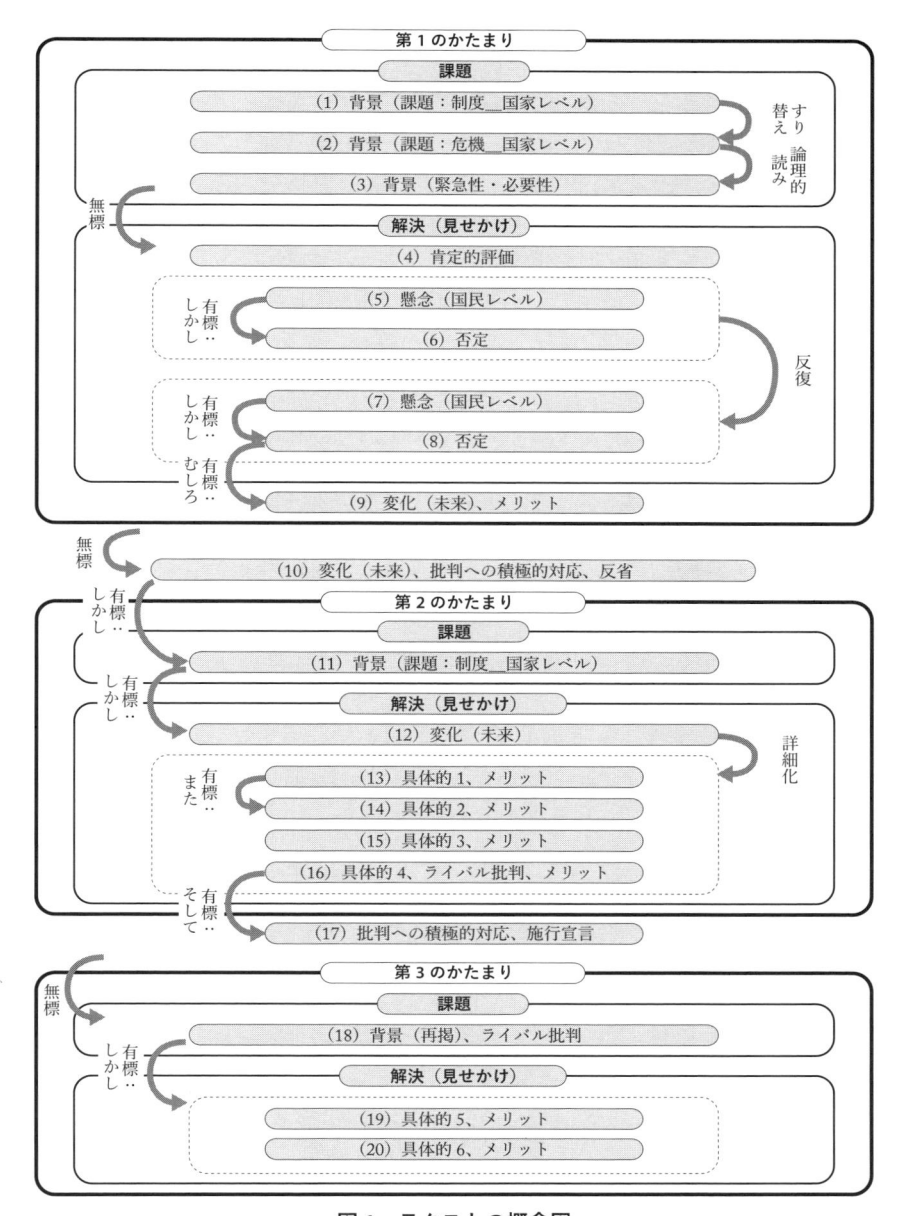

特定秘密保護法に関する記者会見記事の批判的談話分析　275

図1　テクストの概念図

ここまでの考察をまとめると、本テクストの実態は図1のようになる。

各段落間の連鎖を見てみると、「背景(課題)―未来の変化(解決)」の連鎖がテクスト全体を3分割する形で繰り返し3回出現し、それぞれの固まりの間に滑り込ませたように(10)「「今後丁寧に説明していきたい」という未来に向けた願望」と(17)「未来に向けた施行宣言」が配置されている形となっていた。その連鎖を時間的な観点から捉え直すと、3分割されたそれぞれの固まりは「過去・現在―未来」という構造として位置づけることができた。そして、その「過去・現在―未来」の後ろに(10)と(17)とが配置されていた。つまり、(1)から(9)は(10)の「今後丁寧に説明していきたい」で一旦まとめあげられ、(11)から(16)までが(17)「施行宣言」でまとめあげられることになる。さらに言えば(1)から(16)までが(17)でまとめあげられていると言える。(18)から(20)までは(17)「未来に向けた施行宣言」の後ろに置かれているが、トピックこそ異なれ、先に出てきているものと同じ「背景(問題)―未来の変化(解決)」の小規模な連鎖である。つまり、付加的な繰り返しであり、本質はそれより以前の(17)までに存在しているとみなすべきである。

このまとまりを支えるものの1つが論理構造であった。本テクストは全体的に「抽象的内容から具体的内容」という展開になっていた。先に述べられた抽象的内容が後から述べられる具体的内容で補強される形になっており、見かけ上は論理的な展開となっている。段落間の連鎖は、「背景―主張」・「主張―例示」・「例示―主張」というような論理的な展開構造を構成していることがわかる。それらの構造が何度も「繰り返し」構築されて「念押し」が行使されていることも観察できた。

意味構造の大きな特徴は、「自らへの否定を弱化し」、「自らの主張を強化する」という「肯定」と「否定」を巧みに活用している点であった。批判的内容に共感を示す要素を肯定的主張を行う要素で挟み込み、それを多層的・重層的な階層構造の中に取り込んで否定的内容を弱化させるというヘッジ構造がテクストの複数箇所で確認できた。そのためこのテクストは、その内部

に自らに対する他者からの批判への共感を示す部分を内包しつつ、論理的に強固な結束性・一貫性を保持した形で、さらに大きな要素の連鎖を構成し、最終的には権力側の肯定的主張を行う形に構成されていく。またその展開過程では、課題や主体や対象のすり替えが行われ、国民目線で語るように見せかけながら、実際ははぐらかして答えず、「国民の生命や財産の危機」がどう守られるのか、「国民の不安」がどのように解決されるのかについては、話題にこそ上がれど、具体的にはなんら説明されていないことも確認できた。

　最後に聞き手・読み手に対する認知効果について確認しておく。本テクストは「既存の情報を打ち消す」・「新しい認識を生み出す」・「既存の情報を強化する」という3つの認知効果を聞き手・読み手に引き起こすものとなっており、そのため「見せかけ」的な点があっても非常に強い説得力を期待できるものであった。

　しかし、その説得力は首相自らの言葉によって明示的に構築されたものではない点を見逃してはならない。わかりやすい一例を挙げると、(1)「背景：国家間の情報のやりとり」・(2)「背景：国民の生命と財産の危機」・(3)「日本における特定秘密保護法の必要性」の連鎖は、国家から国民へのすり替えを行い、危機感を煽り、種々の「〜ならば、〜である」や「〜であるから、〜である」という論理命題（ヴォダック（2010）の言う「トポス」）を利用して推論を誘発させ、聞き手・読み手の解釈を特定の方向に導くことで非明示的・暗示的主張を行っていると考えることができた。この部分が象徴的に示すことは、本テクストの中に散見される論理を明示しない主張、特定の方向の推論を誘導することでもたらされる主張、繰り返しと見せかけの論理によって補強された主張、意味的に「課題─解決」関係にない主張等は、対話や議論を拒否した「はぐらかし」であり、「一方的な主張」であるということである。

　本テクストが法案成立後の記者会見での談話であるという発話状況を考えると、この非常に巧妙にデザインされたテクストが行っている「一方的な主

張」こそが安倍首相の考える「丁寧な説明」という談話行動である。そして、実際、首相自身が(5)や(7)や(10)で認めているように、国民の多くがこの法案に懸念を示し反対の意思表明を行ったという事実を踏まえると、この談話・談話行動は、権力側の「勝利宣言」であると言ってよいであろう。このように、首相や政府は、表向きでは、国民に理解を示し、寄り添い、丁寧に説明を行う姿勢を示しつつ、実際には、国民よりも国家を優先し、自らの行動の正当化を行い、その権力の再生産や強化を行っている。まさに「見せかけ」と「はぐらかし」の論理の裏で巧妙な権力の維持が行われているということである。

6.2 提言と今後の課題

このテクストが、記者会見時における首相の単独談話とそれに関して行われた質疑応答のやりとりを新聞社が再構成したものであるという点を見落としてはならない。また、これまで論じてきた種々の特徴の中には、その再構成によって段落間の結束性や一貫性が生み出され、その結果、新たに付与されたり強化されたりした特徴があり、ひいてはそれがより巧妙な談話行動の実践を可能にした面があるという点も見落としてはならない。このことは、首相官邸 HP に掲載されている首相の単独談話と質疑応答が構成上分割されているテクストと、両者が一体化している朝日新聞記事のテクストとを比較・対照してみれば明らかであろう。

我々はそこにマスメディアの持つ影響力を見ることができる。その影響力を持つマスメディアに、我々一般市民は容易にはアクセスできないが、一方で権力は容易にアクセスできる。それゆえに、全てのテクストがそうであるとは言えないが、テクストの中には権力やマスメディアの意図が巧妙に隠されているものがあり、読み手をコントロールするための実践を行っているものがあるという事実がある。だからこそ、我々にはそれに気づく「批判的リテラシー」が求められる。「批判的リテラシー」の教育は、語用論という学問分野・研究者の貢献が期待される分野であり、実際に貢献できるものであ

る。それを果たすことは語用論研究者の社会的責務と言ってよいであろう。

　本稿は、再構成された新聞記事の分析を通して、そこに読み取れる権力の意図と談話行動の一端を明らかにし、読者が知らず知らずのうちにある解釈や考え方に導びかれる可能性を示した。一方、その主張をさらに補強する、トポスを中心に据えた考察や言語形式の使用に着目したミクロ的観点からの分析は紙幅の都合で充分に行うことができなかった。これについては名嶋（2015）を参照されたい。

　2014 年 12 月 10 日に特定秘密保護法が施行されたが、本稿で取り上げた記者会見から 1 年の間に、一度たりとも首相による「丁寧な説明」はなかった。本稿が分析の結果として主張した「見せかけ」や「はぐらかし」という談話実践は、まさに現実世界においても実践されていたことを最後に銘記しておく。このことは、2015 年のいわゆる安全保障関連法制に関する今後の展開を考えるにあたって、有益な示唆を与えてくれるであろう。

注

1　<http://www.kantei.go.jp/jp/96_abe/statement/2013/1209kaiken.html> 2015.10.30 閲覧。巻末に首相官邸 HP で公開されている文章も、特定秘密保護法に言及している部分を抜粋して資料として掲載する。興味のある方は HP 上の談話と朝日新聞記事とを比較してみてほしい。

2　<http://digital.asahi.com/articles/TKY201312090452.html> 2014.8.4 閲覧。

3　「ある既存の決定事項が目的達成のために役に立たなかったり不利になるのであれば、その決定は変えられなければならない」という「無用性・不利性のトポス」（ヴォダック 2010: 108）、「ある特定の危険や脅威が存在するのなら、それらに対して何らかの手を打つべきである」（ヴォダック 2010: 108）という「危険・脅威のトポス」、「ある政治的行為や決定が人権ないし人道的信念や価値観と一致するならば、あるいは、一致しないならば、人はその行為や決定を行うべきである、あるいは、行うべきではない」という「人道主義のトポス」（ヴォダック 2010: 109）、「ある行為が有用であれば、人はそれを遂行すべきである」という「有利性・有用性のトポス」（ヴォダック 2010: 107）、「ある国家または人々の集団

が特定の問題の出現に関与しているのだから、その国家ないしその集団はそれらの問題の解決策を見つけるために行動すべきである」という「責任のトポス」（ヴォダック 2010: 109)、「現実がその通りであるのだから、ある特定の行為／決定がなされなければならない」という「現実のトポス」（ヴォダック 2010: 110)、などを論理付けに見出すことができる。他の箇所でもトポスを利用した主張が行われているが、トポスに着目した分析は紙幅の都合もあり稿を改めて行った。詳しくは名嶋(2015)を参照願いたい。

4 なぜあえて「見かけ上」と表現するかについては 4.3.2 節で述べる。

参考文献

ヴァン・デイク，テウン・A.(2010)「学際的な CDA 多様性を求めて」ルート・ヴォダック　ミヒャエル・マイヤー編著　野呂香代子監訳(2010)『批判的談話分析入門』pp. 133–166. 三元社

ヴォダック，ルート (2010)「談話の歴史的アプローチ」、ルート・ヴォダック、ミヒャエル・マイヤー編著　野呂香代子監訳(2010)『批判的談話分析入門』pp. 93–131. 三元社

名嶋義直(2015)「特定秘密保護法に関する記者会見記事の批判的談話分析—ミクロ面の分析を中心に」『文化』78 (3・4): pp. 1–24. 東北大学文学会

フェアクラフ，ノーマン (2010)「社会科学研究におけるひとつの方法論としての批判的談話分析」ルート・ヴォダック　ミヒャエル・マイヤー編著　野呂香代子監訳(2010)『批判的談話分析入門』pp. 167–191. 三元社

Fairclough, Norman. (2010) *Critical Discourse Analysis: The Critical Study of Language*. London: Longman.

Reisigl, Martin and Ruth Wodak. (2001) *Discourse and Discrimination: Rhetorics of Racism and Antisemitism*. London: Routledge.

Sperber, Dan and Wilson Deirdre. (1995) *Relevance: Communication and Cognition Second Edition*. Oxford: Blackwell.（内田聖二・宗南先・中逵俊明・田中圭子訳(1999)『関連性理論—伝達と認知』第 2 版、研究社出版).

van Dijk, T. A. (1996) Discourse, Power and Access. In Carmen Rosa Caldas-Coulthard and Malcom Coulthard. (eds.) *Texts and Practices: Readings in Critical Discourse Analysis*, pp. 84–104. London: Routledge.

van Dijk, T. A. (2008) *Discourse and Power*. Houndmils: Palgrave Macmillan.

Wodak, Ruth and Michael Meyer. (eds.) (2001) *Methods of Critical Discourse Analysis*. London: Sage.

付記　本稿は、科学研究費補助金事業（学術研究助成基金助成金）挑戦的萌芽研究　課題番号：25580084 代表者：名嶋義直、による研究成果の一部である。

資料　【平成 25 年 12 月 9 日　安倍内閣総理大臣記者会見】
【安倍総理冒頭発言】

　昨日、55 日間にわたる臨時国会が閉会をいたしました。この国会は成長戦略の実行が問われる国会である、国会の冒頭、私はそのように申し上げました。民間投資を喚起するための産業競争力強化法、規制改革の突破口となる国家戦略特区法、電力自由化のための電気事業法改正、再生医療を促進する法律、そして、農業の構造改革を進めるための農地集積バンク法、成長戦略の柱であるこれらの重要法律の成立は、回復しつつある日本経済がさらに力強く飛躍する礎となると確信をしています。特定秘密保護法ばかりが注目されましたが、まさに成長戦略実行国会と呼ぶにふさわしい国会となったと考えています。

　さらに、これらの成立に当たっては、与党のみならず野党の皆様にも広範な御協力をいただくことができました。特に産業競争力強化法、国家戦略特区法、そして農地集積バンク法については、国会審議を通じて、与野党で協議が行われ、法案の修正で合意された後に成立をいたしました。国家国民のため、与野党の違いを超えて、国会総がかりで成長戦略を実現する、その強い意志を内外に示すことができた国会ではなかったかと考えます。

　これは成長戦略関連法案だけではありません。日本の外交・安全保障政策の司令塔たる、いわゆる日本版 NSC、国家安全保障会議を設置する法案については、民主党、日本維新の会との協議を通じて、修正を行い、みんなの党にも御賛同をいただいて成立をいたしました。先般、中国によって力を背景とした一方的な防空識別区の設定が行われましたが、日本を取り巻く安全保障環境が一層厳しさを増している現実があります。他方で、いかなる状況にあっても、国民の生命と財産は断固として守り抜いていかなければなりません。こうした点について、与野党の立場を超えて認識を共有できたからこそ、幅広い合意のもと、法案を成立させることができたと考えています。

　国家安全保障会議は、早速、先週発足いたしました。今後、この NSC が各国の NSC との間で情報のやりとりを活発に行ってまいります。今年 1 月のアルジェリアでの人質事件の際には、イギリスのキャメロン首相から情報提供を受けましたが、こうした情報交換を進めることが、国民の生命と財産を守ることにつながると確信しています。NSC の新たな事務局長には、すぐにでも各国 NSC との連携を密にするため、1 月から世界を飛び回ってもらわなければならないと考えています。

　しかし、世界各国では、国家秘密の指定、解除、保全などには明確なルールがあります。そのため、我が国がこうした秘密情報の管理ルールを確立していなければ、そ

うした外国からの情報を得ることはできません。さらに、提供された情報は、第三者に渡さないのが情報交換の前提であります。いわゆるサード・パーティー・ルールです。その上でチェック機能をどうつくるかが課題となりました。日本を守っている航空機や艦船の情報が漏えいしてしまうという事態になれば、国民の安全が危殆に瀕することになります。また、人命を守るためには、何としてもテロリストへの漏えいを防止しなければならない、そういう情報があります。国民の生命と財産を守るためには、国家安全保障会議の設置とあわせて、一刻も早く、特定秘密保護法を制定することが必要でありました。

　国会審議を通じて、日本維新の会、みんなの党など与野党で幅広い御議論をいただいた結果、12の論点について法案修正がなされたことは大きな成果であり、よい法律にすることができたと考えています。

　審議過程では、秘密が際限なく広がる、知る権利が奪われる、通常の生活が脅かされるといった懸念の声もいただきました。しかし、そのようなことは断じてあり得ない。今でも政府には秘密とされている情報がありますが、今回の法律により、今ある秘密の範囲が広がることはありません。そして、一般の方が巻き込まれることも決してありません。報道などで、友だちから聞いた話をブログで書いたら民間人でも厳罰とか、映画などの自由な創作活動が制限されるといった話を耳にして、不安を感じておられる方々もいらっしゃるかもしれません。しかし、そういうことは決してありません。むしろ、これまでルールすらなかった特定秘密の取扱いについて、この法律のもとで透明性が増すことになります。そのことは明確にしておきたいと思います。

　外交・安全保障政策を国民の皆さんと情報を共有しながら、透明性を確保した上で、進めるべきことは、もとより言うまでもありません。今後とも、国民の皆さんの懸念を払拭すべく丁寧に説明をしていきたいと考えています。

　先週、5.5兆円の経済対策を決定いたしました。景気の回復を、所得の上昇につなげ、消費を押し上げる。そのことがさらなる景気回復につながる。こうした経済の好循環を実現するためには、これからが正念場です。成長の実感を国民の皆さんへ、全国津々浦々にまで広げていくことができるよう、さらに努力を積み重ねてまいります。

　今年も残りわずかとなりましたが、来年度予算の編成に全力を挙げてまいりたいと考えています。

　私からは以上であります。

【質疑応答】
（内閣広報官）
　それでは、これから皆様からの質問をお受けいたします。質問をされたい方は挙手をお願いします。私が指名いたしますので、所属とお名前を明らかにしてから質問を

お願いいたします。なるべく多くの方に御質問をお願いしたいので、簡潔にお願いいたします。それでは、御希望される方、どうぞ。

　では中田さん。
（記者）
　毎日新聞の中田です。
　まず、特定秘密保護法についてお伺いいたします。特定秘密保護法については、成立後も国会での審議は不十分だったというような批判が強く、報道各社の世論調査でもそれは表れていると思います。総理は、この法律について、批判はどこに原因があるとお考えになりますか。
　もう一点。法律の施行日は公布の日から起算して1年を超えない範囲で定めるとされています。総理は既に発足したNSCを有効に機能させるために、できるだけ早い時期の施行を目指すお考えですか。それとも、世論の批判等を配慮して、できるだけ1年に近い準備期間を設けるお考えでしょうか。
（安倍総理）
　まず、厳しい世論については、国民の皆様の叱正であると、謙虚に、真摯に受けとめなければならないと思います。私自身がもっともっと丁寧に時間をとって説明すべきだったと、反省もいたしております。
　しかし、先ほどお話しをいたしましたように、今までの秘密について、秘密の指定、解除、保全ルールがなかった、そこに問題があるのです。例えば、いわゆるあの日米安保についての密約の問題。私は、官房長官や総理大臣を経験しましたが、その私も、あのいわゆる密約と言われた事柄について説明を受けなかった。
　しかし、今回は、今後、この法律ができたことによって、今後は変わります。総理大臣は今後、特定秘密について、情報保全諮問会議に毎年毎年、報告をしなければなりません。ですから、当然、項目に応じた特定秘密について説明を受けます。受けた説明をこの諮問会議に説明をします。そして、諮問会議はその意見を国会に報告をする。これが大きな違いです。
　ですから、今までのように総理大臣も知らないという秘密はあり得ない。そして、誰がその秘密を決めたかも明らかになります。そういう意味においては、まさにしっかりとルールができて、責任者も明確になるということは申し上げておきたいと思います。
　また、今ある例えば特別管理秘密、42万件あります。この42万件のうち、9割は衛星情報です。恐らくこれは皆さんも御存じなかったと思います。私も知らなかったのですから、当たり前ですね。そこに問題があるのです。これからは、こういうカテゴリーが明らかになります。9割が衛星情報。そして、そのあと、多くが暗号です。そしてさらには、それぞれの自衛隊の艦船等、細かい性能も全部秘密になっていま

す。そういうものがカテゴリーとして明らかになっていく。どういうカテゴリーになっているかということについては、いわば透明性は増していくということになります。

　42万件も総理大臣は管理できるのかという批判もありましたが、まさにそういう中において、9割は衛星写真なのですから、その衛星写真というカテゴリーになります。この解像度自体がどれぐらい精密に撮れているかということ自体が秘密ですから、それはそれでひとくくりになっている。あとは、暗号、武器の性能、そして残りについては、さらにカテゴリーが分かれていくことになっている。それを総理大臣は把握をしますから、格段にそういう意味では、ルールのもとで指定が行われ、解除が行われ、さらには誰が責任を持っているかも明らかになっているということは、はっきりと申し上げておきたいと思います。

　廃棄においてもルールができます。今まで4万件廃棄されたうち、3万件が民主党政権時代、たった3年間のうちに防衛機密、廃棄されました。どうして廃棄されたのか、誰に責任があったのか、これも明らかでないということも、この法律によって起こらなくなるわけでありますから、つまり、格段に透明性も責任もルールも明確になるのだということは、はっきり申し上げておきたい、このように思います。こういう説明をしっかりとしていけば、必ず私は国民の皆様の御理　解をいただけると思います。

　そして、いつ施行していくか。これは、まず1年ありきということでもありませんが、しっかりと、チェック機能も含めて、この制度設計を行っていく。今、申し上げたみたいな説明をしっかりと行っていく。その上において、しかるべき時に施行していきたい、このように考えております。

（内閣広報官）
　それでは、次の御質問を受けます。
　緒方さん、どうぞ。
（記者）
　TBSの緒方です。
　日中、日韓関係についてお聞きします。総理も先ほどお触れになったように、中国による防空識別圏の設定に関連しまして、不測の事態を回避するための方策、メカニズムは必要だというようにお考えでしょうか。
　それから、第二次安倍政権発足から間もなく1年になりますけれども、中国、韓国との首脳外交は行われていません。対話のドアは常にオープンというように総理はおっしゃっていますけれども、首脳会談実現に向けた具体的な対応についてお聞かせください。

さらに、総理は日中関係等に配慮する形で、靖国神社の参拝を見送ってこられました。年内の参拝は行わないお考えでしょうか。
（安倍総理）
　アジア太平洋地域の平和と繁栄のためには、日本と中国、韓国の間で意思の疎通を図っていくことは有意義であります。中国、韓国との首脳会談については、現時点で見通しがあるわけではありませんが、困難な問題があるからこそ、前提条件を付すことなく、首脳同士が胸襟を開いて話し合うべきだと思います。対話のドアは常にオープンであります。中国、韓国側にも、ぜひ同じ姿勢をとってもらいたいと思います。
　防空識別圏の設定については、政府としては、これに毅然かつ冷静に対処していきます。同時に、日中間で無用の誤解や摩擦を減じ、不測の事態の発生を避けるため、防衛当局間の連絡体制を強化することが必要であると認識をしています。
　第一次安倍政権の際に、日中首脳会談において、防衛当局間の連絡体制を強化をし、不測の事態の発生を防止することで一致をいたしました。その後、具体的な連絡メカニズムについて、大筋合意をいたしました。しかし、残念ながら、いまだ中国はその運用開始に合意をしていません。政府としては、引き続き連絡メカニズムの運用を早期に開始することを中国に働きかけていきます。中国がこれに応じることを期待したいと思います。
　靖国参拝については、国のために命をささげた方々に尊崇の念を表することは当然のことであります。同時に、この問題が政治問題、外交問題化することは避けるべきであるというのが私の考えでありました。私が靖国神社に参拝するか否かについては、今、申し上げるべきではないと、こう考えています。

（内閣広報官）
　それでは、次の質問。
　では、阿比留さん。
（記者）
　産経の阿比留です。
　秘密の指定解除のルール化に関連して、1つお伺いいたします。国民が国政について正しい判断を下し、評価するには、政府からの正確で適切な情報の開示、提供が必要です。一方、最近では、菅政権が中国漁船衝突事件の映像を恣意的に隠蔽し、国民から判断材料を奪い、さらに目隠しした事例がありました。総理はこれについてどうお考えになり、あるいはどのように対処されていくお考えかを改めてお聞かせください。
（安倍総理）
　菅政権が隠したあの漁船のテープは、もちろん特定秘密には当たりません。問題

は、あのときにも発生したわけなのですが、つまり、誰がその判断をしたのか、明らかではありませんね。菅総理なのか、仙谷官房長官なのか、福山官房副長官なのか。誰が、本来公開すべき、国民の皆様にも公開をし、世界に示すべきですね、日本の立場の正しさを示すテープを公開しなければならないのに公開しなかった、間違った判断をしたのは誰か。このことも皆さん分からないではありませんか。しかし、今度の法律によって、そもそもこれは特定秘密にはなりませんが、もし特定秘密としたのであれば、その責任も全て所在は明らかになるわけでありますし、5年毎にですね、それはこの指定が解除されるかどうかということについてもチェックされることになるわけでありまして、大切なことは、しっかりとルールを定めて保全をしていく、保全はきっちりとしていくということではないかと思うわけであります。

　そして、当然、そうした特定秘密もそうなのですが、秘密文書は、歴史の判断を受けなければなりません。つまり、国立公文書館にスムーズにそれが移管される。そのルールも今度はちゃんとでき上がるわけでありまして、現在の状況よりもはるかに私は改善されると、このように思っております。ですから、この法律が施行されれば、菅政権で行った、誤った、政権に都合のいい情報の隠ぺいは起こらないということは、断言してもいいと思います。

［以下省略］
＜http://www.kantei.go.jp/jp/96_abe/statement/2013/1209kaiken.html＞
2015.10.30 閲覧

執筆者紹介(*は編者)

滝浦真人(たきうら　まさと)

放送大学教養学部・大学院文化科学研究科教授
主な著書：『ポライトネス入門』(研究社、2008)、『日本の敬語論―ポライトネス理論からの再検討』(大修館書店、2005) など。

加藤重広*(かとう　しげひろ)

北海道大学・大学院文学研究科教授
主な著書：『日本語修飾構造の語用論的研究』(ひつじ書房、2003)、『日本語統語特性論』(北海道大学出版会、2013) など。

澤田淳(さわだ　じゅん)

青山学院大学文学部准教授
主な論文：「視点、文脈と指標性―英語指示詞における聞き手への指標詞シフトの現象を中心に」(『語用論研究』15、2013)、日本語の授与動詞構文の構文パターンの類型化―他言語との比較対照と合わせて」(『言語研究』145、2014) など。

天野みどり(あまの　みどり)

大妻女子大学文学部教授
主な著書・論文：『日本語構文の意味と類推拡張』(笠間書院、2011)、「接続助詞的な「のが」の節の文」(『日本語複文構文の研究』、ひつじ書房、2014) など。

山泉実（やまいずみ　みのる）

明海大学外国語学部英米語学科講師
主な論文：「左方転位構文と名詞句の文中での意味的・情報構造的機能」（『名詞句の世界―その意味と解釈の神秘に迫る』、ひつじ書房、2013）、「シネクドキの認知意味論へ向けて―類によるシネクドキ再考」（『認知言語学論考 No. 4』、ひつじ書房、2005）など。

呉泰均（お　てぎゅん）

北海道大学大学院文学研究科専門研究員、酪農学園大学非常勤講師
主な論文：『日本語聞き手待遇表現の社会語用論的研究』（博士学位論文）（北海道大学大学院文学研究科、2013）、「言いさし文の間接発話行為と配慮表示機能」（『日本言語文化研究』第三輯（上）、延辺大学出版社、2014）など。

尾谷昌則（おだに　まさのり）

法政大学文学部教授
主な著書・論文：『構文ネットワークと文法―認知文法のアプローチ』〔共著〕（研究社、2011）、「アマルガム構文としての『「全然」＋肯定』に関する語用論的分析」（『言葉と認知のメカニズム―山梨正明教授還暦記念論文集』、ひつじ書房、2008）など。

首藤佐智子（しゅどう　さちこ）

早稲田大学法学学術院教授
主な著書：*The Presupposition and Discourse Functions of the Japanese Particle Mo*（Routledge、2002）など。

名嶋義直(なじま　よしなお)

東北大学大学院文学研究科教授
主な著書・論文:『3.11原発事故後の公共メディアの言説を考える』〔共編〕(ひつじ書房、2015)、「災害とコミュニケーション」(『ひつじ意味論講座第7巻　意味の社会性』、ひつじ書房、2015)など。

日本語語用論フォーラム　1
Japanese Pragmatics Forum 1
Edited by Shigehiro Kato

発行	2015年12月1日　初版1刷
定価	4800円＋税
編者	©加藤重広
発行者	松本功
装丁者	中野豪雄＋川瀬亜美（株式会社中野デザイン事務所）
印刷・製本所	三美印刷株式会社
発行所	株式会社 ひつじ書房

〒112-0011 東京都文京区千石2-1-2 大和ビル2階
Tel.03-5319-4916 Fax.03-5319-4917
郵便振替 00120-8-142852
toiawase@hituzi.co.jp　http://www.hituzi.co.jp/

ISBN978-4-89476-761-4

造本には充分注意しておりますが、落丁・乱丁などがございましたら、小社かお買上げ書店にておとりかえいたします。ご意見、ご感想など、小社までお寄せ下されば幸いです。